I0749128

Zahra Donyai

„Ich habe nur eine Zeit, die Weltzeit."

STUDIEN ZUR PHÄNOMENOLOGIE UND PRAKTISCHEN PHILOSOPHIE

Herausgegeben
von
Christian Bermes, Hans-Helmuth Gander, Lore Hühn, Günter Zöller

BAND 54

ERGON VERLAG

Zahra Donyai

„Ich habe nur eine Zeit, die Weltzeit."

Eine Untersuchung zu Husserls Zeitanalysen

ERGON VERLAG

The book processing charge was funded by the
Baden-Württemberg Ministry of Science,
Research and Arts in the funding programme Open Access Publishing
and the University of Freiburg i. Br.

Zugl.: Freiburg i. Br., Univ., Diss., 2020

Umschlagabbildung:
Jan von Hugo

Bibliografische Information der Deutschen Nationalbibliothek:
Die Deutsche Nationalbibliothek verzeichnet diese Publikation in der
Deutschen Nationalbibliografie; detaillierte bibliografische Daten sind im
Internet über http://dnb.d-nb.de abrufbar.

© Zahra Donyai
Publiziert von Ergon – ein Verlag in der Nomos Verlagsgesellschaft, Baden-Baden 2021
Gesamtverantwortung für Druck und Herstellung
bei der Nomos Verlagsgesellschaft mbH & Co. KG.
Umschlaggestaltung: Jan von Hugo

www.ergon-verlag.de

ISSN 1866-4814
ISBN 978-3-95650-841-7 (Print)
ISBN 978-3-95650-842-4 (ePDF)

Dieses Werk ist lizenziert unter einer Creative Commons Namensnennung – Weitergabe unter gleichen Bedingungen 4.0 International Lizenz.

Dem Andenken meines Vaters

Vorwort

Die vorliegende Studie wurde im Jahr 2020 von der Philosophischen Fakultät der Albert-Ludwig-Universität Freiburg als Dissertationsschrift im Fach Philosophie angenommen. Die ersten drei Jahren meiner Promotion wurden von der Friedrich-Naumann-Stiftung für die Freiheit gefördert. Der Stiftung möchte ich für ihre großzügige Unterstützung danken.

Mein besonderer Dank gilt ferner den beiden Betreuern meiner Dissertation, Herrn Prof. Dr. Hans-Helmuth Gander und Herrn Prof. Dr. Sebastian Luft.

Meinen aufrichtigen Dank aussprechen möchte ich außerdem Frau Prof. Dr. Nadja Germann und den Mitgliedern ihrer Forschergruppe „Grammar – Logic – Rhetoric: Linguistic Disciplines in Arabic Culture 800-1100“. Ohne die Anstellung im Projekt, aber auch ohne die Anregungen und Ermutigungen durch die Lesekreise der Forschergruppe und die lebhaften philosophischen Diskussionen wäre die Fertigstellung der Arbeit nicht möglich gewesen. An dieser Stelle möchte ich auch Mohamed Megahed, der mich für die Arbeit in der Forschergruppe vorgeschlagen hat, für diese Möglichkeit, aber auch für alle spannenden Gespräche herzlich danken. Frau Michaela Majer, die mich bei meinen Verwaltungsaufgaben im Projekt unterstützt hat, sei auch herzlich gedankt.

Die wertvolle Freundschaft und der Beistand meiner Freunde in der beschwerlichen Zeit haben mir Kraft und Mut zur Anfertigung meiner Dissertation gegeben, namentlich erwähnen möchte ich: Elnaz Seyedi, Johannes Abel, Franziska Kleiner, Zahra Moballegh, Behdokht Nezhad-Haghighi, Zornitsa Radeva, Sylvaine Gourdain, Fredrike Schmiga und Mario Meliadò. Ihnen allen gilt mein herzlicher Dank.

Für viele spannende, konstruktive und lehrreiche Gespräche bedanke ich mich herzlich auch bei meinem philosophischen Freundeskreis: Andreas Beinsteiner, Alexander Bilda, Diego D'Angelo, Irene Delodovici, Simone Fazzi, Giovanni Giubilato, Choong-Su Han, Virginie Palette, Fernando Rodrigues und Guang Yang.

Teile dieser Studien haben Alexander Bilda, Anna Goerres und Nabiela Farouq korrekturgelesen und sprachlich überarbeitet. An dieser Stelle sei ihnen herzlich gedankt.

Weiterhin möchte ich mich bei den Herausgebern der Reihe „Phänomenologie und Praktische Philosophie“ für die Aufnahme dieser Untersuchung in die Reihe bedanken. Außerdem möchte ich mich beim Ergon Verlag für die gute Zusammenarbeit bedanken.

Ein besonderes Gefühl der Dankbarkeit empfinde ich gegenüber meiner Familie für ihre persönliche Unterstützung, ihre mühevolle Geduld und ihr liebevolles Verständnis. Eigens erwähnen möchte ich hier noch meinen Vater,

Hasan-Reza Donyai, der vor der Veröffentlichung dieser Arbeit an Krebs verstarb. Er hat mir mit seiner inspirierenden Leidenschaft für das Lernen und für das Streben nach dem wahren Leben meinen bisherigen Lebensweg ermöglicht. Er war und bleibt mein erster und bester Lehrer. Dem Andenken meines Vaters sei diese Arbeit gewidmet.

Inhaltsverzeichnis

„Es ging die Nacht. Wohin? Dahin, wo sie ihr Sein empfing. Nach Hause kehrt am Ende doch zurück ein jedes Ding. O Nacht, gelangst du an den Ort, der uns versprochen ist, Sag auch ein Wort dort, wer ich war und wie es mir erging!"[1]

Dschalāl ad-Dīn Muhammad Balkhī (Rūmī)

---

1 Rumi, Dsch.: *Traumbild des Herzens. Hundert Vierzeiler.* Ausgew. aus dem Pers. Übers. Bürgel, J. C., Zürich: Manesse Verlag, 1992. S. 101.

Einleitung

Der Titel der vorliegenden Studie ist ein kurzes Zitat aus einem aus dem Jahr 1931 stammenden Text in den *C-Manuskripten* Husserls: „Ich habe nur eine Zeit, die Weltzeit."[1] Das Ziel dieser Studie liegt darin, dieses kurze Zitat in seinem Kontext sowohl als *ein* monumentales Ergebnis der mehr als 30 Jahre langen, vehementen Auseinandersetzung Husserls mit dem Thema Zeit hervorzuheben als auch es als Husserls Erwiderung auf eine Reihe der heiklen und vielschichtigen Kritiken zu entfalten, die nicht nur Husserls Zeitauffassung, sondern, angesichts ihrer Auslegung seiner Zeitauffassung, Husserls Phänomenologie als transzendentalen Idealismus hart kritisieren.

Dieses Zitat, das erst im letzten Kapitel des vorliegenden Buchs wieder erwähnt wird, kann anfangs als Leitfaden für die Darstellung der Grundthemen dienen, deren Entfaltung diese Studie sich in der Auseinandersetzung mit Husserls dreifachen Zeitanalysen vorgenommen hat. Die *Hauptglieder* des wegweisenden Satzes sind die folgenden: Ich, Habe(n), nur eine [Zeit], Zeit, die Weltzeit. Insofern diese Satzglieder weder in syntaktischer noch in semantischer Sicht der Linguistik für diese Arbeit von Interesse sind, kann ihre Reihenfolge der hier vertretenen Interpretation ihrer phänomenologischen Relevanz und ihres Stellenwerts für das Umreißen der Problemkonstellation der Zeitanalysen Husserls im Kontext seiner transzendentalen Phänomenologie überlassen werden. Dabei können auch die Kritiken, an die diese Studie das erwähnte Zitat gerichtet sieht, bei der Feststellung der Reihenfolge mitwirken. Somit ergibt sich die folgende Gliederung der Problemstellung, worauf hier vordeutend lakonisch eingegangen wird und die erst im Zuge der Untersuchung, die der Entwicklung dieser Themen in der Zeitanalyse folgt, zu entfalten ist:

- Die Welt als Grundproblem der Phänomenologie
- Das Ich der transzendentalen Phänomenologie
- Die Zeit
- Nur eine Zeit
- Die Weltzeit
- Haben als das Verhältnis des Ich und der Zeit

Abgesehen von der selbstverständlichen Tatsache, dass die Weltzeit die Zeit der Welt ist, spricht eine grundlegende Annahme dieser Studie dafür, dass der erste Teil des Kompositums Weltzeit, die Welt, als Ausgangspunkt der Problemstel-

---

[1] Mat VIII, S. 382.
Husserls Werke werden mit der Abkürzung „Hua" (für Husserliana) sowie mit der Abkürzung „Mat" (für Materialien) zitiert, gefolgt von der Angabe des Volums in römischer Zahlschrift und der Seitenzahl. Andere Werke von Husserl, die nicht im Rahmen der Husserliana bzw. Materialien erschienen sind, sowie Sekundärliteratur oder Werke von anderen Philosophen werden bei der ersten Erwähnung in extenso zitiert und danach mit dem Autorennamen, dem Jahrgang und ggf. der Seitenzahl.

lung genommen wird. Denn die vorliegende Studie geht von der Annahme aus, dass die Klarstellung des jeweils im Vordergrund stehenden Weltbegriffs Husserls für die angemessene Auslegung seiner Zeitanalysen unentbehrlich ist.

§ 1. Problemstellung

Die Welt als Grundproblem der Phänomenologie

In dem Vortrag *Phänomenologie und Anthropologie*, den Husserl im Jahr 1931 in Frankfurt, Berlin und Halle hielt, versucht er einmal mehr das wiederholt auftauchende Missverständnis auszuräumen, wenn er betont:

> „dass die Umwendung von der naiven Weltforschung zur Selbsterforschung des transzendental-egologischen Bewusstseinsbereichs nichts weniger bedeutet als eine Abwendung von der Welt und einen Übergang in eine weltfremde und darum interesselose theoretische Spezialität. Im Gegenteil: es ist die Wendung, die uns eine wirklich radikale Welterforschung, ja wie sich zeigt, darüber hinaus eine radikal wissenschaftliche Erforschung des absoluten, im letzten Sinne Seienden ermöglicht."[2]

Die Phänomenologie, die mit der Epoché des Weltglaubens anfängt und daher mit dem natürlichen Weltleben bricht, ist nicht ein Abtauchen in der weltfremden Introspektion des weltlosen Subjekts, sondern das Grundproblem bleibt das transzendentale Problem der Welt.[3] Die Welt als Hauptthema der Phänomenologie, deren Höhepunkt sich in der Lebensweltlehre findet, müsste für ihre Konkretion allerdings eine lange Zeit abwarten. Erst bei dem Aufbruch der genetischen Phänomenologie unter Berücksichtigung des konkreten Ich und seiner Genesis könnte auch die Welt in ihrer Konkretheit zum Thema der transzendentalen Phänomenologie werden.[4]

Während sich über das Grundproblem der Phänomenologie viele Kritiker einigen können, haben sie ganz unterschiedliche Einschätzungen über die Erfolge der Phänomenologie, dieses Problem zu meistern. Auf den ersten Blick würde man sagen, dass der Grund für diese divergierenden Stellungnahmen darin liegt, dass äußerst viele phänomenologische Versuche Husserls und seine

---

2 Hua XXVII, S. 17.

3 Eugen Fink formuliert in seinem Beitrag *Die phänomenologische Philosophie Edmund Husserls in der gegenwärtigen Kritik* die Grundfrage der Phänomenologie wie folgt: „Die Grundfrage der Phänomenologie, zu der sie von vielen, an traditionelle Probleme anknüpfenden Einsätzen her unterwegs ist und in der sich ihr radikaler Gegensatz zum Kritizismus offenbart, lässt sich formulieren als die Frage nach dem Ursprung der Welt." Fink, E.: *Die phänomenologische Philosophie Edmund Husserls in der gegenwärtigen Kritik*, in: Kant-Studien 38, 1933. S. 319-383. Hier S. 338.

4 Die Arbeit schließt sich der These Ludwig Landgrebes an, „[dass d]ie transzendentale Phänomenologie [...] erst als genetische Phänomenologie ihren vollen Begriff gewonnen [hat]". Vgl. Landgrebe, L.: *Die Phänomenologie als transzendentale Theorie der Geschichte*, in: Phänomenologische Forschungen 3, 1976. S. 17-47. Hier S. 21.

bis zum Ende seines Lebens neu beginnenden Ansätze und Einführungen zur Phänomenologie erst sehr spät für alle zugänglich geworden sind. Nun aber variieren auch entsprechende Stellungnahmen derjenigen, die die Entwicklungen der Phänomenologie Husserls aus erster Hand erfahren haben. Als das Paradebeispiel dieses Falls ist einmal die Feststellung von Husserls Assistent Eugen Fink im Jahr 1933 zu erwähnen, in der er schreibt: „In der von Husserl durchgeführten Arbeit ist die Möglichkeit einer wirklich gelingenden Interpretation der Welt für immer gesichert.“[5] Dagegen – 16 Jahren nach dieser positiven Bewertung – wirft Fink der Phänomenologie Husserls vor, „dass eine Philosophie, die ansetzt mit der Proklamation, alles unvoreingenommen und vorurteilslos betrachten zu wollen, so wenig das eigenständige Wesen der Welt in den Griff bekommt“.[6]

Abgesehen von den eventuellen Wenden in der Denkweise der Kritiker selbst[7] lassen sich solche unterschiedlichen Feststellungen aus den schillernden Grundbegriffen der Phänomenologie Husserls erklären. Die Besonderheit der Epoché und der transzendentalen Reduktion erforderten ständig neue Begriffsbestimmungen und Erläuterungen. Während die Intentionalität als Struktur der universalen Korrelation und ihre Auslegung als noetisch-noematische Struktur des Bewusstseins keine einseitige Bedingtheit der Welt auf das Subjekt ausdrücken sollen, haben die von Husserl ständig betonte Epoché des Weltglaubens und die Reduktion auf das transzendentale Ich für die Vorwürfe des weltlosen Subjekts und der radikal-subjektivistischen Tendenz in Husserls Phänomenologie gesorgt. Es wird beklagt, dass durch die Reduktion die Apodiktizität der universalen Korrelation ihr Gewicht auf die Seite des Ich verlagert.[8]

5 Fink, E.: *Was will die Phänomenologie Edmund Husserls?*, in: Studien zur Phänomenologie 1930–1939, Den Haag: Martinus Nijhoff, 1966. S. 157-178. Hier S. 177.

6 Fink, E.: *Welt und Endlichkeit*, Hg. Schwarz, F. A., Würzburg: Königshausen u. Neumann, 1990. S. 149.

7 Ich will nicht so weit gehen und behaupten, dass beispielsweise bei Eugen Fink eine Art Wende zur Heideggerschen Fundamentalontologie zu erkennen ist, die seine Stellungnahme zur Phänomenologie Husserls beeinflusst. Bei dem Entfalten der diversen Stellungnahmen Finks kann aber hier an Dan Zahavis Bemerkung angeschlossen werden, wenn er m. E. zu Recht bemerkt, dass Fink die Dimension der letzten Entwicklungen in Husserls Phänomenologie nicht gesehen hat, da seine Auslegung der Intersubjektivitätslehre Husserls nicht zutrifft. Zahavi schreibt: „That Eugen Fink knew Husserl's thought exceptionally well is indisputable.[...] Despite this praise however, I do believe, that one important aspect of Fink's Husserl-interpretation is seriously flawed, namely his account of Husserl's final position vis-à-vis the problem of intersubjectivity, and that Fink consequently failed to perceive the true extent of the transformation that Husserl's thinking underwent in the last period of his life.“ Zahavi, D.: *The Self-Pluralisation of the Primal Life. A Problem in Fink's Husserl-Interpretation*, in: Recherches Husserliennes 2, 1994. S. 3-18. Hier S. 3.

8 Vgl. Landgrebe, L.: *Lebenswelt und Geschichtlichkeit des menschlichen Daseins*, in: Phänomenologie und Marxismus, Band 2: Praktische Philosophie, Hgg. Waldenfels, B. u. a., Frankfurt am Main: Suhrkamp, 1977. S. 13- 58. Hier S. 17.

Selbst die Vieldeutigkeit des Weltbegriffs[9] Husserls ist ein wichtiger Auslöser der unterschiedlichen Feststellungen hinsichtlich des Weltproblems der Phänomenologie Husserls. Auch wenn die entscheidende Differenzierung zwischen dem ontologischen und dem transzendentalen Begriff der Welt bei Husserl, d. h. die strikte Unterscheidung zwischen der Welt als Inbegriff aller Dinge und der Welt als Horizont aller Horizonte, kaum unterlassen wird, trifft ihr Auseinanderhalten in Anbetracht der verstrickten Themen und in Bezug auf vielfältige Weltaspekte nicht immer zu.

Das Ich der transzendentalen Phänomenologie

Wie bereits erwähnt, sind aus der Sicht der radikalen Kritik an Husserls Phänomenologie die Hauptmethode der Phänomenologie, d. h. die Reduktion, und die enthüllte Grundbestimmung der Phänomenologie, nämlich die Konstitution, die Auslöser des bitteren Tatbestands, dass Husserls Phänomenologie beim Meistern des Weltproblems versage und sich das Begreifen des Wesens der Welt versperre. In-Klammer-Setzen-der-Welt und infolgedessen ein *reines* Ich zu gewinnen, das in seiner Transzendentalität die Welt konstituiert und in diesem Sinne die *Weltvorgängigkeit* [10] von sich behauptet, führen zu einem engen und unbefriedigenden Begriff der Welt oder, genauer gesagt, enthüllen den brüchigen Weltbegriff Husserls, der solche Zumutungen zulässt. Zudem wird durch diese gewagten phänomenologischen Vollzüge das Wechselspiel zwischen Subjekt und Objekt, das im Endeffekt Husserls Anliegen bei einem anderen Grundbegriff der Phänomenologie, der Intentionalität, war, verleugnet. Nimmt man ein *absolutes Gegenüber*, eine wechselseitige universale Korrelation des Subjekts und der Welt ernst, dann kommt man dazu, dass ein brüchiger Weltbegriff aus dem fragwürdigen Ich, dem verdächtigen transzendentalen Subjekt der Phänomenologie Husserls, hergeleitet wird. Ein in sich abgeschlossenes reines Bewusstsein, ein reines Ich als ein weltloses transzendentales Subjekt läuft auf die Unzulänglichkeit des Weltbegriffs hinaus und daher auf ein beharrliches Weltproblem der Phänomenologie Husserls.

Nun stehen jedoch die Konstitutionsfunktion des Leibes des transzendentalen Ich und die transzendental-fungierende Intersubjektivität, die die stumme

---

[9] Zu der Vieldeutigkeit des Weltbegriffs in Husserls Phänomenologie und seiner Wirkung auf andere Denkmotive der Phänomenologie vgl. Claesges, U.: *Zweideutigkeiten in Husserls Lebenswelt-Begriff*, in: Perspektiven transzendentalphänomenologischer Forschung, Hgg. Claesges, U. & Held, K., Den Haag: Martinus Nijhoff, 1972. S. 85-101. Vgl. auch Strasser, S.: *Der Begriff der Welt in der phänomenologischen Philosophie*, in: Phänomenologische Forschungen 3, 1976. S. 151-179.

[10] Eugen Fink interpretiert die Transzendentalität als die Weltvorgängigkeit, wenn er fragt, „ob Husserls Unterscheidung zwischen einem weltvorgängigen Subjekt und einem binnenweltlichen Menschen-Ich gehalten werden kann". Fink, E.: *Nähe und Distanz. Phänomenologische Vorträge und Aufsätze*, Freiburg & München: Karl Alber, 1976. S. 289.

Konkretion des transzendentalen Ich in Husserls Phänomenologie letztendlich artikulieren, den Gedanken eines reinen, weltlosen Ich als transzendentales Subjekt entgegen.[11] Mit der Transzendentalität und der Konstitutionsfunktion des Leibes und der Intersubjektivität, wird das Urfaktum des Ich, sein notwendiges In-der-Welt-Sein, expliziert und damit ist von vornherein die Welt in dem transzendentalen Bereich mit einbezogen.

Die Revisionen, die Selbstkorrekturen und die Entwicklungen, die Husserl insbesondere bezüglich des Ich in seinen unermüdlichen Versuchen auf dem langen, endlosen Weg zur Klarheit ausdrücklich vollzogen hat, sind nicht zu verkennen. Es ist unwahrscheinlich, dass alle Kritiker diese Revisionen übersehen haben.

Eine andere Annahme der vorliegenden Arbeit ist, dass der Vorwurf eines weltlosen Subjekts aus einer nicht überprüften festen Sichtweise der Kritiker hervorgehen muss, dass der Cartesianismus der transzendentalen Phänomenologie bis zur letzten Denkphase Husserls wie ein Schatten gefolgt ist.

Die Zeit

Neben der *überbetonten*[12] Lehre der phänomenologisch-transzendentalen Reduktion und sogar auf ihrem Cartesianischen Weg[13] ist die Phänomenologie der Zeit ein Themenbereich, der vor allem die Kritik erntet, dass nach dem Fundierungsverhältnis der immanenten Zeit und der objektiven Zeit in Husserls Zeitanalysen das transzendentale Subjekt ein zeitloses, weltloses Subjekt sein muss. Auch die Kritik, dass Husserls transzendentale Phänomenologie aus *der abendländischen Metaphysik der Präsenz*, die weitgehend die Prämissen des Cartesianismus umfasst, nicht zu entkommen vermag, nimmt wiederholt Husserls Zeitanalyse als Zielscheibe. Zwar werden sehr oft die Zeitanalysen Husserls als einer der Hauptverdienste seiner Phänomenologie hervorgehoben,

---

[11] Um aus einem relativ frühen Text zu zitieren, kann hier ein Text, den der Herausgeber des Bands XXXVI der Husserliana auf 1914 oder 1915 datiert, referiert werden, in dem Husserl schreibt: „Reales Sein fordert nicht nur überhaupt eine faktisch seiende Erkenntnissubjektivität (der formalallgemeine Beweis des transzendentalen Idealismus), sondern reales Sein (seinerseits eine Welt fordernd) oder Sein einer realen Welt ist zugleich nur so denkbar, dass die korrelative Erkenntnissubjektivität in dieser Welt leibliche Subjektivität, menschliche ist.“ Hua XXXVI, S. 134.

[12] Die Überbetonung der Reduktion ist zwar eine Kritik an Husserl und seinen bis zum Ende seines Lebens wiederholten Versuchen bezüglich der Reduktion. Dass die Kritiker in diesen unermüdlichen wiederholten Versuchen nicht seine Unzufriedenheit erkennen und trotz zwei anderer Wege der Reduktion, die Husserl selbst schließlich vor dem Cartesianischen Weg vorzieht, weiterhin die Cartesianische Reduktion als Zielscheibe ihrer Kritik nehmen, macht m. E. diese Überbetonung zum Akt der Kritiker.

[13] Zu den drei Wegtypen der transzendentalen Reduktion vgl. Kern, I.: *Husserl und Kant. Eine Untersuchung über Husserls Verhältnis zu Kant und zum Neukantianismus*, Den Haag: Martinus Nijhoff, 1964. S. 196 ff.

Husserls Zeitverständnis wird jedoch ebenso oft dafür kritisiert, dass es im Endeffekt die Zeit von der wesentlichen Schnittstelle des Ich und der Welt zu der Form des Objekts, d. h. zu dem formalen Apriori der Welt, degradiert.

Zu diesem unbefriedigenden Verhältnisverständnis schreibt Fink: „Zeit – Welt – Endlichkeit sind unaufgearbeitete und unbewältigte Probleme seiner [scil. Husserls] gewiss großartigen Vision einer Wissensgeschichte [...].“[14]

Die beiden bisher erwähnten Annahmen bezüglich der Schwierigkeiten der Kritiker bei der Welt und dem Ich der Phänomenologie können daher auch in den Kritiken am Zeitverständnis Husserls ihre Indizien finden. Somit müssen diese teilweise unberechtigten Annahmen im Laufe der Arbeit anhand der Untersuchung der Zeitanalysen Husserls eingeholt werden.

Eine Zeit

Wie kann Husserl für die Zeit die Einheit und Einzigkeit behaupten, wenn in seinen Analysen stets zwischen der objektiven und der phänomenologischen Zeit, zwischen der mundanen und transzendentalen Zeit zu unterscheiden ist? Sind diese nur diverse Aspekte einer Zeit?

Gewiss hat die Einheitsbehauptung für die Zeit tiefgreifende Konsequenzen für die Auslegung des phänomenologischen Felds, das Husserl enthusiastisch als die Entdeckung der Reduktion ankündigt, sowie für die Auslegung des Verhältnisses der Transzendentalität zu der Faktizität. Es gilt daher, diese Einheitsbehauptung für die Zeit in den Zeitanalysen zu verfolgen und zu überprüfen.

Weltzeit

Dass *der Terminus technicus* Weltzeit in der Geschichte der Phänomenologie mit dem Namen Martin Heidegger assoziiert wird, ist nicht zu verschweigen. Auch die Tatsache, dass ein Hauptteil der Kritiken an der transzendentalen Phänomenologie Husserls, in engerem Sinne an Husserls Zeitverständnis, an Heideggers Kritik anschließt und durch seine Werke wie *Sein und Zeit* und *Prolegomena zur Geschichte des Zeitbegriffs* inspiriert ist, ist kaum zu verkennen. Auch die Züge der Kritiken, von denen hier berichtet wird, kann im Weiteren auf Heideggers Kritik zurückgeführt werden.

Die Frage stellt sich nun, ob auch bei dem für die hiesige Arbeit leitenden Zitat die Weltzeit im Heideggerschen Sinne gemeint ist. Versteht Husserl hier die Weltzeit im Heideggerschen Sinne oder „verfügt“, wie Heidegger behauptet, „[d]ie vulgäre Interpretation der Weltzeit als Jetzt-Zeit [...] gar nicht über

[14] Fink (1976), S. 171.

den Horizont, um so etwas wie Welt, Bedeutsamkeit, Datierbarkeit sich zugänglich machen zu können"?[15]

Dass Husserls Zeitverständnis ihm den Weg zum Begreifen der Weltzeit im Heideggerschen Sinne versperrt, ist eine verbreitete Stellungnahme, insbesondere wenn nur Husserls frühe Zeitanalyse und vor allem der von Heidegger herausgegebene Text der Vorlesungen *Zur Phänomenologie des inneren Zeitbewusstseins* als Hauptreferenz gelten.[16]

Während sich die Kritiken nun oft mit der frühen Zeitanalyse, den Vorlesungen *zur Phänomenologie des inneren Zeitbewusstseins*, begnügen, ziehen sie trotz ihrer engen Textauswahl Konsequenzen für die ganze transzendentale Phänomenologie Husserls bis zu ihren letzten Entwicklungen.

Die vorliegende Arbeit stellt sich die Aufgabe, die Zeitanalysen Husserls hinsichtlich der Entwicklungen der Grundprobleme seiner Phänomenologie zu untersuchen und dadurch auf Husserls Zeitverständnis ein neues Licht zu werfen. Die Entfaltung der Weltzeit als ein Hauptthema der letzten Phasen der Zeitanalysen soll anhand dieses Versuchs ermöglicht werden.

Haben als Verhältnis des Ich und der Zeit

Die Relation des immanenten Zeitbewusstseins zu der objektiven Zeit hat Husserl als das Fundierungsverhältnis dargestellt. Die Fundierung oder die Konstitution ist selbst ein umstrittenes Thema. In Frage steht nun aber grundsätzlich, ob und inwiefern das Verhältnis des Ich und der Zeit und sogar der Weltzeit als ein *Besitzverhältnis* auszulegen ist und inwiefern dieses Haben mit der Idee der Konstitution im Einklang stehen kann. Sollte das Haben im Rahmen der universalen Korrelation ausgelegt werden, dann stellt sich die Frage, ob und inwiefern die Apodiktizität des Habens in der Apodiktizität des absoluten Seins, d. h. der Apodiktizität des transzendentalen Ich, gründet.[17]

In unterschiedlichen Phasen der Entwicklung der transzendentalen Phänomenologie haben sich die Antworten auf die oben gestellten Fragen divergiert. Das Unterlassen dieser unterschiedlichen Auslegungen des Verhältnisses des

---

[15] Heidegger, M.: *Sein und Zeit*, 16. Aufl., Tübingen: M. Niemeyer, 1986. S. 423.

[16] So schreibt z. B. Rodulf Bernet in seinem Beitrag *Die Frage nach dem Ursprung der Zeit bei Husserl und Heidegger*: „Der Abstand, der Heideggers Phänomenologie der Zeit von derjenigen Husserls trennt, zeigt sich jedoch nirgends deutlicher als in der Bestimmung der ‚Weltzeit'. Für Husserl ist die ‚Weltzeit' gleichbedeutend mit der objektiven Zeit der kausal bestimmten, natürlichen Realität." Er setzt dann fort: „Die Weltzeit ist für Heidegger somit im Gegensatz zu Husserl kein abgeleitetes und nivelliertes objektives Produkt der ursprünglichen, subjektiven Zeitlichkeit." Vgl. Bernet, R.: *Die Frage nach dem Ursprung der Zeit bei Husserl und Heidegger*, in: Heidegger Studies 3/4, 1987/88. S. 89-104. Hier S. 102.

[17] So ist ein aus dem Jahr 1933 stammender Text betitelt geworden: „Meditation über die Apodiktizität des Ich-bin und inwiefern sie Welthabe als apodiktisch in sich birgt". Hua XXXIX, S. 243.

Ich und der Zeit ist ein Teil der Problemkonstellation, die weiterhin die Kritik an Husserls Zeitauffassung prägt.

Eine gezielte Untersuchung der drei Phasen der Zeitanalysen in Anbetracht der hier dargestellten Problemkonstellation wird ermöglichen, Husserls Zeitauffassung im Rahmen der transzendentalen Phänomenologie, die eine Philosophie ist, die – um es in Merleau-Pontys Worten auszudrücken – „ein Verstehen von Mensch und Welt in der ‚Faktizität' fordert"[18] , darzulegen.

§ 2. Methodologische Bemerkungen

Die oben illustrierte Problemkonstellation wird in dieser Arbeit, ausgehend von den drei Phasen der Zeitanalysen Husserls, überprüft.

Chronologisch werden Husserls Zeitanalysen in drei Phasen aufgefasst, die drei bereits veröffentlichten Bänden der Husserliana-Reihe entsprechen: Die erste Analyse, die bis heute vorwiegend als Textgrundlage der Forschung sowie der Kritik am Zeitverständnis Husserls gilt, umfasst die aus den Jahren 1904 und 1905 stammenden Vorlesungen mit deren verbundenen Forschungsmanuskripten, die die Forschungsphase von 1905 bis 1917 abdecken. Diese Analyse ist als Band X der Husserliana-Reihe *Zur Phänomenologie des inneren Zeitbewusstseins* veröffentlicht. Als Hauptwerk der Phänomenologie Husserls in dieser Zeitspanne gilt das Werk *Ideen zu einer reinen Phänomenologie und phänomenologischen Philosophie*, Band III/1 der Husserliana- Reihe, der in dieser Arbeit kurz als *Ideen I* zitiert wird. In den *Ideen I* stellt Husserl fest, dass er „die Rätsel des Zeitbewusstseins"[19] auslassen kann, da er sich bereits in den Vorlesungen des Jahres 1905 diesem schwierigen Thema gewidmet hat.[20] Daher scheint es berechtigt zu sein, die *Ideen I* als begleitenden Text des leitenden Textes der frühen Zeitanalysen, d. h. die Vorlesungen *Zur Phänomenologie des inneren Zeitbewusstseins*, zu nehmen. Dazu können auch die *Logischen Untersuchungen* in die Kontextualisierungen der Grundbegriffe der frühen Zeitanalyse eingebunden werden.

Die zweite Phase der Zeitforschungen Husserls ist in Band XXXIII der Husserliana-Reihe wiedergegeben: die in zwei Monaten geschriebenen *Bernauer Manuskripte über das Zeitbewusstsein*, in denen sich der Einbruch der genetischen Phänomenologie erkennen lässt.[21]

Schließlich ist der Text der letzten Phase der Zeitforschung der Band VIII der Husserliana-Materialien: *Späte Texte über Zeitkonstitution, Die C-Manuskripte*, die

---

[18] Merleau-Ponty, M.: *Phänomenologie der Wahrnehmung*, Berlin: W. de Gruyter, 1974. S. 3.

[19] Hua III/1, S. 182.

[20] Hua III/1, S. 182.

[21] Vgl. Bernet, R. & Lohmar, D.: *Einleitung der Herausgeber*, in: Husserl, E.: Die Bernauer Manuskripte über das Zeitbewusstsein (1917–1918), Dordrecht: Kluwer Academic Publishers, 2001. S. XVII-LI. Hier S. XLVI.

in Husserls Forschungsphase von 1929 bis 1934 geschrieben sind und deren Ende der Anfang Husserls Arbeit an der Krisisschrift ist.[22]

In dieser Arbeit werden exemplarisch auch Husserls Auseinandersetzungen mit der Zeit in den Texten, die nicht direkt und ursprünglich der Zeit gewidmet sind, mit einbezogen. So werden die letzten Zeitmanuskripte, *die C-Manuskripte*, um die Manuskripte, die hauptsächlich von der Lebenswelt und der Intersubjektivität handeln, ergänzt, allerdings nur, insofern diese alle ungefähr aus derselben Phase stammen.

Die Arbeit führt keine rigorose chronologische Untersuchung der inneren Entwicklung der einzelnen Phasen der Zeitanalysen durch, sondern bleibt inhärent an dem Text und dem Thema orientiert und beschäftigt sich kaum mit den historiographischen Fakten bezüglich der Manuskripte. Das Thema in seiner Entwicklung leitet die Arbeit. Jede Forschungsphase wird als ein Ganzes betrachtet und unter den diversen Ansätzen jeder Phase werden diejenigen verstärkt, die in den nächsten Phasen ihre Entwicklung und Entfaltung erhalten. Das Auftauchen der neuen Themen in den neuen Phasen der Zeitanalysen wird sowohl angesichts der Anforderungen der von den letzten Phasen unbewältigten Probleme als auch als die Voraussetzungen für die Umstellung des Gesamtfelds der Phänomenologie überprüft. Der Blick wird auf die Entwicklung der das Thema Zeit betreffenden Grundideen und parallel auf die Entwicklungen des Gesamtfelds der Phänomenologie geworfen. Es gilt für jede Phase die hindernden sowie die bahnbrechenden Gedanken auf dem Weg zur Konkretisierung des Ich, der Welt und der Zeit in den Vordergrund zu rücken.

Die Konzentrierung auf ein bestimmtes zentrales Thema, nämlich die Konkretisierung in der Phänomenologie und ausgehend von den Zeitanalysen, hat es ermöglicht, die Untersuchung der Analysen und Manuskripte Husserls auf bestimmte Problemfelder zu beschränken.

Auch wenn die ursprünglichen Impulse für die vorliegende Untersuchung der Arbeit der prominenten Kritiker und ihrer Auseinandersetzung mit der Zeitauffassung Husserls und seiner transzendentalen Phänomenologie entstammen – wie es bereits von der hier dargestellten Problemlage her ersichtlich ist –, geht oft die kritische Distanz der vorliegenden Untersuchung zu den Texten der jeweiligen Denkphasen Husserls auf Husserls selbstkritische neue Versuche zurück. Auch der Exkurs zum Weltzeitbegriff Heideggers im letzten Kapitel ist weder als Kritik noch als Beweis für den Einfluss Heideggers auf Husserls späte Phase der Forschung gedacht. Insofern Husserl selbst sein Verständnis der

[22] Dieter Lohmar, der Herausgeber der *C-Manuskripte*, bemerkt: „Es gibt allerdings vereinzelte Hinweise darauf, dass er die *C-Manuskripte* im Jahr 1935 und eventuell auch noch später zur Hand genommen hat.“ Lohmar, D.: *Einleitung des Herausgebers*, in: Husserl, E.: Späte Texte über Zeitkonstitution (1929–1934). Die C-Manuskripte, Dordrecht: Springer, 2006, S. XIII-XX. Hier S. XIV.

Weltzeit mit dem Heideggers gleichstellt, scheint es angemessen zu sein, einen Exkurs über den Weltzeitbegriff Heideggers als Leitfaden zu nutzen.

Durch die im phänomenologischen Sinne inhärente Untersuchung erhofft die Arbeit, Husserls Beklagen entgegenzukommen, wenn er sich beschwert und schreibt:

> „Man hat günstigstenfalls meine Schriften gelesen, oder was noch häufiger ist, sich bei meinen Schülern, die, als von mir selbst belehrt, doch zuverlässige Auskunft geben können, Rat geholt; so orientiert man sich nach Interpretationen und Kritiken von Scheler, von Heidegger und anderen und erspart sich das allerdings sehr schwierige Studium meiner Schriften."[23]

§ 3. Kapitelübersicht und Aufbau der Untersuchung

Das erste Kapitel der vorliegenden Arbeit problematisiert die Gleichstellung der Welt und des Dinges. Die Notwendigkeit dieser Problematisierung liegt an der Annahme, dass die Gleichstellung der Grund dafür ist, dass die Weltzeit bloß als die einigende Form der Gesamtrealität begriffen wird. Das erste Kapitel hat vor zu zeigen, wie sich in Husserls Phänomenologie der Sinn der Transzendenz der Welt im Laufe der Zeit von der dinglichen Transzendenz differenziert. Die Aufhebung einer einseitigen Korrelation der transzendentalen Subjektivität und der Welt in den späten Denkphasen Husserls geht mit der Neubestimmung der Welttranszendenz Hand in Hand, demgemäß die Welt sich am Ende nicht mehr als Transzendenz, sondern als das ursprünglich transzendentale Nicht-Ich phänomenologisch beschreiben lässt.

Einer der Höhepunkte der Gleichstellung der Welt mit dem Ding wird in dem Cartesianischen Weg der Reduktion sichtbar. Der Gipfel dieses Wegs der Reduktion ist die Hypothese der Welt-Annihilation, die von der Übertragbarkeit der Nichtseinsmöglichkeit der dinglichen Transzendenz auf die Welt ausgeht. Hier werden anhand der Annihilationshypothese zuerst der Sinn und die Dimension der Gleichstellung erläutert. Dabei bezieht sich diese Arbeit auf die Vorlesung *Ding und Raum* und die Rekonstruktion der Annihilationshypothese als die Hypothese des Chaos in dieser Vorlesung. Es wird gezeigt, dass die Möglichkeit des Chaos, die als die Nichtseinsmöglichkeit der Welt betrachtet wird, im Endeffekt nichts anderes als der Verlust der Dingkategorie sein kann. Der zweite Paragraph dieses Kapitels untersucht die Reduktion auf ihre Cartesianische Art in den *Ideen I*. Nach der Untersuchung der Nichtseinsmöglichkeit der Welt als dem Höhepunkt der Gleichstellung wird der dritte Paragraph die Entwicklung der unterschiedlichen phänomenologischen Motive verfolgen, die in der Umstellung der Auslegung des transzendentalen Scheins und in der Wiederlegung der Annihilationshypothesen kulminieren. Dabei werden zwei

---

23 Hua VI, S. 439.

von Husserl selbst erhobene Einwände als die ausschlaggebenden Argumente gegen das auf Grund der Gleichstellung der Welt mit dem Ding für möglich gehaltene Nichtsein der Welt dargelegt. Die entwickelte Konzeption der konstituierenden Intersubjektivität wird als Grundlage des Einwands der Verrücktheit in den Vordergrund gestellt. Damit soll klar werden, dass der Sinn der Transzendenz der Welt nicht anhand der dinglichen Transzendenz, sondern mittels der transzendentalen Intersubjektivität auszulegen ist. Bei dem Einwand der möglichen Wiederherstellung der Ordnung aus dem Chaos wird die Revision bezüglich des Schemas Auffassungsinhalt – Auffassung erörtert, die sowohl für die Debatte um die Welt als auch für Husserls Auseinandersetzung mit dem Thema Zeit und Zeitbewusstsein von grundlegender Bedeutung ist.

In Kapitel II wird die Gleichstellung der Welt mit der Natur auf Grund der morphologischen Betrachtung des Totalitätsaspekts der Welt problematisiert. Leitend für dieses Kapitel sind die Gedanken, dass die Form und Grundstrukturen der Natur als Universum der puren Dinge nicht als die Grundstrukturen der *vollen Welt* betrachtet werden dürfen. Daher kann die Naturzeit auch keineswegs mit der Weltzeit gleichstehen und die Identitätsdeckung beweisen. Durch die Unterscheidung zwischen der wissenschaftlichen und der lebensweltlichen Morphologie werden die Schwierigkeiten der Ganzheitsbetrachtung der Welt in ihrer Konkretion hervorgehoben. Die Methode des Abbaus als die Abstraktion für die Erhaltung der Grundschicht der Welt als Natur soll die Gleichstellung der Welt mit der Natur als die Formalisierung schildern. Anhand der mereologischen Bemerkungen aus den *Logischen Untersuchungen* wird abschließend die Besonderheit der Welt als Ganze ans Licht gebracht.

Nach diesen zwei Kapiteln, die die Welt angesichts ihrer Eigenartigkeit und bezüglich ihres Boden- und Horizontcharakters untersuchen, beginnt die Suche nach der möglichen Thematisierung der Weltzeit im Rahmen von Husserls Zeitanalysen. Somit widmet sich das dritte Kapitel der ersten Phase der Zeitanalyse und den Vorlesungen *Zur Phänomenologie des inneren Zeitbewusstseins*. Dieses Kapitel hat weder den Anspruch, die verwickelten inneren Entwicklungen in den Analysen des inneren Zeitbewusstseins zu rekonstruieren, noch will es alle problematischen Themen in dieser Forschungsphase untersuchen. Es wird sich nur auf die Ansätze konzentrieren, die die Thematisierung der Weltzeit erschweren. Als Vertreter der Weltzeit ist die objektive Zeit im Sinne dieser frühen Analysen zu untersuchen. Somit wird das Überprüfen des Objektivitätsbegriffs und seiner Stufen unentbehrlich. Danach werden das Verhältnis der Zeit zu der Objektivität und die Möglichkeit der Objektivation in der Zeit kritisch beleuchtet. Mit den kritischen Bemerkungen, die wieder das Schema Auffassung – Auffassungsinhalt in Frage stellen, soll der Weg zur Untersuchung der nächsten Phasen der Zeitforschung vorgezeichnet werden.

In Kapitel IV werden die wichtigen neuen Motive der *Bernauer Manuskripte* hervorgehoben, die den Weg für die Thematisierung der Weltzeit in der letzten Phase der Zeitforschung Husserls ebnen. Dabei wird der Status der immanenten Zeit, die bereits in den Vorlesungen als problematisch dargestellt ist, als Erstes untersucht. Es wird gezeigt, dass weiterhin weder als Form der immanenten *Objekte* noch als konstituierende Zeit für die objektive Zeit die immanente Zeit befriedigend ausgelegt werden kann. Damit wird die Notwendigkeit einer vorobjektiven Grundlage der Zeitkonstitution angekündigt, die durch die genetische Phänomenologie zu Tage tritt. Eine Entformalisierung der Zeit wird in der genetischen Phänomenologie ausgeführt und daher auch auf die Unzulänglichkeit der Konzeption der objektiven Zeit in den zwei ersten Phasen der Zeitforschung hingewiesen.

Die egologische Wende der Zeitanalysen in den *Bernauer Manuskripten* ist insofern von Bedeutung, dass dabei die Idee des urzeitlichen Ich eingeführt wird, das dann durch die Reflexion die Selbstvergegenständlichung durchführt. Bei der Darstellung dieser Idee werden die unterschiedlichen Ansätze Husserls in diesen Manuskripten verglichen.

Die Debatte um die Individuation als Hauptverdienst der *Bernauer Manuskripte* ist äußerst entscheidend für die Ontologie der Welt und hat die einführende Funktion für die Thematisierung der Weltzeit. Abschließend wird auf die intersubjektive Dimension der Zeitkonstitution sowie der Individuation in den *Bernauer Manuskripten* hingewiesen.

In Kapitel V wird die Konkretisierung des Ich, das in *den Bernauer Manuskripten* in seiner Unzeitlichkeit in der Zeitanalyse eingeführt wird, verfolgt. Ausgehend von der frühen Ankündigung des Rätsels der Naturalisierung des absoluten Bewusstseins in den *Ideen I,* wird die Rekonstruktion der stummen Konkretion des Ich in späten Forschungsphasen Husserls festgestellt. Anschließend wird die Methode, die Husserl anwendet, um die stumme Konkretion zu artikulieren, als die regressiv-progressive Methode, als der Zickzack des Ab- und Aufbaus vorgestellt und ihre Anwendung in den Analysen der Zeit untersucht. Der ursprüngliche Zusammenhang der Welt und des Ich wird mit dieser Methode der Rekonstruktion Schritt für Schritt und gemäß den Stufen der Zeitigung und Selbstverzeitigung dargestellt. Dabei werden das Einbeziehen der Anderen in der Konstitution der unendlichen Zeit und meiner Lebenszeit – also die transzendentale Generativität – und das Feststellen des kinästhetischen Bewusstseins als Zentrum der Zeit – die Verleiblichung – als die Hauptkomponenten der Konkretisierung des Ich in den späten Zeitanalysen festgestellt.

In Kapitel VI wird sich diese Arbeit der aus den zwei früheren Forschungsphasen offengebliebenen Frage zur Form und dem Wesen der immanenten Zeit widmen. Es werden die Revidierungen bezüglich der immanenten Daten und ihrer Form in der letzten Phase, allerdings in dem Text, der nicht direkt der Zeit gewidmet ist, d. h. in Band XXXIX der Husserliana- Reihe: *Die Lebenswelt*, verfolgt und dabei die Idee der Vorgegebenheit der Welt als ein Aspekt der Konkretisierung der Welt in der transzendentalen Phänomenologie exponiert.

Kapitel VII stellt schließlich die Weltzeit in den Vordergrund. Hier wird, anders als bei der allgemeinen inhärenten Herangehensweise dieser Arbeit, zuerst ein Exkurs zur Weltzeit im Heideggerschen Sinne gemacht.

Nach einem groben Überblick über die Kritikrichtungen bleiben noch einige klärende Schritte auf dem Weg zur Thematisierung der Weltzeit am Leitfaden der Kritiken.

Es gilt, die in der letzte Forschungsphase vorhandenen Differenzierungen zwischen der primordialen Naturzeit, der Naturzeit der Naturwissenschaften, der Naturzeit als die Zeit der grundlegenden Schicht der Konstitution und der Weltzeit als der Zeit der Lebenswelt und der Weltzeit in ihrem besonderen Sinn als intersubjektive Struktur der Konstitution zu beleuchten und zu exponieren.

Zwei demaskierende Gedanken in der späten Analyse Husserls werden bei dem Exponieren dieser Differenzierung erheblich beitragen: Der erste ist das Unterstreichen des künstlichen, auf die Abstraktion basierten Status des Primordiums und der primordialen Welt und der zweite ist das Entlarven der Idealisierung der Zeit bei der Fokussierung auf ihre Starrheit als feste Form. Nach den Differenzierungen wird die Zeit der Lebenswelt mit ihren besonderen Strukturmomenten, die der Bedeutsamkeit und Datierbarkeit gleichkommen, anhand der Texte, in denen die Zeit nicht direkt behandelt wird, so wie etwa in den Lebensweltmanuskripten, thematisiert. Die Periodisierung bzw. die Zeitbestimmung auf Grund der Bedürfnisse und nach dem Rhythmus der Naturphänomene sind die Aspekte dieser Zeit, die mit unübersehbarer Subjektrelativität konstituiert wird. Abschließend und als eine vage Aussicht wird Husserls rohe Skizzierung einer Phänomenologie der historischen Zeit zitiert.

Kapitel I. Dingerfahrung und Welterfahrung

Dieses einführende Kapitel stützt sich auf den Gedanken, dass mit der wachsenden Bedeutsamkeit des Unterschieds zwischen der Welterfahrung und der Dingerfahrung eine eigene Zeitanalyse hinsichtlich der Welt für die Phänomenologie erforderlich wird und in der konstitutiven Phänomenologie ausgeführt werden muss. Die Differenz zwischen der Welt und dem binnenweltlichen Ding, die Husserl in der *Krisis* als die Differenz der zwei Seinsweisen verkündet, „schreibt offenbar beiden die grundverschiedenen korrelativen Bewusstseinsweisen vor".[1] Durch die Vieldeutigkeit des Weltbegriffs in der Phänomenologie bleibt jedoch gelegentlich die wesentliche Differenz verborgen. Die Welt war in den frühen Phasen der Phänomenologie zwar nicht bloß als Alldinglichkeit bestimmt, jedoch wurde sie zumeist im Schatten des Dinges und als Inbegriff des transzendenten Seienden betrachtet. Schon in den frühen Phasen verschafft die Wahrnehmungsanalyse Klarheit darüber, dass die Welt sich im Ding meldet. Die Wahrnehmungsanalyse bringt die Mitgegebenheit der Welt als Außenhorizont des Dinges ans Licht. Freilich, wie die folgende Untersuchung zeigen soll, erst durch Eingehen auf die Mitgegebenheit als Vorgegebenheit kann die genetische Phänomenologie dazu gelangen, der Welt und ihrem *eigenständigen Wesen* gerecht zu werden. Diese Arbeit schließt sich nicht der Kritik von Eugen Fink an Husserls Weltbegriff an (s. Einleitung), sondern es wird versucht, die nach und nach klar gewordene „kosmologische Differenz"[2] anhand Husserls Zeitanalysen aufzuzeigen.

Von jedem Ding aus ist die Welt als Horizont zu enthüllen, aber weder das einzelne weltimmanente Ding noch das Kollektivum von allen Dingen sind für das Ich notwendig. Die Festlegung der Welt als Horizont der zufälligen Dinge kann auf die bedenkliche These hinauslaufen, dass die Welt in demselben Sinne wie das Ding zufällig ist. In einem Manuskript von 1933 verortet Husserl den Grundfehler der Cartesianischen Epoché in „jene[r] scheinbare[n], aber nicht wirkliche[n] Tautologie, dass, da doch jedes Erfahrungsobjekt möglicherweise nicht sein muss, selbstverständlich alle in eins nicht zu sein brauchen".[3] Die versteckte Unterstellung der Welt unter die Dingkategorie kann als der Auslöser von Fehlinterpretationen der frühen Phasen der Phänomenologie betrachtet werden. Im Folgenden soll die aussichtslose Unterstellung der Welt unter die dingliche Transzendenz und die Umwandlung dieser These anlässlich der Entwicklung verschiedener phänomenologischer Motive dargelegt werden. Da, wie Blumenberg zurecht bemerkt, „[d]er erste Schritt zur phänomenologischen Klärung des Problems der Weltzeit […] in der deskriptiven Klärung,

[1] Hua VI, S. 146.
[2] Fink (1990), S. 19.
[3] Hua XXXIV, S. 408.

was Welt sei, [besteht]",[4] wird die Beschreibung der Welt in dieser Arbeit ein immer wieder auftauchendes Thema sein. Die Hervorhebung der Besonderheit der Welt und ihrer eigenartigen Transzendenz soll den Weg für die Auslegung der Intentionalanalyse der Weltzeit als des Höhepunktes der konstitutiven Phänomenologie[5] bahnen. Diesem Vorhaben folgend, wird zuerst die problematische Welt-Annihilationsmöglichkeit in zwei von Husserls Werken, die verschiedenen Etappen seines Denkweges entstammt, untersucht und verglichen (§ 1, § 2). Danach wird anhand der von Husserl selbst erhobenen Einwände die Widerlegung der Hypothese des Nichtseins der Welt geschildert (§ 3).

§ 1. Auflösung der Dingkategorie als Abbruch der unterliegenden und umfassenden Ordnung in Ding und Raum

Es ist weithin bekannt, dass Husserl in den *Ideen I* der Welt „die im Wesen jeder dinglichen Transzendenz liegende Möglichkeit des Nichtseins"[6] zuschreibt.

Um den Anspruch dieser Zuweisung zu entfalten, wäre es hier angebracht, den Sinn des Nichtseins der dinglichen Transzendenz zu verstehen. In den Vorlesungen *Ding und Raum* (1907) bietet sich eine Erläuterung der Bedeutung des Nichtseins eines Dinges an. Das dingliche Nichtsein besagt, „dass Erscheinungen auftreten, die sich der Gesetzmäßigkeit des anderweitig gesetzten Seins und in fester Gewissheit gesetzten Seins nicht fügen".[7] Ein Ding ist nicht, wenn es den übrigen aktuell einstimmig gesetzten Gesamtrealitäten *widerstreitet* und mit ihnen in keiner einstimmigen Synthese zu stehen vermag. Ein Nichtseiendes *ist* ein Fiktum, das in keiner realen Verbindung mit den übrigen gesetzten Realitäten steht. Die Setzungsqualität ist nur in Beziehung zu artikulieren. In der Erfahrung der Unstimmigkeit und des Widerstreits mit der sonstigen gewissen umgebenden Gesamtdinglichkeit verwandelt sich das Sein des wahrgenommenen Dinges im Fiktum, die vermeinte Realität wird zur Irrealität. Nichtsein des Dinges besagt schließlich Nicht-Ding-Sein, Nicht-real-Sein. Husserl erläutert diese Bedeutung des Nichtseienden anhand des Beispiels des Bild- und des Widerstreitbewusstseins. Bei der Wahrnehmung eines an die Wand gehängten Bildes bleibt die gemalte Landschaft, der Intentionsinhalt oder im Sinne der Bildbewusstseinstheorie[8] das *Bildsujet* weiter dasselbe. Der Intentions-

4 Blumenberg, H.: *Lebenszeit und Weltzeit*, 5. Aufl., Frankfurt am Main: Suhrkamp, 2001. S. 299.

5 Vgl. Mat VIII, S. 217.

6 Hua III/1, S. 104.

7 Hua XVI, S. 286.

8 Husserl unterscheidet im Rahmen des Bildbewusstseins zwischen dem Bild als *physischem Ding* (bedrucktes Papier, bemalte Leinwand etc.), dem Bild als Bildobjekt (die erscheinenden Farben, Striche, Formen und Figuren etc.) und dem abgebildeten Objekt als Bildsujet (Landschaft, Porträt etc.). Vgl. Hua XXIII, S. 18 ff.

inhalt wird erfüllt, aber ihre Setzung als reales Ding steht mit dem Bildding (der Leinwand) und der ganzen Bildumgebung (der realen Wand, dem Zimmer usw.) im Widerstreit. Demgemäß wird seine reale Existenz negiert: Die wahrgenommene Landschaft ist nicht real, sie wird zum Nichtseienden.

> „An der Wand hängt ein Bild. Es erscheint, und zwar in der Weise der Wahrnehmung, eine Landschaft, die sich zwar setzt in die Einheit der Wand; die Wand ist aber durchgehend, und nicht durchbrochene Wand. Als das wird sie aufgefasst und in Gewissheitsweise gesetzt. Eben damit aber wird die Landschaft, so sehr sie wahrnehmungsmäßig erscheint, zum Fiktum, zum Nichtseienden herabgesetzt.“[9]

Das, was in einem Dingzusammenhang, d. h. in der Welt und auf dem Boden des Weltglaubens, mit dem dinglichen Nichtsein gemeint ist, ist im Sinne des Werks *Erfahrung und Urteil* die Negation als Modifikation der Position: eine partielle Durchstreichung.[10] Das dingliche Nichtsein gründet somit in der Möglichkeit der Unstimmigkeit und des Widerstreits und diese beruht seinerseits auf der Möglichkeit der universalen Einstimmigkeit und Harmonie. Die Möglichkeit der Nichtexistenz des wahrgenommenen Dinges gründet in der Erfahrung selbst; sie ist von der Erfahrung motiviert, sie ist eine reale Möglichkeit.[11]

Wenn unter Nichtsein nur Durchstreichen auf Grund des Seins zu verstehen wäre, dann wiese sich die Möglichkeit der Nichtexistenz des Ganzen, der Welt, als widersinnig auf. Es ist festzustellen:

---

[9] Hua XVI, S. 286.

[10] Vgl. Husserl, E.: *Erfahrung und Urteil, Untersuchung zur Genealogie der Logik*, 7. Aufl., Hamburg: Meiner, 1999, S. 94-98. Auch in Hua XXXIV ist zu lesen: „Jede Modalisierung und so jede Negation setzt voraus einen Boden positiver, unbetroffener, unmodalisierter Geltungen.“ Hua XXXIV, S. 416.

[11] Die Überlegungen zum Möglichkeitsbewusstsein, die sowohl für die Wesensanschauung als auch für die Modalitäts- und Evidenzlehre von enormer Bedeutung sind, finden sich in verschiedenen Werken: in den Logischen Untersuchungen (Hua XVIII/1) und ihrer Umarbeitung (Hua XX/1), den Ideen I (Hua III/1) sowie in den Cartesianischen Mediationen (Hua I) und in den Nachlasstexten zu Phantasie, Bildbewusstsein, Erinnerung (Hua XXIII). In den Texten zur Umarbeitung der VI. Logischen Untersuchung unterscheidet Husserl zwischen zwei Grundformen von Möglichkeiten, den realen Möglichkeiten und den idealen Möglichkeiten. Die realen Möglichkeiten haben ihre Motivation in der Erfahrung. Sie sind prinzipiell entscheidbar, weil sie überhaupt das Gewicht besitzen, für eine Abwägung herangezogen zu werden, während die idealen Möglichkeiten, die allerdings die realen Möglichkeiten in sich einschließen, insofern sie bloß ideale Möglichkeiten sind, der Seinssetzung nach indifferent bleiben. Die idealen Möglichkeiten gründen in Sinn und Wesen überhaupt. Vgl. Hua XX, S. 177 ff. In den Cartesianischen Meditationen wird von Husserl auf Basis des Phantasierens „ein neuer allgemeiner Begriff von Möglichkeit“ verkündet, „der in der Weise der bloßen Erdenklichkeit [...] alle Seinsmodi, angefangen von der schlichten Seinsgewissheit, modifiziert wiederholt“; Hua I, S. 94. Allerdings scheint der neue Begriff nichts anderes zu sein als die ideale Möglichkeit in ihrer exklusiven Bedeutung. Vgl. Tugendhat, E.: Der Wahrheitsbegriff bei Husserl und Heidegger, 2. Aufl., Berlin: W. de Gruyter, 1970, S. 149 ff.; Vgl. auch Rollinger, R. & Sowa, R.: Einleitung, in: Transzendentaler Idealismus. Texte aus dem Nachlass (1908–1921), Dordrecht u. a.: Kluwer Academic Publishers, 2003. S. IX-XXXVII. Hier S. XXI-XXV.

„Wenn so Nichtsein, wie schon die Ausdrucksweise andeuten könnte, sein Maß im Sein hat [...] so möchte man sagen: dass absolut nichts sei, dass alles und jedes erscheinende Sein bloße Fiktion, also Einbildung, Halluzination, Traum sei, ist ein Widersinn."[12]

Nichtsein der Welt setzt ihr Sein voraus.[13] Mit der Möglichkeit des Nichtseins der Welt kann aus prinzipiellen Gründen keine reale Möglichkeit, die auf der Erfahrung und auf das Widerstreitbewusstsein basiert, gemeint sein. Der Spielraum jener Möglichkeit darf nicht die Welt selbst sein, sondern *reines Denken*. Somit kann die Möglichkeit des Nichtseins der Welt nicht eine motivierte Möglichkeit sein. Die Möglichkeit des Nichtseins der Welt bedeutet nur, dass das Denken mit dem Erwägen dieser Möglichkeit auf keinen Widerspruch stößt. Das, was keine absolute Notwendigkeit hat, gibt dem Denken die Freiheit, dessen *Gegenteil* auszudenken und für *möglich* zu halten. Die Weltexistenz sowie ihre Essenz entbehren der absoluten Notwendigkeit, sodass reines Denken sich ihr Gegenteil anmaßt. Daraus erschließt Husserl, dass die Modalisierung des Weltglaubens nicht ausgeschlossen ist – ein Satz, dessen Geltung auf das angewiesen ist, was unter Modalisierung verstanden und wie sie vollzogen wird. Der Angelpunkt dieser Zumutung wäre aber, nach der Enthaltung des nichtreflexiv vollzogenen Weltglaubens das absolute Bewusstsein, das Enthaltung vollziehende Bewusstsein, als ein *weltloses* Bewusstsein zu behaupten.

In der Schlussbetrachtung der Vorlesungen *Ding und Raum* gibt Husserl nicht auf und überprüft die Denkbarkeit der *Möglichkeit des plötzlichen Nichtigwerdens* der Welt. Insofern die Nichtexistenz des Dinges die Weltexistenz voraussetzt, ist schon klar, dass die Weltvernichtung ringsum im prozessualen Übergang von einer dinglichen Nichtexistenz zu einer anderen ausgeschlossen ist. Somit darf die Möglichkeit nur in einem Schlag gedacht werden, eine abrupte und plötzliche Vernichtung. Husserl prüft diese Möglichkeit an Stelle von und im Namen einer vom Widerstreitbewusstsein unabhängigen Möglichkeit. Jedoch muss er später einräumen (s. § 3), dass sie keine absolut leere Möglichkeit, eher eine reale Möglichkeit schildert. Husserl fragt nach der Möglichkeit, dass der ganze Erscheinungsfluss und seine Einheit sich in „ein bloßes Gewühl von sinnlosen Empfindungen"[14] auflösen.[15]

---

12 Hua XVI, S. 287.

13 „Gewiss, ohne Sein kein Nichtsein." Hua XVI, S. 287. „Die allgemeine Möglichkeit des Nichtseins eines jeden Realen, das ich (und irgendjemand) erfährt, ergibt nicht die Möglichkeit des Nichtseins der von mir (von uns) erfahrenen Welt, sondern setzt beständig das Sein der Welt voraus." Hua XXXIV, S. 428.

14 Hua XVI, S. 288.

15 Zur Hypothese des sinnlosen Gewühls vgl. Kern (1964), S. 293 f. Vgl. auch Summa, M.: *Ein sinnloses Gewühl? Die Hypothese des Chaos und ihre Implikationen bei Kant und Husserl*, in: Ästhetisches Wissen, Hgg. Asmuth, C. & Remmers, P., Berlin: W. de Gruyter, 2015. S. 189-210.

Die Auflösung in ein Empfindungsgewühl ist nicht ausgeschlossen. Der hypothetische Ansatz der Nichtexistenz der Welt wird auf diese Weise anhand der Hypothese des Gewühls weiterverfolgt.[16] Nach dem hypothetischen Abbrechen der Erscheinungsgesetzlichkeit wandelt sich die Gesamtrealität nicht, wie es bei der Einzelrealität der Fall ist, in die *Irrealität*, sondern sie wandelt sich in ein Chaos, in ein Gewühl von sinnlosen Empfindungen, ohne Dingauffassungen und ohne Erscheinungen, ohne irgendeine Verbindung und Einheit. Eine Frage, die sich direkt aufdrängt, ist die Frage nach dem Vollzug und dem Wesen der Ordnung, deren totaler fortdauernder Bruch in dieser Hypothese für möglich gehalten wird.

Zugespitzt formuliert: Warum und wie kann die Regelmäßigkeit des ganzen Erscheinungsflusses für immer gehemmt werden? Diese Frage führt zum Kern des Problems. Gerade die Möglichkeit dieser Fragestellung weist darauf hin, dass eine motivierte Quelle für diese Möglichkeit zu erwarten ist, d. h., die hier erwogene Hypothese veranschaulicht gar keine absolut leere Möglichkeit, sondern eine reale Möglichkeit. Die *Erfüllungsverhältnisse* einer *absolut leeren* Möglichkeit entziehen sich dem Denken, und sobald sie erreichbar, genauer formuliert, *realisierbar* sind, ist die Möglichkeit nicht mehr absolut leer, vielmehr weist sie sich als eine reale Möglichkeit auf.[17]

Aus Sicht der genetischen Phänomenologie wäre die gestellte Frage in der Art zu beantworten, dass durch diese Hypothese nicht nur die Möglichkeit der Auflösung der aktiven sinngebenden Synthesis (die Apperzeption), sondern auch des Abbrechens der passiven Synthesis (die Assoziation) angenommen ist. Die *Sinnlosigkeit* der Empfindungen besagt die Nichtigkeit aller Auffassungen und Apperzeptionen, während das *Gewühl* der Auflösung der grundlegenden Einigung entsprechen soll. Wenn Husserl im Rahmen der genetischen Analysen und durch die abstraktive Methode des Abbaus zur unteren Schicht der Erfahrung gelangt, zeigt sich trotz des Abstrahierens von allen aktiven ichlichen Leistungen, von allen Auffassungen und Apperzeptionen, „doch nicht ein bloßes ‚Gewühl' von ‚Daten', sondern ein Feld von bestimmter Struktur, von Abgehobenheiten und gegliederten Einzelheiten".[18] Das gegliederte Empfindungsfeld ist die Leistung einer passiv-assoziativen Synthesis, die selbst das immanente Zeitbewusstsein als Ursynthesis voraussetzt.[19] In der Ausführung der Hypothese des Gewühls in den der statischen Phänomenologie gewidmeten Vorlesungen *Ding und Raum* hält Husserl offensichtlich das Abbrechen der

---

[16] Vgl. Summa (2015), S. 203.

[17] Dass selbst unter motivierten realen Möglichkeiten eine Gradualität des Gewichts bzw. eine gradunterschiedliche Wahrscheinlichkeit anzunehmen ist, ist eine andere Sache. Der Unterschied zwischen realer und absolut leerer Möglichkeit ist aber ein wesentlicher. Nichts spricht für die absolut leere Möglichkeit.

[18] Husserl (1999), S. 75.

[19] Husserl (1999), S. 75.

passiven Assoziation – das Grundprinzip der genetischen Phänomenologie – für möglich, daher ist von dem Empfindungsgewühl die Rede.

Wenn diese Chaosmöglichkeit weitergedacht wird, was in *Ding und Raum* schon der Fall ist, zeigt sich jedoch die Möglichkeit, dass eine Reihe von Einheiten sich abermals innerhalb des hyletischen Gewühls oder von diesem abheben. Sollte nach der hypothetischen Auflösung das Bewusstsein trotzdem weiterbestehen und sollte es ein Durcheinander von Empfindungen besitzen, dann muss die Realisierung der Assoziation wohl wieder möglich sein. Dank ihrem Zusammenspiel mit bzw. in dem kinästhetischen Prozess könnten die Kontraste und Verschmelzungen der *sinnlosen* Empfindungen den Aufbau der Reihenfolge von Einheiten regeln.[20] Die geregelten Einheiten könnten sich wieder von diesem Gewühl abheben. Diese Gedanken sind aber erst aus der Sicht der genetischen Phänomenologie zu Ende zu führen. Die mögliche Wiederherstellung der Regelmäßigkeiten im Chaos ist eine Möglichkeit, die Husserl schon in diesen Vorlesungen erwähnt; so schreibt Husserl: „Es mag sein, dass Einheit sich im Rohen und Groben ansetzen und durchsetzen lässt."[21] Dennoch spielt er erst später und nach der Entwicklung der genetischen Phänomenologie diese Möglichkeit durch und sieht darin die unausweichlichen Gründe für den Ablauf der Gültigkeit dieser Hypothese und der daran geknüpften Motive.

Trotz der erwogenen Möglichkeit der Abhebung hat Husserl keine Aussicht auf die Wiederherstellung der *durchhaltenden* Einheiten, insofern nach der Hypothese die Dingauffassung als Regel und Norm möglicher Erscheinungen[22] nicht gesetzt wird. Die aus dem Gewühl abgehobene nachträgliche Reihe der Einheiten in der „präempirischen Zeitfolge"[23] reicht nicht für die Welterscheinung aus, weil die Einheiten der Erscheinungsfunktion entbehren. Das Gewühl bleibt ohne jeden Erscheinungszusammenhang. Die groben und zufälligen abgehobenen Einheiten haben keine *feste* und *voraussichtliche* Regelmäßigkeit; sie scheitern an der Weltkonstitution. Die Assoziation und ihre vorausgesetzten sachlichen Abhebungen auf Grund der sachlichen Homogenität und des Kontrastes können weiterbestehen und trotzdem herrscht nur Chaos unter sporadischen Empfindungseinheiten. Die aus Assoziation entstandene *Ordnung* ohne *Festigkeit* bleibt dem hypothetischen Gewühl nicht fern. Obwohl dem ersten Anschein nach die Annahme der Weltvernichtung auf der Möglichkeit der fortwährenden Hemmung der Assoziation (abgesehen davon, ob ihrer sachlichen

20 Die Urformen der Ordnung im hyletischen Feld, nämlich die Verschmelzung und den Kontrast, analysiert Husserl vor allem in § 28. und § 29. der Analysen zur passiven Synthesis. Vgl. Hua XI, S. 128-142.

21 Hua XVI, S. 289.

22 Vgl. Hua IV, S. 86; vgl. Hua XX, S. 197.

23 Hua XVI, S. 288.

oder ichlichen Struktur) beruht, ist schließlich die Preisgabe der Dingauffassung maßgeblich für die Möglichkeit der Annahme der Weltvernichtung.

Nach der Entwährung einer Einzeldingerfahrung besteht weiterhin das Fiktum. Der Erlebniszusammenhang besteht fort, während die Seinssetzung sich als nicht wahr erweist. Dagegen führt die Resignation der Dingsetzung überhaupt zu Chaos und Sinnlosigkeit. Es bestehen weiter Empfindungen, aber in einem solchen Chaos, „dass es kein Ich gibt und kein Du gibt und dass es keine physische Welt gibt, kurz, keine Realität im prägnanten Sinn".[24]

Die erwogene Möglichkeit der Auflösung der einstimmigen Erfahrung im Gewühl führt zur Auflösung der individuellen Seele. Weder die Erscheinungszusammenhänge, die eine dingliche Welt konstituieren, noch diejenigen, die für die Einheit der Persönlichkeit repräsentativ sind, müssen gesetzmäßig ablaufen; der *personale Selbstmord* ist die Konsequenz dieser Hypothese.[25] Weder ich als Mensch in der Welt noch die ganze Welt brauchen zu sein: Sie haben keine absolute Notwendigkeit.[26]

Die Erscheinungswelt, deren Möglichkeit des Nichtseins anhand der Hypothese erwogen wird, wird zwar nicht als die Alldinglichkeit angesehen, jedoch wird ihr Ordnungs- und Strukturcharakter sogar in der unterliegenden Schicht für eine dinglich aufgefasste Ordnung gehalten, deren abrupte Auflösung im Empfindungsgewühl mündet. Im Endeffekt wird in diesen Vorlesungen die erwogene Resignation der Welt mit der Preisgabe „der strengen Idee des Dinges"[27] gleichgesetzt.

---

24 Hua XVI, S. 289.

25 Iso Kern zitiert aus einem bis heute unveröffentlichten Manuskript (Angaben nach Kern: Ms. orig. F IV 3, S. 57a (wohl 1925): „warum soll es nicht ein ‚vielfärbiges' Selbst geben können. Ist das eigentlich nicht in der Tat denkmöglich, kann ich nicht durch Abbau der assoziativen Erfahrungskonstitution sozusagen einen personalen Selbstmord begehen, während doch als Unterlage für diese Möglichkeit mein Leben, wenn auch <nicht> als objektiv-sinnliches, verbleibt mitsamt der Ichpolarisierung, wenn schon dieser Ichpol keinen personalen habituellen Sinn hat. Ja, man könnte sagen: Auch dann bin ich identisches Ich einer identischen Habitualität, auch dann habe ich meine bleibende Habe – nicht eine Umwelt als objektive, aber die Einheit meines Lebens, die Mannigfaltigkeit meiner Empfindungsdaten in der Einheit der immanenten Zeit. Ich bin aber nicht in Bezug auf eine Natur, eine Welt und nicht in einer Welt, weltlos … So wäre der Tod vorstellbar als bloße Auflösung meines Ich als Ich einer transzendentalen Apperzeption – als Ausscheiden aus der Welt, die weiter ist das durch eine Intersubjektivität konstituiert, der ich selbst nicht mehr zugehöre." Kern (1964), S. 294. Kern hebt die Überlegungen zur Möglichkeit der Weltvernichtung in Husserls Auseinandersetzung mit Kant und den Neukantianern hervor, insbesondere hinsichtlich der Lehre von „der transzendentalen Apperzeption". Kern (1964), S. 294.

26 „Warum muss aber eine Welt existieren und existieren müssen <sic!>? Ich sehe in der Tat nicht ein, dass sie das müsste. Das betrifft die Welt im weitesten Sinn einschließlich das Ich als Persönlichkeit und andere Ich." Hua XVI, S. 288.

27 „Sie [scil. die abgehobenen Einheiten] wären zufälliges Anders- und Immer-wieder-anders-Sein, wenn man die Dingidee als strenge aufgäbe." Hua XVI, S. 289.

Bei der Seinssetzung des Einzeldinges ist zwar auf den Bodencharakter der Welt für die Entscheidung über empirisches Sein oder Schein hingedeutet; dieses Bodencharakters der Welt ungeachtet wird sie jedoch beim Erwägen der Möglichkeit ihrer Vernichtung von der Dingkategorie her betrachtet.

Wie schon erwähnt geht Husserl in den Vorlesungen *Ding und Raum* nicht detailliert auf die für möglich gehaltene Auflösung des Ganzen ein und stellt sich nicht die später von ihm selbst aufgeworfene Frage, „[...] wie diese Auflösung aussehen soll".[28] Es ist allein zu bemerken, dass die Auflösung als ein *künftiges Geschehen* und *von einem Zeitmoment ab* erwogen wird. Setzt das Geschehen des Chaos die Raumzeitlichkeit voraus, dann ist die Hypothese als eine reale Möglichkeit erwogen und darf daher nicht als äquivalent zur Möglichkeit der Nichtexistenz der Welt überhaupt betrachtet werden. Die Möglichkeit des Nichtseins der Welt darf nur als eine unmotivierte Möglichkeit gedacht werden.

Besitzen diese Gedanken nicht bloß pathologischen Sinn und besagen eigentlich für die Möglichkeit der Nichtexistenz der Welt gar nichts? Der spät von Husserl selbst erhobene „Einwand der Verrücktheit"[29] tritt in dieser Vorlesung nicht auf. Dieser Einwand, in Verbindung mit der Möglichkeit der Wiederherstellung der Regelmäßigkeit im Chaos, trägt in Husserls Spätphilosophie zum Revidieren dieser Hypothese und schließlich zur Umwandlung der Cartesianischen Epoché bei.

Es verdient Erwähnung, dass Husserl am Ende der Ausführung der Hypothese und ihr zum Trotz die weltkonstituierende Erfahrung zu einer „Vernunftgewalt"[30] erklärt, der gemäß alle denkbaren Möglichkeiten und Hypothesen des Nichtseins der Welt sich als grundlos und unvernünftig, allerdings nicht sinnlos, erweisen.[31] Es ist zu bedenken, dass sich dabei schließlich doch eine Art Konkurrenz, wenn auch eine ungleiche, ergibt, der gemäß die ausgedachte Möglichkeit abgewogen und als *wüste Möglichkeit* erklärt wird.[32] Ist nicht diese Abschätzung schon eine Art Abwägung und der Offenheit einer leeren Möglichkeit zuwider? Zu dem *transzendentalen Schein*, „dass die Welt in Wahrheit doch nicht sei",[33] gehört, so schreibt Husserl in den 1920er-Jahren,

> „dass nach einer Korrektur durch eine entsprechende Wahrheit zu suchen bzw. nach einem wahren Sein zu fragen, das anstatt, an Stelle dieser *nicht seienden Welt* zu setzen sei, völlig sinnlos wäre".[34]

---

[28] Hua XXXIX, S. 228.
[29] Hua VII/2, S. 304.
[30] Hua XVI, S. 290.
[31] Hua XVI, S. 290 f.
[32] Vgl. Hua XVI, S. 290.
[33] Hua VIII, S. 54.
[34] Hua VIII, S. 54. (Hervorh. durch d. Verf.)

Er vergleicht den auf *Entscheidung* gezielten Ansatz hinsichtlich des transzendentalen Scheins mit der sinnwidrigen Bemühung, anstelle der *frei phantasierten* Nixe *das wahre Ding*, das uns trügerisch als Nixe erscheint, zu finden.[35] Ist damit gemeint, dass eine dergestalt erwogene Möglichkeit der Nichtexistenz der Welt etwa das Produkt des reinen Phantasierens sei und dass sie in keinem echten Widerstreit mit der Wirklichkeit stehe?[36] Ist das Erwägen der Möglichkeit der Nichtexistenz der Welt die *„Quasi-Positionalität"*[37] einer *nicht seienden Welt, einer phantasierten Welt*? Die am Leitfaden der dinglichen Transzendenz erwogene Hypothese kann nicht als *absolut leere* Möglichkeit betrachtet werden, weil eine *absolut* leere dingliche Intention ausgeschlossen ist. Eine dingliche ideale Möglichkeit besitzt trotz ihrer angenommenen indifferenten Seinssetzung zumindest die typische Dingapperzeption und ist insofern nie *absolut leer.*[38]

Abschließend ist hier zu bemerken, dass zwar gerade auf Grund der Dominanz der Dingauffassung bei der Weltvernichtungshypothese darauf bestanden werden kann, dass das phänomenologische Wagnis nur die Thesis der Dingwelt und die Einstimmigkeit der äußeren Wahrnehmung betrifft. Es darf dennoch nicht verschwiegen werden, dass Husserl in den frühen Phasen der Phänomenologie mit einer gewissen Ungenauigkeit mit den verschiedenen Weltbegrif-

---

35 Vgl. Hua VIII, S. 54.

36 Zu der reinen Phantasie bei Husserl vgl. Bernet, R.: *Phantasieren und Phantasma bei Husserl und Freud*, in: Founding Psychoanalysis Phenomenologically, Hgg. Lohmar, D. & Brudzińska, J., Dordrecht u. a.: Springer. 2012. S. 1-21. Bernet bringt die besondere Eigenschaft der Phantasie mit folgenden Worten auf den Punkt: „Die Enthaltung vom Glauben an die Wirklichkeit des anschaulich gegebenen Gegenstandes, welche jede Art von Phantasie kennzeichnet, wird mir keineswegs von außen her durch das wahrnehmungsmäßige Erscheinen eines (anderen) wirklichen Gegenstandes aufgezwungen, dessen Existenz mit dem unwirklichen Charakter meines Phantasiegegenstandes streiten würde. Es ist nämlich prinzipiell ausgeschlossen, dass zwischen einem wirklichen Gegenstand und einem Phantasiegegenstand ein echter Konflikt oder Widerstreit entstehen kann." Bernet (2012), S. 4.

37 Hua I, S. 94.

38 Husserls Beispiel für eine leere Möglichkeit in den *Ideen I* ist die Möglichkeit, dass ein Tisch, den Husserl von oben wahrnimmt, auf der nicht sichtbaren Unterseite zehn Füße hat statt vier. Vgl. Hua III/1, S. 325. Diese dingliche leere Möglichkeit ist nur insofern leer, dass in bisherigen Erfahrungen Husserls vom Tisch keine Motivation dafür zu finden ist. Abgesehen davon, dass ein Artefakt ein problematisches Beispiel ist, ist der Mangel an Motivation bloß ein Mangel an Erfahrungen. Es spricht *verschwindend wenig dafür, aber nicht nichts*. Vgl. Hua XX/1, S. 178. In den Texten zur Umarbeitung der VI. *Logischen Untersuchung* wird dieses Beispiel revidiert, so dass nun auch die unwahrscheinlichste, im Vorhinein zur Enttäuschung verurteilte Protention als reale Möglichkeit gilt. Ein Beispiel für die leere Möglichkeit sind die Nixe oder der Zentaur. Vgl. Hua XX/1, 177-186. Immerhin gründet eine *dinglich* leere Möglichkeit letztendlich in dem noematischen Sinn und Wesen. Somit steht diese Möglichkeit zumindest unter Berücksichtigung der Regeln der Dingregion und ist also nie absolut leer. Daher erfordert m. E. die *absolut leere* Möglichkeit des Nichtseins der Welt eine eigene Definition. Trotz der Hervorhebung des transzendentalen Scheins als eines ganz eigenartigen und besonderen wird die absolut leere Möglichkeit oft mit der dinglichen leeren Möglichkeit vermengt.

fen umgeht und dass in diesen frühen Phasen, wie in der ganzen statischen Phänomenologie, die höhere *fertig* konstituierte Einheit der *Ding*welt im Vordergrund steht. Die *vorprädikative Meldung der Welt* wird erst spät berücksichtigt.

§ 2. Dingliche Transzendenz der Welt und ihre Ablösbarkeit von der Region des Bewusstseins in den Ideen I

Im Folgenden geht diese Arbeit nun auf die Paragraphen in den *Ideen I* ein, die bis heute zu den bestimmten Fehlinterpretationen der ganzen Phänomenologie Husserls führen. In den *Ideen I* ist Husserls Ziel bei der Thematisierung der Nichtseinsmöglichkeit der Welt, „die prinzipielle Ablösbarkeit der gesamten natürlichen Welt von der Domäne des Bewusstseins“[39] zu zeigen. Um dieses Ziel, ausgehend von dem wesentlichen Unterschied zwischen der Transzendenz und der Immanenz, zu erreichen, schildert Husserl die Gegebenheit der dinglichen Transzendenz als perspektivisch, inadäquat, zufällig und deshalb präsumptiv. Die auf dem Wesen der dinglichen Transzendenz basierte Nichtseinsmöglichkeit weist sich in der Gegebenheit des Dinges aus. Die perspektivische Gegebenheit des Dinges ist präsumptiv nicht nur im So-Sein, sondern auch im Sein. Die Fortsetzbarkeit der äußeren Wahrnehmung und ihre ständige Bewährungsbedürftigkeit führt nicht nur zu den Andersbestimmungen und den Korrekturen, sondern womöglich zu der totalen Entwährung, zu der Bewährung des Nichtseins. Die Preisgabe eines Dinges im Ganzen ist nicht ausgeschlossen, denn die „[d]ingliche Existenz ist nie eine durch die Gegebenheit als notwendig geforderte, sondern in gewisser Art immer zufällige“.[40] Die Zufälligkeit der dinglichen Existenz lässt die Möglichkeit ihres Durchstreichens offen. Bedeutend ist aber, dass selbst das Durchstreichen eine enttäuschende Erfüllung der Intention ist. Während die für die Nichtseinsmöglichkeit der dinglichen Transzendenz grundlegende Zufälligkeit, die in den *Ideen I* unmittelbar der Welt zugeschrieben wird, auf der Fortsetzbarkeit der Erfahrung, genauer ausgedrückt, auf der Fortsetzbarkeit der äußeren Wahrnehmung beruht, setzt die Zufälligkeit der Welt die Möglichkeit des totalen Verfalls der Wahrnehmung überhaupt voraus.

Der naheliegende nächste Gedankengang in den *Ideen I* hinsichtlich der erwogenen Nichtseinsmöglichkeit der Welt sollte von der folgenden Frage geleitet sein: Ist die Gegebenheit der Welt von derselben Art wie die Gegebenheit des Dinges? Sind die Einzelerfahrung und die Welterfahrung von demselben Wesen, so dass sich die im Wesen jeder *dinglichen Transzendenz* liegende Möglichkeit des Nichtseins auf die Welt übertragen lässt? Husserl verzichtet hier

39 Hua III/1, S. 99.
40 Hua III/1, S. 97.

auf diese Frage und misst unmittelbar der Welt die für die Dinge denkbare Annihilationsmöglichkeit bei. Die Möglichkeit der Anhäufung des Wimmelns in der Erfahrung und schließlich des Verfalls der Regelordnung der Erfahrung wird als äquivalent mit der Möglichkeit betrachtet, „dass es keine Welt mehr gibt".[41] Wie in den Vorlesungen *Ding und Raum* wird auch in den *Ideen I* von der Möglichkeit der Aufhebung „[der] festen Regelordnungen der Abschattungen, Auffassungen, Erscheinungen"[42] als der Möglichkeit des Nichtseins der Welt gesprochen.

Um das Bewusstsein als absolutes Sein gegenüber der Welt und ihrem sekundären, relativen Sein hervorzuheben, vollzieht Husserl einen Gedankengang, der das Bewusstsein nicht nur von seiner weltlichen Situation, seiner natürlichen Einstellung zur Welt, sondern gänzlich von *der* Welt zu befreien scheint. Während der Nichtseinsmöglichkeit der Welt behauptet Husserl das Weiterbestehen des Bewusstseins, allerdings eines modifizierten. Resignation der Welt fordert keineswegs, dass für das Bewusstsein „andere Erlebnisse und Erlebniszusammenhänge ausgeschlossen wären".[43] Ist unter dieser Modifikation des Bewusstseins ein dumpfes Bewusstsein zu verstehen? In dieser Gedankenphase bejaht Husserl die Frage nicht. Ihm zufolge bestehen die Erlebniszusammenhänge weiter, nur ohne irgendeine reale Seinssetzung.[44] Das Bewusstsein wird als eine für sich abgeschlossene Region vom Durchstreichen der Weltexistenz nicht beschädigt. Der zu vielen Missverständnissen führende Cartesianische Weg der Reduktion legt hier das *absolute Bewusstsein* als Residuum der Weltvernichtung dar.

Somit wird in den *Ideen I* die Möglichkeit der Nichtexistenz der Welt am Leitfaden der dinglichen Transzendenz erwogen. Auch die Beschreibung der Welt als des Außenhorizontes der Dingwahrnehmung vermag nicht die versteckte Gleichsetzung der Welt mit dem Ding und daher ihre Annihilationsmöglichkeit zu korrigieren, da in den *Ideen I* von einem möglichen inaktuellen Horizont, d. h. von einem Horizont ohne Dinge, noch keine Rede ist.

§ 3. Einwand der Verrücktheit und Einwand der Möglichkeit der Wiederherstellung der Ordnung aus Chaos

Die Möglichkeit der Auflösung der Erfahrung in einem bloßen Gewühl der sinnlosen Empfindungen wird als stellvertretend für die Möglichkeit der Nichtexistenz der Welt gedacht. In dieser Arbeit sind schon zwei Einwände kurz

41 Hua III/1, S. 103.
42 Hua III/1, S. 103.
43 Hua III/1, S. 104; vgl. Hua XXXVI, S. 124.
44 Schließlich betrachtet Husserl in der Krisis das absolute Bewusstsein als Gewinn der Cartesianischen Epoché als inhaltsleer. Vgl. Hua VI, S. 158.

angedeutet worden, die angesichts der hypothetischen Auflösungsmöglichkeit eine Umwandlung der Cartesianischen Epoché und das Einschlagen eines neuen Wegs der Reduktion fordern, der letztendlich dem phänomenologischen Begriff der Welt gerecht werden kann.[45] Es wird sich dabei als aufschlussreich erweisen, die erwähnten Einwände zu studieren und anhand dieser Kritiken Husserls späteren Ansatz zum Weltproblem zu thematisieren.

Der Einwand der Verrücktheit versteht die scheinbare Möglichkeit der Weltvernichtung *bloß* als die Möglichkeit des pathologischen Falls: Zwar ist ein Bewusstsein ohne Assoziationsmöglichkeit, ohne Identifikationsvermögen, schließlich ohne Fähigkeit der Natur- und der Welterkenntnis faktisch nicht auszuschließen; der Mensch kann verrückt werden, aber „[d]ie Möglichkeit der Verrücktheit kann doch nichts besagen zur Möglichkeit der Nichtexistenz der Welt".[46] Als reale Möglichkeit setzt sie gerade die Weltexistenz voraus. Ein Mensch kann der *Vernunft* entbehren, während die anderen Menschen durch ihren harmonischen Welterfahrungsverlauf weiterhin zur Weltkonstitution imstande sind.

Husserls Antwort auf diesen Einwand ist in den 1920er-Jahren weiterhin von seinem Ansatz zum solipsistischen Anfang der Phänomenologie bestimmt. Die reale Möglichkeit der Verrücktheit setzt andere Subjekte voraus, die diese abnormale Situation erkennen und sie mit dem Titel Verrücktheit versehen. Aber für den anfangenden Philosophen fallen die Anderen unter die Realitäten, die bezweifelbar sind und eingeklammert werden müssen.[47] Somit sieht Husserl in diesem Einwand den erkenntnistheoretischen Zirkel.[48] Die Fremder-

---

[45] Darüber, dass die Hypothese der Welt-Annihilation ihr Ziel nicht erreicht hat, schreibt Rudolf Bernet in seinem Beitrag *Husserl's concept of the world*: „The hypothesis of the annihilation of the world thus does not meet the aims of the program of phenomenological reduction: it allows to appear niether the world as phenomenon, nor the transcendental being of the subject, nor the correlation or belonging-together of subject and world. The annihilation of the world does not even merit its own name, since the world (insofar as it exceeds the real existence of things) is not even taken into consideration." Bernet, R.: *Husserl's concept of the world*, in: Crises in Continental Philosophy, Hgg. Dallery, A. B. u. a., Albaby: Suny Press, 1990, S. 3-21. Hier S. 7.

[46] Hua VIII, S. 55.

[47] „Dieser Einwand sollte uns zum Nachweis dienen, dass die Selbstbesinnung, die der anfangende Philosoph zu vollziehen hat, nicht in der natürlichen kommunikativen Einstellung, sondern sozusagen in der solipsistischen vollzogen werden muss." Hua VIII, S. 59.

[48] „Neben all dem hat unsere lange Überlegung des Einwandes von der möglichen Verrücktheit auch das Gute gehabt, uns ein für allemal auf die Gefahr des spezifisch erkenntnistheoretischen Zirkels aufmerksam zu machen, der darin besteht, dass man argumentierend, und ohne es zu merken, in Besonderheit benützt, was in der Allgemeinheit des kritischen Themas in Frage steht." Hua VIII, S. 66. „Da also alle mögliche Erfahrung von Menschen raumdingliche Erfahrung voraussetzt, so kann eine universale Kritik der Welterfahrung auch andere Menschen nicht als gegeben hinnehmen, wie es das Argument der Verrücktheit tut, das damit einen erkenntnistheoretischen Zirkel begeht." Hua VIII/2, S. 305.

fahrung, die den Einwand der Verrücktheit geltend machen mag, ist gerade von der erdenklichen Möglichkeit der Auflösung meiner Erfahrung im Gewühl betroffen, weil beim solipsistischen Ansatz des Philosophieanfangs die Anderen nur Gegenstände meiner Erfahrung und nicht selbst konstituierende Erfahrung sind. „Die universale Kritik meiner Erfahrung ist also die universale Erfahrungskritik überhaupt.“[49] Infolgedessen wird jedweder mögliche Boden für die Setzung der Welt, d. h. die Fremderfahrungen, zurückgezogen.

Daher betrachtet Husserl diesen Einwand nur als einen Pseudoeinwand. Wie der Herausgeber der Husserliana III/1 – abgesehen von den späten Ausführungen dieses Einwands – zu Recht betont, besteht seine Funktion „darin, die Gültigkeit des „hypothetischen Ansatzes der Nichtexistenz der Welt“ zu untermauern“.[50]

Aber im Rahmen der weiterentwickelten genetischen Phänomenologie gewinnt dieser Einwand eine eigene Bedeutung. Wenn die Weltkonstitution als der Erwerb des entwickelten Bewusstseins betrachtet wird, welches selbst eine Genesis hat, stellt sich die Frage nach der Notwendigkeit der Weltkonstitution als die Frage nach der Notwendigkeit der gewissen Entwicklung des Bewusstseins. Die Frage ist, ob es möglich ist, dass das Bewusstsein keine solche Entwicklung absolviert, die zur Weltkonstitution führt. Die Antwort ist positiv und weist auf ein pathologisches Bewusstsein hin. Die Debatte um die Möglichkeit der Nichtexistenz der Welt wird nun im Rahmen der transzendentalen Bedeutung der Normalität geführt.[51] Für das genetische Bewusstsein ist es wohl möglich, sich derart zu entwickeln, dass es sich keiner Weltkonstitution ermächtigt. Anders als in Vorlesung § 34 der *Ersten Philosophie* ist in den 1930er-Jahren bei der Gleichsetzung der Nichterfüllung der Weltkonstitution mit der pathologischen Möglichkeit nicht mehr von dem unumgänglichen verpflichtenden Solipsismus des anfangenden Philosophen die Rede: „[D]as Monadenall wäre doch konstituiert und die Welt, und ich wäre, ohne es zu wissen, pathologischer Mensch innerhalb einer Welt.“[52] Das Erwägen der Möglichkeit der Nichterfüllung der Weltkonstitution entspricht der pathologischen

49 Hua VIII, S. 58.

50 Schuhmann, K.: *Einleitung des Herausgebers*, in: Husserl, E.: Ideen zu einer reinen Phänomenologie und phänomenologischen Philosophie. Erstes Buch: Allgemeine Einführung in die reine Phänomenologie, Den Haag: Martinus Nijhoff, 1976. S. XV-LVII. Hier S. LIV.

51 „Soll eine Welt sein, sollen Subjekte selbst sein, für sich und miteinander sein, soll eine Zahlenwelt, sollen Wesenswahrheiten und Wesen selbst sein können usw., so muss es normale Subjektivität geben; ich gehe nicht nur überhaupt als unbestimmtes ego allem, was für mich ist, vorher, sondern als normales Vernunftsubjekt [...].“ Hua XV, S. 36.

52 Hua XXXIX, S. 226.

Möglichkeit,[53] im weitesten Sinne der Anomalität,[54] die selbst eine weltliche Möglichkeit ist.

Die Möglichkeit der Nichtexistenz der Welt wird mit der realen Möglichkeit der Verrücktheit gleichgesetzt. Warum geraten wir nicht dadurch wieder in einen erkenntnistheoretischen Zirkel? Die anderen *Menschen*, die zum Ausweisen des Verrückten sowie zur Weltkonstitution befugt sind, sind nicht bloß konstituierte Objekte in der Welt, bloß Komponenten der Weltkonstitution, sondern vielmehr die (mit)konstituierenden Subjekte der Welt.

Der methodologische Vorrang der Egologie[55] erweist sich bei der transzendentalen Entfaltung der Weltkonstitution als unzulänglich, wobei nur aus dem „letzt-transzendentalen Standpunkt",[56] d. h. der transzendentalen Intersubjektivität, möglich ist, über die jeweilige Weltvorstellung hinaus zur wahren Welt zu gelangen.[57]

Darüber hinaus wird in der genetischen Phänomenologie herausgestellt, „dass Subjektivität nur in der Intersubjektivität ist, was sie ist: konstitutiv fungierendes Ich".[58] Es ist zu bemerken, dass gerade die Verflechtung der transzendentalen Subjektivität und der Intersubjektivität den Grund für das Revidieren der immer einseitig betonten Relativität der konstituierten Welt anführt, denn es gilt: „Das Sein einer Intersubjektivität transzendentaler Subjekte setzt bereits (und wohl auch schon das Sein einer Mehrheit solcher überhaupt) Weltkonstitution voraus."[59]

Jede denkbare Möglichkeit setzt das denkende Ich voraus und „[d]ie Denkbarkeit des Verrückten setzt voraus den Nichtverrückten".[60] Die Verrücktheit ist das Unvermögen, die Unfähigkeit, die gemeinsame Welt zu konstituieren, aber sie tritt nicht nur bei den höheren Schichten der Konstitution auf, sondern

---

53 Zwar sieht Husserl „die absoluten Grenzen für alle Verrücktheit" darin, dass das pathologische Bewusstsein trotz aller Abweichungen und Abstände „doch ein welterfahrenes Wesen" sein muss – solange es für mich als Bewusstsein, wenngleich als anormales, gilt. Dennoch ist nicht ausgeschlossen, dass seine Welt im radikalsten Fall eine unzugängliche und geschlossene solipsistische Welt ist. Somit gilt seine Welt für mich bloß in Analogie." Hua XXXIX, S. 227.

54 Zu diesen weltlichen Möglichkeiten gehört auch das tierische Bewusstsein, das „vielleicht" keine Welt hat. Für die Anomalitäten nach Husserl vgl. Breyer, T.: Unsichtbare Grenzen. Zur Phänomenologie der Normalität, Liminalität und Anomalität, in: Geist – Person – Gemeinschaft. Freiburger Beiträge zur Aktualität Husserls, Hgg. Merz, P. u. a., Würzburg: Ergon, 2010. S. 109-127.

55 Hua VIII, S. 173.

56 Hua VIII, S. 480.

57 Vgl. Meist (1980), S. 561-589. Hier S. 584. Auch Dan Zahavi vertritt die These, dass Husserl später seine Stellungnahme zur Priorität der solipsistischen Phänomenologie in sehr entscheidenden Punkten modifiziert hat. Vgl. Zahavi (1996), S. 23 f.

58 Hua VI, S. 175.

59 Hua XXXIX, S. 241.

60 Hua XV, S. 34.

ist sogar als eine „Wahrnehmungsverrücktheit“[61] denkbar, „d. h., das betreffende Subjekt kann in seinen Wahrnehmungen eine einheitliche Welt überhaupt nicht mehr durchhalten“.[62]

Somit bekommt der sogenannte *Einwand der Verrücktheit* sein ursprüngliches Recht zurück und läuft auf die Feststellung hinaus, dass die Möglichkeit der anormalen Entwicklung als meine *vergangene* Möglichkeit mein aktuelles, entwickeltes, welterfahrendes Ich voraussetzt und sie daher gar nicht die Möglichkeit der Nichtexistenz der Welt bestimmen kann. Das Apriori der statischen Korrelation des Bewusstseins und der Welt hat eine Genesis und es ist hervorzuheben, dass zwar diese Genesis im Einzelfall keine Notwendigkeit hat, aber dennoch die faktische Korrelation wesentlich notwendig ist, reziprok notwendig.

Weder die Evidenz des habituellen Erwerbs noch die Evidenz der Antizipation scheint unangreifbar zu sein. Demgemäß bedroht mich neben meiner vergangenen Möglichkeit der anormalen Entwicklung und der *Weltlosigkeit* von vornherein auch die zukünftige Möglichkeit der Auflösung meiner einstimmigen Erfahrung in einem Gewühl. In Beilage XVIII in Hua XXXIX, welche den Titel „Mögliches Nichtsein der Welt“ trägt und vom Herausgeber mit „wohl 1930“ datiert ist, greift Husserl wieder auf die Frage der Möglichkeit der Auflösung des Ganzen im Gewühl zurück. Dabei wirft er angesichts der weiterentwickelten Lehre der eidetischen Variation und unter der Berücksichtigung des Wesensgesetzes, dass jede Variation des Ich eine Variation der Welt nachzeichnet und umgekehrt,[63] die Frage nach der Möglichkeit des Nichtseins der Welt auf, diesmal in Form der Frage nach der Möglichkeit des ganz freien Variierens des Ich, ohne Bindung an die Einstimmigkeit der Erfahrung, d. h. als Möglichkeit eines bloßen Ich mit einem sinnlosen Gewühl. Husserl ergänzt die in Frage stehende Möglichkeit der Auflösung im Gewühl nun mit einem beschreibenden Konzessivsatz, der für alle bislang von ihm durchgespielten Gedankenexperimente der Weltvernichtung von offensichtlich destruktiver Wirkung ist: „[A]ber so, dass sich keine Leiblichkeit für mich, keine orientierte Natur etc. konstituierte?“[64]

Die apriorische Leiblichkeit des transzendentalen Ich, unsere leibliche Verankerung in der Welt[65] – so Merleau-Pontys Ausdruck –, erschwert jeden Gedanken, der die Weltvernichtung und das weltlose Subjekt für gültig hält. Die *ausgezeichnete Funktion des Leibbewusstseins*, die Stellung der ungebrochenen

---

[61] Hua XIV, S. 123.

[62] Hua XIV, S. 123.

[63] Hua XLI, S. 373; vgl. Fonfara, D.: *Einleitung des Herausgebers*, in: Husserl, E.: Zur Lehre vom Wesen und zur Methode der eidetischen Variation. Texte aus dem Nachlass (1891–1935), Dordrecht u. a.: Springer, 2012. S. XVII-XLV. Hier S. XLIII.

[64] Hua XXXIX, S. 227.

[65] „[...] und der Leib ist unsere Verankerung in der Welt.“ Merleau-Ponty (1974), S. 174.

Seinsgewissheit meines Leibes für die Weltgewissheit weist auf ein faktisches Ich als die weltkonstituierende Subjektivität hin.[66]

Husserl bezeichnet in der eben genannten Beilage die Fragestellung des Gewühls als eine Rückkehr „auf die Betrachtungsweise der *Ideen* ⟨und auf die Möglichkeiten⟩, die dort als gültige Möglichkeiten angesetzt waren".[67]

Die Auswertung der früheren Betrachtungsweise sowie die früher für gültig gehaltene Möglichkeit, die jetzt viele unlösbare Schwierigkeiten zu bereiten scheint, führen zu der Diagnose eines Relikts des sensualistischen Empirismus in den frühen Phasen der psychologisch geprägten Phänomenologie.[68] Die Zielscheibe dieser Selbstkritik ist das auch in Husserl-Forschungen viel diskutierte Schema Auffassungsinhalt–Auffassung.[69]

Bezugnehmend auf die *Logischen Untersuchungen* betont Husserl in den *Ideen I* den prinzipiellen Unterschied zwischen dem primären Inhalt und dem Intentionalitätsmoment des Aktes. Das Empfindungsdatum, die sensuelle Hyle, entbehrt der Intentionalität. Es bedarf der Auffassung, der intentionalen Morphe, die das quasi tote Empfindungsdatum beseelt, damit es seine darstellende Funktion, seine Rolle als *Repräsentant* spielen kann. Dieses an Dingwahrnehmung gerichtete Modell erhält in den *Ideen I* seine Dominanz durch das Verschweigen des Zeitproblems. Die passive Konstitution der unteren Schicht des

---

66 Vgl. Hua XXXIX, S. 246 ff.

67 Hua XXXIX, S. 228.

68 Hua XXXIX, S. 229.

69 Aguirre bringt die entscheidende Stellungnahme zu diesem Schema mit folgenden Worten auf den Punkt: „Denker, die in anderer Hinsicht viel und sehr viel von Husserl übernommen haben und im Grunde nur seine Phänomenologie fortsetzen wollen, trennen sich an dieser Stelle von Husserl, erklären, sie wollten jenen ‚Dualismus' von Auffassung und Hyle hinter sich lassen bzw. überwinden, und versuchen zu beweisen, dass Husserl selbst ihn nicht als die letzte und wahre Gestalt der Lehre von der Intentionalität ansah", vgl. Aguirre, A.: *Genetische Phänomenologie und Reduktion*, Den Haag: Martinus Nijhoff, 1970. S. XVIII; die Debatte um das Schema hat sich hauptsächlich anhand von Husserls Zeitanalysen entwickelt. Während einige Forscher auf die Zurücknahme des Schemas als eine Wende hin zur transzendental-phänomenologischen Reduktion in Husserls Phänomenologie hinweisen und im absoluten Bewusstseinsfluss eine Verabschiedung von diesem Schema erkennen, behauptet die andere Partei, dass die Anwendung des Schemas nur begrenzt, aber nie aufgegeben wird. Bezugnehmend auf den aktuellen Stand der Forschung könnte man Bernet, Boehm und Rodemeyer als Vertreter der ersten Gruppe nennen, während Lohmar und Mensch für die begrenzte Verwendung des Schemas stehen. Vgl, Bernet, R.: *Einleitung*, in: Texte zur Phänomenologie des inneren Zeitbewusstseins (1893–1917), Hamburg: Meiner, 1985. S. XI-LXVII. Hier S. XXXIX. Vgl. Boehm, R.: *Vom Gesichtspunkt der Phänomenologie. Husserl-Studien*, Den Haag: Martinus Nijhoff, 1968. S. 110-118. Vgl. Rodemeyer (2006), S. 23-30. Vgl. Lohmar, D.: *Synthesis in Husserls Phänomenologie. Das grundlegende Modell von Auffassung und aufgefasstem Inhalt in Wahrnehmung, Erkennen und Zeitkonstitution*, in: Metaphysik als Wissenschaft. Festschrift für Klaus Düsing zum 65. Geburtstag, Hg. Fonfara, D., Freiburg & München: Karl Alber, 2006. S. 387-407. Vgl. auch Mensch, J.: *Retention and Schema*, in: On Time. New Contributions to the Husserlian Phenomenology of Time, Hgg. Lohmar, D. & Yamaguchi, I., Dordrecht u. a.: Springer, 2010. S. 153-168.

Bewusstseins, die nicht an dem aktiv-synthetischen Model ausgeführt wird, sondern von sich selbst ausgeht, wurde in der gegenstandsorientierten statischen Phänomenologie der *Ideen I* mitsamt der Dimension der Zeit verschwiegen.[70]

Husserls Selbstkritik an dieser Stelle führt zur Behauptung, dass die Auffassung von dem *Empfindungsdatum* ungeschieden ist. Die Erscheinungsfunktion der immanenten Daten ist nicht das *Produkt* der Auffassung: „das Aufgefasstsein, das ‚Repräsentation'-Sein ist eingeboren".[71] Anlässlich der Hypothese des Chaos schließt diese Ansicht die Sinnlosigkeit der Empfindungsdaten aus. Die Enthebung des an die Dingwahrnehmung gerichteten Schemas Auffassungsinhalt–Auffassung im hyletischen Bereich und beim ursprünglichen Zeitbewusstsein weist auf eine nicht dinglich-aufgefasste Ordnung auf, die nie völlig gebrochen werden kann.

Im Rahmen dieser Untersuchung wird sich die weitere Gelegenheit bieten, auf das als problematisch herausgestellte *Schema* Auffassungsinhalt–Auffassung einzugehen. Daher genügt vorläufig die Feststellung, dass das Ausrangieren dieses Schemas im immanenten Bereich zum Revidieren des wesentlichen Bezugs des Ich zur Welt führt.

In der Beilage XI (zur 33. Vorlesung der *Ersten Philosophie*) entwickelt Husserl die Gedanken der möglichen Wiederherstellung der Regelstruktur im Chaos, die er in *Ding und Raum* nicht bis zum Ende durchgedacht hat, weiter. Das Chaos ist nichts Unüberwindbares. Disharmonie muss nicht Disharmonie motivieren. Eine in Unendlichkeit motivierte Disharmonie ist sogar absurd. Die Absurdität der Möglichkeit der *motivierten* fortlaufenden Disharmonie ist die Paradoxie der Idee der *notwendig* fortgehenden Disharmonie.

> „Die Möglichkeit, dass die Welt in Wahrheit nichts sei, hat die Bedeutung einer Idee, nämlich der Idee einer ins Unendliche fortgehenden Disharmonie, die aber nicht zufällige sein soll. Was liegt aber in diesem Beisatz?"[72]

Nur die absolute Notwendigkeit schließt die Möglichkeit ihres Gegenteils aus. Dies ist schon das *Axiom*, demgemäß die Möglichkeit des Nichtseins der Welt für denkbar gehalten wird und demzufolge Husserl die Hypothese des totalen Chaos' aufstellt. Um als die Möglichkeit des Nichtseins der Welt zu gelten, muss eben das hypothetische Chaos Totalität und Notwendigkeit aufweisen, so dass es keine Aussicht auf die Wiederherstelleng der Ordnung zulässt. Schon die geringste Möglichkeit der Wiederherstellung der Ordnung beseitigt die Universalität des Chaos'. Zugespitzt formuliert: Die Hoffnung annulliert das Chaos. Die Bezeichnung der Welt als *absolute Faktizität* kann anhand dieser Notwendigkeitsforderung der Gegenmöglichkeit der Welt erläutert werden. Die Totalitätsdimension der Welt und nicht zuletzt ihre relative Notwendig-

---

[70] Hua III/1, S. 182.
[71] Hua XXXIX, S. 229.
[72] Hua VIII, S. 392.

keit können die Existenz der Welt in einem guten Sinne garantieren. Ein sporadisches Chaos schadet nicht der auf Korrektur und Wiederherstellung der Einstimmigkeit gerichteten Welterfahrung, vielmehr gehört es zu ihrem wesentlichen Stil.

Die wiederhergestellte Ordnung, die Husserl früher als eine nicht voraussehbare Ordnung und für die Welterscheinung unzulänglich betrachtete, kann nun zum Grad der Welterscheinung hochsteigen. Aus der Disharmonie kann wieder die Ordnung entstehen, d. h. die Welt kann wiederhergestellt werden und die wiederhergestellte Welt kann nur als identisch mit der vorher vermeinten Welt gelten.[73] Schließlich wäre die Auflösung bloß als vorläufiger Bruch der Einstimmigkeit, als Zwischenphase der Verrücktheit oder im weitesten Sinne als „eine Strecke des unbewussten Bewusstseins"[74] und freilich nur mit Hilfe der Anderen denkbar. Das mögliche sinnlose Gewühl kann die *Strecke* des noch nicht zum Weltleben erwachten Ich sowie das *Stadium* nach dem Tod darstellen,[75] besagt aber nichts über die Möglichkeit der Nichtexistenz der Welt.

Die während der Auflösung der Welt mögliche Erinnerung „an eine in einer früheren, zeitweise durchaus einstimmigen Erfahrung erschienene und in Gewissheit geglaubte Welt",[76] die Husserl in den Vorlesungen zur *Ersten Philosophie* als das, was bestenfalls übrigbleibe, betrachtet, erklärt er jetzt für nicht bestehend.

> „Die Welt ist mein Erinnerungsfeld als meine Umwelt. Wo ich keine Welt habe, also kein personales Ich bin oder, was dasselbe, kein Interessenfeld habe, da habe ich auch keine Möglichkeiten, mich zu erinnern."[77]

Zudem zeigt Husserl anhand von Gedankenexperimenten wie dem „Gedankenexperiment zweier periodisch alternierender Einstimmigkeitssysteme",[78] dass die Weltverdoppelung ausgeschlossen ist.

Die Ergebnisse dieses Experimentes kann man wie folgt zusammenfassen: Gemäß wesentlicher Korrelation der Subjektivität und der Welt und angesichts des Tatbestands, dass die transzendentale Subjektivität je eigene Persönlichkeit

---

73 In Beilage XI (zur 33. Vorlesung) der *Ersten Philosophie*, die „Über die Möglichkeit der Nichtexistenz der Welt" heißt, schreibt Husserl: „Nämlich wenn die Auflösung eingetreten wäre, so bliebe doch die offene Möglichkeit, dass sich wieder ein Weltphänomen konstituierte, und zwar so, dass in Wiederanknüpfung an die früheren Perioden einstimmigen Glaubens die eine und selbe Welt wieder Geltungswert erhält." Hua VIII, S. 391.

74 Hua XXXIX, S. 229.

75 „Und ich sterbe. – Übergang in ein Gewühl oder in unterschiedslose Empfindungseinförmigkeit, die weltlos ist?" Hua XXXIX, S. 228. Die Hypothese der Auflösung wird später in den Überlegungen zu Grenzproblemen des Todes und der Geburt als *Schwinden* des Bewusstseins und *Verschwinden* der Welt weitergedacht. Vgl. Hua XLII, S. 2 ff.

76 Hua VIII, S. 49.

77 Hua XXXIX, S. 229.

78 Hua XXXIX, S. 219.

eine bestimmte Bewusstseinsgeschichte ist, fordert die hypothetische Weltverdoppelung die Verdoppelung einer Person. Die Seelenwanderung mitsamt der erforderlichen Verdoppelung des Leibes mag vielleicht bei einem Ich als *solus ipse* keine Probleme bereiten. Die Einheit eines erfahrenden Lebens vor dem Bruch würde einem gewissen Einstimmigkeitssystem korrelieren, während nach dem Bruch das erfahrende Leben ein ganz anderes sowie sein korrelatives Einstimmigkeitssystem ein neues wären.[79] Jedoch die transzendentale Intersubjektivität, das Apriori der Kommunikation, gestattet keine Weltverdoppelung. Die Erfahrungsgemeinschaft als die „Urtatsache"[80] konstituiert die Welt stets als ein Einstimmigkeitssystem. Somit begründet Husserl,

> „dass Ströme zeitweise einstimmigen und dann zeitweise unstimmigen Gesamterfahrens nicht mehrere, zeitlich getrennte Welten in sich tragen können, sondern, wenn überhaupt, so nur eine, im einen Weltraum und der einen Weltzeit."[81]

Die Möglichkeit der Wiederherstellung der Welt aus dem Gewühl entwertet die Auflösungshypothese als den gleichwertigen hypothetischen Ansatz zum Nichtsein der Welt.

Es gilt, wie rückwärts die Möglichkeit der pathologischen Entwicklung, so vorwärts die Möglichkeit der Auflösung im Chaos nur als eine reale Möglichkeit des lebendig strömenden Bewusstseins zu denken. Die Welt als Geltungsboden ist Boden aller Möglichkeiten und Hypothesen. Die Hypothese des Chaos, die die Apodiktizität des präsumptiven Charakters der Welt auf die Probe stellen soll, weist sich schließlich als eine reale Möglichkeit aus, die selbst die Weltgewissheit voraussetzt. Die Weltgewissheit ist nicht modalisierbar, sondern sie „ist apodiktischer Boden für alle Modalisierungen".[82] Jede Erfahrung ist eine Erfahrung *in* der Welt, jedes Phantasieren ist ein Phantasieren im Horizont der Welt. Und die Hypothesen und Phantasiemöglichkeiten, welche die Weltvernichtung erdenken, sind im Endeffekt *gescheiterte*[83] Versuche der Subjekte, die selbst in der Welt sind. Nicht nur die bereits genannte Hypothese, die

---

79 „Aber bei mir selbst schien es doch möglich, dass ich trotz einer durchgehenden Einheit eines Lebensstromes zwei Personalitäten in mir trug. Ich hatte in jeder Welt andere Erfahrungen, andere Schicksale, einen anderen empirischen Charakter, z. B. in einer Welt war ich König, in der anderen Bettler. Das hinderte nicht, dass ich als A-Person von der B-Person wusste und ihre Erlebnisse erinnerungsmäßig in mir trug. Ich war dasselbe ‚Ich', wie ich dasselbe Ich war als Traumkönig, meine Befehle erteilend etc., dasselbe, das ich als waches Ich bin. Nur dass ich den Traum durchstreiche, die A-Welt streiche ich aber als B-Subjekt nicht aus." Hua XXXIX, S. 219.

80 Hua XXXIX, S. 233. Zu den vier Gruppen von Urtatsachen bei Husserl, vgl. Tengelyi, L.: *Welt und Unendlichkeit. Zum Problem phänomenologischer Metaphysik*, Freiburg & München: Karl Alber, 2014. S. 184-187.

81 Hua VIII, S. 392.

82 Hua XXXIX, S. 128.

83 Diese Versuche sind jedoch in ihrem richtig verstandenen Sinn und Zweck *vielversprechend*, da sie den Menschen zur klaren Einsicht bringen können, dass die Welt sein intentionales Sinngebilde ist und ihn als Geltungsquelle hat.

schon vom ersten Durchbruch der Phänomenologie immer wieder vollgezogen wurde und in der radikalen Reduktion kulminiert, sondern auch die sogenannte Methode des Abbaus der Primordialität, die quasi eine Vorwelt erschließt, fällt unter dieselbe Kategorie der weltlichen, genauer gesagt der menschlichen Möglichkeiten.[84] In diesem Zusammenhang schreibt Husserl:

> „Ich kann mich auch hinsichtlich dessen, was ich von mir und meinem konstituierenden Leben schon für mich bin, umdenken und damit die anderen und die Welt frei umdenken und sogar die vorgegebene Primordialität ganz abbauen und damit Weltvernichtung erdenken. Aber ich, der Umdenkende, der mich der faktischen Wirklichkeit Enthebende, bin apodiktisch das Ich der faktischen Wirklichkeit, und ich bin das Ich der Vermögen, die ich insbesondere als eidetisch denkendes und sehendes Ich mir faktisch erworben habe."[85]

Das transzendentale Ich ist das faktische und in all seinen Variationen, seinen Vermögen und Vermöglichkeiten gebunden an die Wirklichkeit. „Somit geht die Wirklichkeit den Möglichkeiten voraus."[86] Und es ist von grundlegender Wichtigkeit, dass der Primat der Wirklichkeit beim transzendentalen Ich der von Husserl in den *Ideen I* anerkannten „alte[n] ontologische[n] Lehre, dass die Erkenntnis der *Möglichkeiten* der der Wirklichkeiten vorhergehen müsse",[87] nicht widerspricht. Die Erkenntnis der Möglichkeit setzt den Erkennenden voraus und der Erkennende ist ein Faktisches. Der ganze eidetische Bereich ist die Leistung der eidetischen Variationen, die ein faktisches Ich mit seinen faktisch erworbenen Vermögen vollziehen kann.

Die Welterkenntnis, deren Kontingenz anhand des hypothetischen Ansatzes der Nichtexistenz der Welt unterstrichen werden soll,[88] erweist sich für das lebendig faktische Bewusstsein, insofern es ein intersubjektiv normales ist, als wesentlich notwendig.

Husserl bezeichnet die Weltgewissheit als die apodiktische Antizipation. Die Evidenz der Antizipation der Welt ist eine *historische Apodiktizität*.[89] Das Aufhören der Geltung der Welt oder die Enttäuschung der Antizipation besagt, so Husserl, das Aufhören des Je-gewesen-Seins.[90] In diesem Zusammenhang

---

[84] Luft ordnet die Eröffnung des Weges zur Verweltlichung in der Hervorhebung der phänomenologischen Tätigkeit als einer menschlichen Tätigkeit, vgl. Luft, S., *Phänomenologische und Mundane Reduktion,* in: Die Sichtbarkeit des Unsichtbaren, Hgg. Bernet, R. & Kapust, A., Paderborn: Wilhelm Fink, 2009. S. 57-72. Hier S. 67.

[85] Hua XXIX, S. 85.

[86] Hua XXIX, S. 86. Zum Primat der Wirklichkeit vor der Möglichkeit des transzendentalen Ich und seiner Konsequenz für die ganze eidetische Phänomenologie Husserls vgl. Landgrebe, L.: *Faktizität und Individuation. Studien zu Grundfragen der Phänomenologie*, Hamburg: Meiner, 1982. S. 120 f.

[87] Hua III/1, S. 178.

[88] Hua VIII, S. 50.

[89] Hua XXXIX, S. 215

[90] Hua XLII, S. 20.

lässt sich die Unmöglichkeit der Erinnerung als angeblich weiterbestehenden intentionalen Erlebniszusammenhangs *des weltlosen Bewusstseins* beweisen.

Die Weltgewissheit ist auf das einstimmig erfahrende Leben angewiesen; und „solange ich lebe, diese Gewissheit nicht aufheben kann".[91] Sie bekräftigt sich im Laufe des zur Erfahrung erwachten Lebens und immunisiert sich immerfort gegen eine durchgehende Erschütterung kraft der Evidenz der Antizipation.

Im Unterschied zur Einzelerfahrung ist die Welterfahrung durch die Evidenz der Antizipation apodiktisch gesichert. Husserl betont,

> „dass die Dignität der Welterfahrung, d. i. der im laufenden Strom der Gesamteinheit der Erfahrungen liegenden Erfahrungsgewissheit von der Welt, von einer ungleich höheren Dignität der Evidenz ist als diejenige der Einzelerfahrung".[92]

Die Erfahrung des Realen, die Selbstgebung der Wahrnehmung, birgt in sich die Möglichkeiten der Bewährung und der Entwährung. Einstimmigkeit einer im Laufe der Zeit erwachsenden Einzelerfahrung steht ständig in Gefahr, da sie immer von Unstimmigkeit mit anderen Erfahrungen bedroht ist. Da es keine isolierte selbständige Erfahrung gibt und jede Erfahrung der Übereinstimmung mit anderen Erfahrungen bedarf, kann eine Einzelerfahrung sogar während der Erfahrung zweifelhaft werden. Die Gewissheit eines Dinges lässt die Möglichkeit der Täuschung stets offen.

Wie beim erwähnten Beispiel des Bildes kann für jede Einzelwahrnehmung ständig eine Probe der Realität vollzogen werden, indem ihre Zustimmung mit den gesamten zustimmenden anderweitigen Erfahrungen untersucht wird. Aber können die Welt bzw. die Welterfahrung auf die Probe gestellt werden? „Erfahrung" ist „nur durch Erfahrung bewährbar und aufhebbar",[93] aber wie Husserl zu Recht fragt: „Womit soll die Welterfahrung streiten? Nichts *kann* als Gegenerfahrung sie aufheben."[94] Die Kraft des Weltglaubens kann durch keine andere Kraft überwunden werden, da jede Kraft der Kraft des Weltglaubens entspringt. Der Universalhorizont, der Horizont aller Horizonte, hat „keinen konstituierten Horizont möglicher Nichtbestätigung".[95]

Weder für Durchstreichen und Aufhebung noch für Bestätigen und Bekräftigung der Weltgewissheit sind *externe* Zeugen und Gründe aufzurufen. Ebenso ist keine *göttliche veracitas* erforderlich.

---

[91] Hua XXXIX, S. 215.
[92] Hua XXXIX, S. 236.
[93] Hua XXXIX, S. 231.
[94] Hua XXXIX, S. 236.
[95] Hua XXXIX, S. 236.

Das „präsumtive Recht“[96] der Weltexistenz, das Husserl früher als ein relatives Recht betrachtet hat,[97] bezeichnet er nun als „Urrecht“,[98] welches wir der Welt nie aberkennen können.

Die gegenwärtige Welterfahrung hat nicht nur die Evidenz der Selbstgebung, vielmehr hat sie die Evidenz der Antizipation. Nicht die *Schicksalsgöttinnen*, sondern die Welterfahrung selbst zeichnet mit ihrem Stil den künftigen Weltlauf vor. Während die Bewährung der Einzelerfahrung eine *bisherige* Evidenz, eine vorläufige Evidenz ist, beruht die *ständige* Bewährung und Geltung der totalen Welterfahrung auf der apodiktischen Evidenz der Antizipation, „dass <eine?> *einzelne* Unstimmigkeit *entscheidbar* ist und so, dass das *Ganze* total *einstimmig wird*.“[99]

Die evidente Voraussicht der Welt, die Vorgewissheit des Zustandekommens der Einstimmigkeit ist nach Husserl „eine lebendige, die in jedem wachen Lebensmoment sich bestätigt und neu entzündet, sich neu steigert und in diesem Prozess eine undurchbrechliche Kraft hat“.[100] Die Lebendigkeit der Evidenz der Antizipation ist die bedeutungsvolle Eigenschaft dieser Gewissheit. Solange ich wach lebe, lebe ich in der Gewissheit der Evidenz der Voraussicht der Welt. Ich kann nicht, während ich die Welt erfahre – was solange ich *wach lebe* der Fall ist –, ihre Existenz bezweifeln; zudem kann für mich die Weltexistenz nicht in der Zukunft zweifelhaft werden.

Die Apodiktizität der Präsumtion der Welt kommt aus meinem aktuellen Leben, sie kommt von der lebendigen Gegenwart. Das ist also eine subjektiv relative Apodiktizität, sie ist relativ zu der ganzen Lebensaktualität. Die Weltgewissheit ist eine geradehin Gewissheit, ich lebe in diese Gewissheit hinein. Allerdings kann sie auch dergestalt thematisiert werden, dass ich mein Leben überschaue und sein Korrelat erkenne, die Identität der Welt. Ich kann auch in der Zukunft, solange ich lebe, immer wieder den bewährenden Zugang zur Welt haben. Somit spiegelt sich die Weltgewissheit in der Gewissheit meiner Vermögen. Husserl würde so weit gehen zu behaupten:

> „Welt bezeichnet ein Vermögen, systematisch erfahren und auf Wegen des Erfahrens identischen Seinssinn bewähren zu können, dabei Unstimmiges ausscheiden, statt dessen das Richtige einfügen.“[101]

---

96 Hua XXXIX, S. 235.

97 „Beständig setzen wir sie [scil. die Welt] in Form der unausgesprochenen Generalthesis. Diese Thesis ist also eine zufällige und trotz des ihr innewohnenden Rechts eine aufhebbare. Das Recht ist eben selbst ein *relatives Recht*, das *prinzipiell aufgewogen und überwogen werden kann*.“ Hua XXXVI, S. 110. (Hervorh. durch d. Verf.)

98 Hua XXXIX, S. 234.

99 Hua XXXIX, S. 186. (Hervorh. durch d. Verf.)

100 Hua XXXIX, S. 235.

101 Hua XV, S. 621.

Rückblickend auf seine hypothetischen Ansätze schreibt Husserl nun in den 1930er-Jahren:

> „Gelingt mein Versuch, mir den Fortgang dieser sinnlichen Erfahrung zu erdenken in einer Weise, die zur Evidenz der Nichtigkeit führen könnte?“[102]

Die Antwortet lautet: „Natürlich gelingt das nicht.“[103]

Die von Husserl, so wie von jedem kühnen Denker, ausgedachten Möglichkeiten des Nichtseins der Welt bleiben nicht offen, sondern sind vergebliche Versuche, die nicht nur auf Grund der Erfahrung als wüste Ansätze zu erklären sind, sondern weil diese Möglichkeiten an die Grenzen der Variation des Egos, des Denkers selbst stoßen. In diesem Sinne ist die Frage der Möglichkeit des Nichtseins der Welt äquivalent mit der Frage: „[m]uss ich die transzendentale Gestalt des menschlichen Ich haben?“[104] Alle spekulativen Bemühungen um diese Frage wären letztendlich *menschliche* Zumutung.

Die Ausdenkbarkeit der möglichen Nichtexistenz der Welt bleibt in dem Sinne offen, dass es nicht ausgeschlossen ist, dass wir uns *anormale Subjekte* ausdenken können, „in denen vielleicht keine Welt konstituiert ist“.[105] Und wie Husserl betont: „Jedenfalls im Voraus kann man darüber nichts sagen, nicht einmal, wie weit die Denkbarkeit reicht.“[106] Somit ist mit der Abweichung von der früheren Deutung die Möglichkeit der Nichtexistenz der Welt bloß als eine reale Möglichkeit und im Widerstreit mit der wirklichen Evidenz denkbar.[107]

So können wir behaupten, dass das für das alltägliche Leben lächerliche Zweifelhaftsein der Welt auch für den Phänomenologen apodiktisch ausgeschlossen ist. Allerdings ist es die Phänomenologie, welche die verborgene antizipatorische Gewissheit der Welt ans Licht bringt. Die Phänomenologie versteht den Seinssinn der Welt „als intentionales Korrelat mit der wesensmäßig zugehörigen Gewissheit der Antizipation, wie sie zum Geltungsstil der konstituierenden Erfahrung gehört“.[108] Durch ihre *außergewöhnliche* Leistung, das *habituelle* Grundfeld aller Urteile, aller Bewährungen und aller Themen selbst zu thematisieren, enthüllt die konstitutive Phänomenologie die Welt „als Präsumtionseinheit aus konsequenter Bewährung“.[109] Das, was man in Aktion setzt, kann nicht zugleich und während der Aktion selbst das Thema sein, weshalb die Thematisierung der Welt nur in Form der universalen Epoché und

102 Hua XXXIX, S. 245.
103 Hua XXXIX, S. 245.
104 Hua XLII, S. 20.
105 Hua XXXIX, S. 241.
106 Hua XXXIX, S. 241.
107 Hua XXXIX, S. 241.
108 Hua XXXIX, S. 215.
109 Hua XXXIV, S. 61.

der Enthaltung der geradehin Erfahrung auf dem Boden der Welt stattfinden kann.[110]

Schließlich ist an Stelle solcher Hypothesen die Epoché als die „radikale Reflektion“[111] zu vollziehen:

> „Ich, der Erfahrende, ich überhaupt in meinem Leben bin immerfort im Weltglauben. Daran kann ich nichts ändern. Was ich aber kann, ist jede Einzelerfahrung und die Totalerfahrung reflektiv wenden. Und ich kann in meinem Urteilen wollen das allgemeine Absehen verfolgen auf eine Wissenschaft aus reiner und konsequent durchgeführter Reflexion.“[112]

Der Phänomenologe als „Reflexionsforscher“[113] entdeckt und erforscht die konstituierende Subjektivität sowie ihr Korrelat, die konstituierte Welt, als zwei bisher anonyme Themen. Die systematische Erforschung dieser Themen in ihrer universalen Korrelation wird von der konstitutiven Phänomenologie aufgegriffen. Die konstitutive Phänomenologie findet ihr doppelseitiges Thema[114] im Erklären des Weltsinnes aus den Leistungen der konstituierenden Subjektivität. Hauptthema dieser Konstitution ist Husserl zufolge die „Konstitution einer intersubjektiven Stellenzeit mit festbestimmten Stellen, fest für jedermann unterscheidbaren und identifizierbaren“,[115] also die Konstitution der Weltzeit.

110 Hua VI, S. 156.
111 Mat VIII, S. 9.
112 Hua XXXIV, S. 306.
113 Hua XXXIV, S. 307.
114 Vgl. Hua VI, S. 148.
115 Mat VIII, S. 217.

Kapitel II: Die Welt als Natur und ihre Form als Naturzeit

Die Überlegungen zu der im Cartesianischen Weg der Reduktion versteckten Gleichsetzung der Welt mit dem Ding und ihrer Zurückweisung in Husserls späten Phänomenologie führen zur Hervorhebung des wesentlichen, beständigen Geltungsstils der Welt, deren Notwendigkeit sowie deren Beständigkeit die Welterfahrung von der Einzelerfahrung endgültig unterscheidet. Über ihren beständigen Geltungsstil hinaus ist die Welt auch hinsichtlich ihres Totalitätsaspekts von dem Ding zu differenzieren. Der Totalitätsaspekt der Welt stellt sich in einer einzigartigen Ganzheit dar, die nichts außer sich lässt und „für die der Plural sinnlos ist".[1]

Der Totalitätsaspekt fördert eine Ganzheitsbetrachtung. Gewöhnlich wird die Ganzheitsbetrachtung in Form einer Gestaltbetrachtung ausgeführt, d. h., es gilt, eine morphologische Betrachtung zu vollziehen, welche das Ganze als Ganzes betrachtet und nicht unter dem idealen Aspekt der in Unendlichkeit möglichen Teilbarkeit. Die Analysen der Ganzheitsstruktur der Welt werden somit morphologisch ausgeführt. In der morphologischen Auslegung der Welt ist sie auf ihre fundierende Schicht, d. h. auf die Natur, reduziert und somit ist die Form dieser Welt die Naturzeit. Die Naturzeit weist sich als Form alles Weltlichen sowie als die Form des Inbegriffs des Weltlichen auf.

Nun aber, selbst wenn die Welt bloß eingeschränkt auf ihren formalen Aspekt betrachtet werden dürfte, kann die Naturzeit diese formale Funktion nicht übernehmen, insofern die Welt nicht als irgendein Ganzes, sondern als das einzigartige, aber auch offene Ganze, als der universale Horizont, zu betrachten ist. Die Form des Horizonts, der selbst im Strom ist, darf nicht als Umriss und Grenze gesehen werden. Indessen entspricht die Naturzeit als Form der Welt dieser Auffassung des Horizonts als Umriss und Grenze. Die Mehrdeutigkeit des Weltbegriffs in Husserls Phänomenologie spiegelt sich in dem Weltzeitkonzept wider.

Zunächst beschränkt sich diese Arbeit auf die im formalen Ganzheitsaspekt begriffene Welt, die sich einfach als die Natur bzw. als die reale Welt bezeichnen lässt. Die nun folgenden Überlegungen versuchen anhand Husserls Überlegungen zur Morphologie der Welt in der sogenannten mundanen Phänomenologie aus den 1930er-Jahren den Sinn der Natur zu erörtern. Damit kann die in den Zeitanalysen als Weltzeit betrachtete Form in ihrem eigentlichen Sinn als die Naturzeit erhellt werden. Die statisch-konstitutive Phänomenologie der früheren Phase sowie die mundane Phänomenologie in den 1930er-Jahren haben für die Auslegung der konkreten Welt aus Sicht der transzendentalen

[1] Hua VI, S. 146.

Phänomenologie nur eine einführende Rolle. Sollte die konkrete Welt als das transzendentale Gebilde der transzendentalen Subjektivität ausgelegt werden und sollten die Genesis der Welt und ihre Form untersucht werden, kann weder die konstitutive Phänomenologie noch die nicht auf transzendentale Reduktion basierte mundane Phänomenologie diese Aufgabe erfüllen.

Bei der Darstellung der systematischen Enthüllung der Realitätsstruktur der Welt bzw. der Schicht der Natur im Rahmen der universellen Morphologie wird sich diese Arbeit hauptsächlich auf die sogenannte mundane Phänomenologie der 1930er-Jahren konzentrieren. Die deskriptive Analyse der konstitutiven Phänomenologie der *Ideen II* könnte im Prinzip ebenso die Grundlage der Untersuchung sein. Da Husserl aber in den *Ideen II* ohne Klarstellung der abstraktiven Verfahren mit dem Richten seines „Augenmerk[s] auf das All der ‚realen‘ Sachen, auf die gesamte Dingwelt, das ‚Weltall‘, die Natur, die in ihren Formen Raum, Zeit alle faktischen Realitäten, aber offenbar aus Wesengründen ebenso alle apriori möglichen Realitäten umspannt“,[2] beginnt, zeigen sich die Analysen der 1930er-Jahre als angemessener Ausgangspunkt.

Zuerst gilt es, der Morphologie als der Ganzheitsbetrachtung der Welt in ihren unterschiedlichen Weisen, d. h. der wissenschaftlichen gegenüber der lebensweltlichen Morphologie, auf die Spur zu kommen (§ 1). Danach soll die Methode der Formalisierung bzw. der Abbau der Konkretion der Welt dargestellt werden (§ 2). Anschließend wird die Naturzeit als die Form der Welt in ihrer Abstraktion als unzulänglich für die formale Struktur der *vollen Welt* erklärt (§ 3). Dieses Kapitel schließt mit einigen mereologischen Bemerkungen, die die Besonderheit der Welt als das Ganze sowie die Besonderheit ihrer Zeit hervorheben können (§ 4).

§ 1. Die universale Morphologie als Ganzheitsbetrachtung der Welt

Zunächst ist die phänomenologisch-morphologische Ganzheitsbetrachtung in ihrem richtigen Sinne zu verstehen. Wäre die Ganzheitsbetrachtung im üblichen Sinne der Morphologie zu deuten, würden alle deskriptiv-empirischen Wissenschaften sich schließlich als morphologisch erweisen und ihre Gesamtheit sich als die morphologische Weltwissenschaft.[3] Tatsächlich betrachtet jede Wissenschaft ihren Gegenstand so wie ihr Feld als Ganzes, daher ist die Gesamtheit der formal-allgemeinen mathematisierenden Wissenschaften als die mundane Morphologie zu bestimmen. Jedoch fällt bei dieser Auslegung der morphologischen Betrachtung Husserl zufolge die recht morphologische, nämlich die faktische Erfahrung aus: „Aber was dann übrig wäre, etwa die

[2] Hua IV, S. 27.

[3] Vgl. Hua XLI, S. 261-262.

Feststellung der individuellen Faktizität, wäre dann erst recht morphologisch, nur nicht universalgesetzlich in seinen theoretischen Intentionen.“[4]

In der Abgrenzung der deskriptiven Phänomenologie von den exakten Wissenschaften unterscheidet Husserl in den *Ideen I* zwischen den morphologisch-deskriptiven Begriffen und den Idealbegriffen. Die ersten sind die vagen Bestimmungen der morphologischen Realitäten. Dagegen bedeuten die letzteren die genauen Bestimmungen der exakten Realitäten durch die idealisierende Erfahrung.[5] Das reine Wesen ist die exakte Idee der wissenschaftlichen Realität, dagegen hat die Realität im Sinne der alltäglichen Erfahrung ein vages morphologisches Wesen. Während das morphologische Wesen durch die Wesensschau angeschaut oder im Sinne der entwickelten eidetischen Phänomenologie durch die eidetische Variation konstituiert wird, ist das exakte Wesen ein *Entwicklungsprodukt* der abstrakten Idealisierung.[6]

Anders als die exakten Ideen, die sich in mathematisch exakten Begriffen und Formeln ausdrücken lassen, wird das Ding der alltäglichen Erfahrung, das morphologische Wesen, in vagen Begriffen aufgefasst. Sie sind die ersten Begriffe und „prägen sich aus in der natürlichen Sprache“.[7] Die Vagheit der Begriffe der ungefähren Realitäten ist keine subjektive Unvollständigkeit oder ein Makel. Gerade die volle Konkretheit fordert solche Vagheit. Die Welt des Lebens ist nicht in exakten Begriffen festzulegen, weil die an konkreten praktischen Interessen gerichtete natürliche Erfahrung nur mit ungefähren Begriffen zu operieren vermag.[8]

Die anschauliche morphologische Einstellung hat sowohl den zeitlichen Vorrang als auch die praktische Priorität. Mit dem zeitlichen Vorgang ist nicht nur auf die Urstiftung der Wissenschaft bei den von der Wissenschaft vorher unberührten Griechen hinzuweisen, sondern es geht sogar bei den Wissenschaftlern selbst die morphologische Betrachtung voran. Die morphologische Einstellung stellt Husserl zufolge einen Durchgang für die theoretische Einstellung dar und in ihrem Durchgangsein dient und begründet sie die Einstellung des idealisierenden Denkens. Als Inbegriff der morphologischen Realitäten ist unsere vorwissenschaftliche Erfahrungswelt Boden und Fundament der exakten Wissenschaften und alles wissenschaftliche Apriori hat seinen Ausgangsboden sowie seine Geltungsfundierung im lebensweltlichen Apriori, das ein morpho-

---

4 Hua XLI, S. 262.

5 Vgl. Hua III/1, S. 149-158.

6 Zur Idealisierung vgl. Hua VI, S. 360 f.

7 Hua XLI, S. 276.

8 In diesem Zusammenhang schreibt Husserl: „Schließen diese Gegebenheiten [d. h. anschauliche Gegebenheiten des natürlichen Lebens] das exakte Bestimmen aus, so wäre es töricht, von ihnen Exaktheit zu fordern, ebenso töricht, wie es wäre, von den Gegebenheiten der reinen Arithmetik zu fordern, dass sie musikalische Beschaffenheiten haben sollten, und sie um dessen willen, dass sie solche nicht haben, für mangelhaft bestimmt auszugeben.“ Hua XLI, S. 65.

logisches ist. Die eidetische Ganzheitsgestalt der Welt, die „transzendental-ästhetische Welt“,[9] ist anhand des natürlichen Weltbegriffs[10] zu enthüllen. Das Apriori der Welt, formal und materiell, hat keinen exakten naturwissenschaftlichen Charakter.

§ 2. *Die Methode des Abbaus der Schichten der konkreten Welt*

Husserl thematisiert die apriorischen Grundstrukturen der konkreten Erfahrungswelt anhand der Kritik der Abstraktion der exakten Wissenschaften. Nicht nur durch die Idealisierung ihrer Gegenstände und der Begriffe haben die exakten Wissenschaften sich von der Lebenswelt erhoben und getrennt, vielmehr haben sie ihr Apriori durch die Abstraktion von dem gesamten apriorischen Struktursystem der Lebenswelt losgerissen. Die Wesenszusammenhänge der unterschiedlichen apriorischen Strukturen der Welt und ihre Bindung aneinander missachtend, schaffen die Wissenschaften sich die Selbständigkeit nicht nur von der Lebenswelt, sondern auch voneinander. Diese durch Abstraktion gewonnene Selbständigkeit gefährdet nun die Allgemeinheit sowie die Notwendigkeit der Wissenschaften als Wissenschaften der Welt. Als Beispiel nennt Husserl die Geometrie, die den idealen Raum unabhängig von der Zeit und der Subjektivität sowie unbeachtet anderer Invarianzen der Welt analysiert.[11] Die Erfahrungswelt hat aber ein System der Wesensgesetze und der invarianten Strukturen, die zusammen und aufeinander beziehend die Konkretion dieser Welt ausmachen. Eine Ontologie der konkreten Welt muss die ganzen Wesensgesetze in Betracht ziehen. Über das Thema dieser allumfassenden Ontologie bemerkt Husserl im Unterschied zu den Wissenschaften, dass „[d]agegen, wenn wir das Apriori der konkreten Erfahrungswelt suchen, wir keine solche selbständig zu betrachtende Struktur [haben]“.[12]

Nichtsdestotrotz schreibt Husserl der Auslegung des Struktursystems der Erfahrungswelt eine abstraktive Methode vor. Die gemeinte Abstraktion ist allerdings eine Abschichtung. Das ganze Struktursystem der Erfahrungswelt, die Erfahrungsgestalt der Welt überhaupt, ihre Morphologie, kann nicht in einem Schlag enthüllt werden, sondern die Enthüllung findet schrittweise und durch Abbau seiner Strukturschichten statt. Es sieht danach aus, dass die Ontologie

---

9 Hua IV, S. 376.

10 Zur Adaption und Entwicklung des von Avenarius stammenden *natürlichen Weltbegriffs* in Husserls Werk vgl. Sowa, R.: *Einleitung des Herausgebers*, in: Husserl, E.: Die Lebenswelt. Auslegungen der vorgegebenen Welt und ihrer Konstitution. Texte aus dem Nachlass (1916–1937), Dordrecht: Springer, 2008, S. XXV-LXXXI. Hier S. XXIX-XXXVII.

11 Vgl. Hua XXXIX, S. 264.

12 Hua XXXIX, S. 264.

der Konkretion, die Ontologie der Allregion in ihrer Konkretion,[13] sich nur als die Gesamtheit der regionalen Ontologien abspielen kann.

Der Stufenbau der Welt soll abgebaut und nach den Wesensgesetzen jeder Schicht gefragt werden, d. h., auf der Suche ihre Invarianz variiert werden. Hier drängt sich die Frage nach dem Unterschied zwischen der von den Wissenschaften behaupteten Selbständigkeit und dieser Abstraktion auf die Schichten in der Ontologie der Lebenswelt auf. Inwiefern weicht sich diese abbauende Abstraktion von der idealisierenden Abstraktion der Wissenschaften ab? Husserl dazu:

> „Es ist ein Unterschied, ob wir von der gegebenen Erfahrungswelt aus mit den gegebenen Menschen und Tieren konkret variierend aufsteigen zu einer wesensnotwendigen Idee, welche diese Konkretion in ein eidetisches System reiner konkreter Möglichkeiten einstellt, oder ob wir, für den konkreten Gehalt unempfindlich, also es unbestimmt-variabel lassend, das Formal-Allgemeine (‚mathematisierend') festhalten".[14]

Husserl behauptet einen Unterschied sowohl im Ziel der Abstraktion als auch in ihrer Bedeutung und Ausführung. Die abstraktive Methode des Abbaus ist nicht, um der Selbständigkeit des Abstraktums willen zu vollziehen, sondern die Abstraktion ist Zweck des Aufbaus der Konkretion. Die bewusste Abstraktion zeichnet den Weg zur *Konkretion*[15] vor. Husserl stellt diese abstraktive Methode auf folgende Weise dar:

> „[Wir müssen] ein bewusst abstraktives Verfahren einschlagen, das systematisch die Strukturschichten herausschaut, sie abstraktiv für sich fasst, aber dabei beständig der korrelativen Abstraktionen sich versichert, um damit die Gesamtabstraktion der Konkretion, sozusagen, aufbauen zu können."[16]

Diese bewusste Abstraktion ist nur eine thematische Beschränkung. In der späten Phänomenologie Husserls, die das Horizontbewusstsein als Hauptmotiv und die Enthüllung des Horizonts als Hauptaufgabe vor sich sieht, wächst die thematische Blickrichtung an Bedeutung. Es gilt die „thematischen Mauern"[17] aufzurichten, um die Strukturschichten der konkreten Welt umzureißen. Die Schichten werden aufgedeckt, indem, soweit es sich lässt, die nach dem thematischen Blick Weggebliebenen ignoriert werden. Wobei man den Einwand erheben könnte, dass man sich schon vor der Abstraktion sowohl der thematisch Beschränkten als auch der außerthematisch Verbleibenden bewusst sein sollte.

Die abgebauten Schichten entsprechen den Stufen der Konstitution im progressiven Aufbau. Die Abstraktion zwecks des Aufbaus der Konkretion muss

---

13 Vgl. Hua XXXIX, S. 290.

14 Hua XLI, S. 328.

15 Man könnte allerdings den Einwand erheben, dass der Aufbau der Gesamtabstraktion noch nicht zur vollen Konkretion führt. Die Konkretion ist hier nur im Rahmen einer eidetischen Wissenschaft als *ganzes* System der Formen zu verstehen.

16 Hua XXXIX, S. 264-265.

17 Hua XXXIX, S. 273.

systematisch und nach der wesentlichen Ordnung umgesetzt werden. In einer ersten Abstraktion wird die thematische Blickrichtung ausschließlich auf die Dinge fixiert. Die ausschließliche Blickrichtung auf die pure Dinglichkeit besagt das „Außerfunktionsetzen des Ausdrucks".[18] Alles Subjektive, aller geistige Seinssinn der Erfahrung wird ausgeschaltet. Ich schalte alle Ausdrücke, alle Geistigkeit, darunter auch die Anderen, die mir durch die Leiberfahrung und ihre Ausdrucksfunktion als andere Subjekte gelten, aus und gewinne die reine oder gereinigte Natur. Wird die Frage nach dem Wesen des puren Dinges aufgenommen, findet sich die die ganze Welt hindurchgehende Struktur, d. h. die Natur.

Dass die erste thematische Beschränkung auf die Dinge gerichtet wird, findet offensichtlich ihre Rechtfertigung in dem natürlichen, lebensweltlichen Vorrang der Dingerfahrung in ihrer geraden Blickrichtung. Das ist der Primat der sinnlichen Wahrnehmung.

Entscheidend ist für die Abbau-Methode, im Unterschied zu der wissenschaftlichen Abstraktion, dass die abbauende Abstraktion zugleich die abstrahierte Gegenseite in der Konkretion hervorhebt. So heißt es:

> „Indem wir die reine Natur abstraktiv herauskristallisiert haben, haben wir auch als Korrelat ein Reich des mit der reinen Natur und dem reinen Naturding verflochtenen Dinglich-Subjektiven aufgewiesen – eben dadurch, dass wir abstrahierend hinweisen mussten auf das, was in der konkreten Welterfahrung mit da ist, aber als das, wovon thematisch Abstand genommen werden soll."[19]

Die in der eidetischen Phänomenologie thematisierte Korrelation zwischen Noema und Noesis sowie die in den statischen Konstitutionsanalysen untersuchte Fundierung der höheren Region in der unteren werden anhand der abstraktiven Verfahren der mundanen Phänomenologie der 1930er-Jahre als die Verflechtung der Schichten der konkreten Welt geschildert.

Das nach der Abstraktion auf die bloße Natur sich aufdrängende Subjektive lässt sich in zwei Gruppen einstufen: diejenige, die einfach immerfort in der Konkretion einhergeht, und dagegen jene, die prinzipiell für die thematisch abstrahierte Natur konstitutiv ist, indem die Abstrahierte ohne sie nicht denkbar ist.

Trotz der Abstraktion aller Geistigkeit bezeugen sich zumindest zwei subjektive Verflechtungen als die in der konkreten Welterfahrung stets sich mit dem Ding meldenden, nämlich: die Gefühle und die unterschiedlichen Perspektiven, die subjektiven Erscheinungsweisen auf Grund der Kinästhesen. Anders als die Gefühle, die trotz ihres ständigen Auftauchens bei der Dingerfahrung schließlich den Eigenbestimmungen des Dinges nicht zugehören, „stehen die Perspektiven in einem wesentlichen Zusammenhang mit dem Ding innerhalb

---

18 Husserl (1999), S. 57.
19 Hua XXXIX, S. 269.

seiner dinglichen Natur".[20] Für die noetische Seite besagt das, dass die Abschattung zum Wesen der sinnlichen Wahrnehmung gehört. Die subjektiven Erscheinungsweisen sind konstitutiv für die Identitätseinheit des Dinges für jedermann.

Mit der Hervorhebung der subjektiven Erscheinungsweisen auf Grund der Kinästhese und mit der Betonung ihrer Transzendentalität für die Natur hat Husserl nicht vor, die für die modernen Naturwissenschaften fundamentale Idee eines Kerns bloßer Natur, eines letzten Substrates, abzustreiten. Allein die in Vergessenheit geratene Idealität dieses Kerns will Husserl unterstreichen. Die wissenschaftliche Entperspektivierung behauptet eine Natur an sich, dies ist Husserl zufolge der Ansatzpunkt der naiven Einstellung.

Die Idealisierung als ein anbahnendes Verfahren hinter der Bühne der Naturwissenschaften ist die scheinbare endgültige Befreiung des lebensweltlichen Objekts von seinem subjektiv-relativen Sein, von seiner Okkasionalität und dadurch die Ersteigerung der Natur zu einem irrelativen Ansich.

Die Idealisierung ebnet den Weg für die exakte Mathematisierung und die in Formeln ausgeführte Symbolisierung der Natur.[21] Die subjektiven Einsätze, nämlich die Idealisierung, die Mathematisierung und die Symbolisierung, nehmen sich vor, die Natur in ihrem Ansichsein und unabhängig von der Subjektivität zu betrachten, zu berechnen, um sie restlos zu beherrschen.

Die im Rahmen der Ontologie der Welt durch die Abbau-Methode abstrahierte Schicht der bloßen Natur soll diese objektivistisch behauptete Befreiung an ihrer Grenze zurückstellen.

Die Reziprozität der Variation der Welt und des Subjekts, auf die diese Arbeit bereits im ersten Kapitel eingegangen ist, zeigt sich dadurch, dass jede die Welt betroffene Reduktion bzw. Abstraktion eine Abstraktion des Subjekts koinzidiert und *vice versa*. Dementsprechend findet die Abbau-Methode, die an der konkreten Welt angewendet wird, ihr Abbild in der abstraktiven primordialen Reduktion. Dabei wird eine Abstraktion auf das spezifisch Eigene des Egos vollzogen, um zwar die transzendentale Begründungsdimension dem transzendentalen Subjekt beizumessen, zugleich jedoch die Unzulänglichkeit der primordialen Konstitution für die objektive Welt festzustellen und die konstitutive Leistung der Intersubjektivität hervorzuheben[22] (s. Kap. IV, § 3). Gleicherweise läuft die abstraktive Beschränkung der Welt auf die Eigenheit

---

20 Hua XXXIX, S. 269.

21 In der *Krisis* berichtet Husserl von der Idealisierung und Symbolisierung als ein Entwicklungsstadium der Wissenschaften im Laufe der Geschichte.

22 Etwas anders formuliert schreibt Kurt Rainer Meist: „Seiner gesamten Intersubjektivitätstheorie liegt vielmehr eine erkenntnistheoretische Argumentation zugrunde, deren Ziel in dem Nachweis besteht, dass die methodisch notwendige primordiale Reduktion keineswegs die skeptizistische Aufhebung der Realität der Außenwelt impliziert. Denn die unmittelbar erfahrene Realität des fremden Leibes indiziert eine absolute, da nicht in meinem Erfahrungsvollzug aufgehende, Position außer mir, durch welche die von

des Dinges schließlich auf die Feststellung hinaus, „dass dem Ding auch in unbedingter Notwendigkeit Subjektives zugehört".[23]

Nichtdestotrotz bleibt nach dem „Abbau aller Prädikate objektiven Geistes"[24] ein geschlossenes Gebiet als die *bloße Natur*, die ausgezeichnete notwendige Kernstruktur der Welt:

> „Wenn wir das Ding und so die ganze Dingwelt in dieser Art abstraktiv begrenzen, und zwar rein als das in einstimmiger Erfahrung in Selbigkeit und in seinem individuellen Eigenwesen zu Erfahrende, so haben wir die Idee ‚bloße Natur' gewonnen."[25]

Diese fundierende Schicht des Aufbaus der Welt stellt die Natur in ihrer Bodenstruktur in dem Stufenbau der Welt vor, deren Form ein Fundament für alle sonstigen Merkmale und Wesensbestimmungen der innerweltlichen Dinge anbietet. In diesem Sinne ist die Natur das Universum der letzten Substrate. In einer apriorischen Ästhetik wird dann das Wesenscharakteristikum dieser Natur zu beschreiben sein. Die „bloße Natur" ist aber auch durch eine andere Abstraktion zu gewinnen, nämlich die primordiale Abstraktion: erste Bestimmung des Gegenständlichen vom reinen Ich her. Da aber ist die Raumzeitlichkeit dieser Natur keine objektive und diese allererste Natur ist keine homogene objektive Natur. Da, wo keine konstitutiven Züge von Seiten des *alter ego* vorhanden sind, ist keine Rede von der eigentlichen Objektivität möglich.

§ 3. Die Naturzeit als Form der Welt

Bei der Unterscheidung der materiellen Natur von der animalischen Natur werden in den *Ideen II*, konzentriert auf das Wesenscharakteristikum der Materialität, drei Apriori erkannt: die zeitliche Ausdehnung und die Stelle in der Weltzeit, die körperliche Ausdehnung und eine Lage im Weltraum sowie die wirkenden und erwirkten Eigenschaften. Als *res temporalis* liegt das Naturding in der Naturzeit. Die Natur ist nur eine Schicht der Welt und die Zeitform jedes Realen ist eine gegenständlich erfüllte Zeitstrecke von der Gesamtstrecke der Gesamtzeit. Jeder Gegenstand schneidet durch seine Dauer ein Stück aus der Zeit heraus. Die Folge dieser Betrachtungsweise ist, dass die Zeit „ein reelles Moment der Welt"[26] ist – eine bedenkliche Feststellung. Wenn die Zeit als Gesamtzeit der Realen ein reelles Moment der Welt ist, dann kann sie nicht zugleich die Form der Welt ausmachen, außer dass die Welt nur ein Aggregat ist. Die morphologische Betrachtung der Welt lässt die Gleichsetzung der Welt mit

---

mir primordial konstituierte Natur überhaupt zu einer objektiv wirklichen wird." Meist (1980), S. 569.

23 Hua S. XXXIX, 268.

24 Mat VIII, S. 402.

25 Hua XXIX, 268.

26 Hua XXXIII, S. 316.

dem Ding – als riesiges Ding – zu. Die morphologische Gleichstellung der Welt mit dem Ding liegt darin, dass „[e]in Ganzes als Ganzes kategorial [ist]. Es hat die kategoriale Form des Ganzen."[27] In der morphologischen Ganzheitsbetrachtung wird die Welt letztendlich als eine unermesslich große Substanz begriffen. Die universale Morphologie hat den substanzmetaphysischen Unterton.

Die Naturzeit ist die verbindende Struktur der Welt, die Struktur des Miteinanders aller Realen, die aber zugleich als Stellenordnung die Grundlage des Auseinanders der Realitäten ist.

Auf der Suche nach den apriorisch allgemeinsten Strukturen der Welt, die die Bedingungen der Möglichkeit der Zugänglichkeit vielfältiger jeweiliger Umwelten für einander darbieten, zeigt sich die Raumzeitlichkeit, die ganzheitliche Formstruktur, als die gemeinsame Struktur aller möglicher Lebenswelten. Die Raumzeitlichkeit nur hinsichtlich der Sukzessionszeit betrachtend und von der Koexistenz absehend, zeigt sich die objektive Zeit als Form der Welt in ihrer Gleichstellung mit der Natur. Die gemeinsamen invarianten Strukturen aller Welten gelten als die Form der Welt überhaupt, der allzeitlich, allräumlich seienden Welt. Den Sinn der formalen Funktion der Zeit für die Umwelten und die Welt erläutert Husserl derart, dass er die Zeit und den Raum sowohl als „Horizont der in Jeweiligkeit herzustellenden Einstimmigkeit"[28] als auch als „Systeme der Stellen für das einstimmig Seiende"[29] feststellt.

Wie erwähnt besagt die Kritik dieser Konzeption der objektiven Zeit als Form der Welt, dass diese allgemeine Formstruktur jedoch nur die Bezeichnung der Naturzeit verdient und nicht mit der vollen Form der Welt in ihrem eigentümlichen Sinne vermengt werden darf. Das Oxymoron *volle Form* soll einen Vorgeschmack von der Entformalisierung der Welt liefern.

Wie Husserl bemerkt:

> „Diese ganze Seinsschicht der Welt [scil. die bloße Natur] setzt für die Möglichkeit ihrer Erfahrung schon das Sein tätiger Menschen in einer menschlichen Gemeinschaft voraus. Menschen können für einander nicht sein, es sei denn, dass in der transzendentalen Subjektivität, die ihnen entspricht, schon primordiale Natur und dann intersubjektiv-gemeinsame Natur konstituiert ist und mit ihr die ursprüngliche Konstitution der Raumzeitlichkeit gewonnen ist."[30]

Die Verflechtung der Natur mit der Leiblichkeit des Subjekts muss gerade bei der Auffassung der Form der Natur berücksichtigt werden.

Es darf nicht unerwähnt bleiben, dass Husserl mit der Bezeichnung der Zeit als *kategoriale Form* der weltlichen und der Welt auch in späteren Denkphasen ungenau bleibt und die Auseinander-Miteinander-Struktur der Welt, die im engeren Sinne die Naturzeit ist, gelegentlich als die Weltzeit bezeichnet.

---

[27] Hua XXXIX, S. 38. Fußnote.
[28] Hua XXXIX, S. 727.
[29] Hua XXXIX, S. 727.
[30] Mat VIII, S. 401-402.

So schreibt Husserl: „Jedes konkrete Reale hat seine Dauer und in dieser Dauer eine individuelle Stelle in der universalen Weltzeit."[31] Die Weltzeit als „die universelle Ordnung einmaliger Zeitstellen"[32] war und ist eine ständige Zielscheibe der Kritik an Husserls Zeitanalysen. Diese Gleichstellung gründet in der Identifizierung der Welt mit ihrer Kernstruktur der Realität, d. h. mit der Natur. Diese auf eine Schicht der Welt eingeschränkte Konzeption der Weltzeit kann weder der Welt als dem universalen Horizont noch in ihrer Konkretheit, die selbst eine Geschichte hat, gerecht werden. Wie Husserl selbst bemerkt, gibt sich die Welt zwar wie alle Weltobjekte in „de[m] Heraklitische[n] Fluss der subjektiven Welthabe"[33] als Phänomen. „Doch gehört auch dies in den Heraklitischen Fluss der Welthabe, dass diese in strömenden Erscheinungsweisen als die eine und selbe Welt erscheinende Welt in sich selbst strömend sei."[34]

Die invariante Formstruktur Raumzeitlichkeit, die mit der Kausalität den Vertrautheitsboden schafft und den Fortgang in der Offenheit der Welt vorzeichnet, erschöpft weder die Wesensform dieser Offenheit noch des strömenden Welthorizontes. Die apriorische Ästhetik erreicht schließlich die Invarianz des Minimums von Welt,[35] d. h. die Natur und ihre Zeit, und ist nicht imstande, die Weltzeit in ihrem vollen Sinn zu konzipieren.

§ 4. Die mereologischen Andeutungen

Beim Abgrenzen des Themas der frühen Zeitanalysen kündigte Husserl an, dass man dabei „nicht das mindeste von objektiver Zeit"[36] zu finden erhoffen darf, weil die phänomenologische Analyse der Zeit der Untersuchung des Ursprünglichen verpflichtet ist und: „‚[d]as ursprüngliche Zeitfeld' ist nicht etwa ein Stück objektiver Zeit."[37] Das Verhältnis des ursprünglichen Zeitfeldes zu der objektiven Zeit wird vorab auf dieser negativen Weise und anhand des mereologischen Begriffs des Stücks bestimmt.

Auf die pejorative Verwendung des Begriffs Stück greift Husserl, vor allem, wenn es um die Beziehung des reduzierten Ich und der Welt geht, zurück.

---

31 Hua XXXIX, S. 284.

32 Hua XXXIX, S. 284.

33 Mat VIII, S. 1.

34 Mat VIII, S. 1.

35 Den gemeinsamen Kern aller Umwelten bezeichnet Ludwig Landgrebe als „Minimum von Welt". Vgl. Landgrebe, L.: *Der Weg der Phänomenologie. Das Problem einer ursprünglichen Erfahrung*, München: Gütersloher Verlagshaus Gerd Mohn, 1963. S. 57.

36 Hua X, 6.

37 Hua X, 6.

„So wie das reduzierte Ich kein Stück der Welt ist, so ist umgekehrt die Welt und jedes weltliche Objekt nicht Stück meines Ich, nicht in meinem Bewusstseinsleben als dessen reeller Teil, als Komplex von Empfindungsdaten oder Akten reell vorfindlich.“[38]

Psychologismus kritisierend lehnt Phänomenologie das reelle Sein und die Teilhabe der Transzendenz im Bewusstsein ab und enthüllt das Verhältnis zwischen dem Bewusstsein und seinen Inhalten als die Intentionalität. Dazu kommt, dass auch das Bewusstsein nach der phänomenologischen Reduktion die Teilhabe an der Welt einbüßt. Um den Sinn dieser negativen Bestimmung herauszustellen, wird diese Arbeit im Folgenden kurz auf einige Hauptzüge der Mereologie Husserls eingehen. In dem Vorwort zur zweiten Auflage der Prolegomena schreibt Husserl über die dritte Untersuchung:

„Ich habe den Eindruck, dass diese Untersuchung allzu wenig gelesen worden ist. Mir selbst bot sie eine große Hilfe, wie sie ja auch eine wesentliche Voraussetzung für das volle Verständnis der folgenden Untersuchungen ist.“[39]

Mir scheint es, dass diese Lehre nicht nur für das Verständnis der logischen Untersuchungen, sondern auch für die Deutung der Zeitanalysen und die Weltzeit als Endproblem der Zeitanalysen grundlegend ist.[40]

Die Untersuchung der zum Kategorie-Gegenstand gehörigen Idee vom Ganzen und Teilen hat sich in Husserls Auseinandersetzung mit Humes *distinctio rationis* in der II. Untersuchung als eine Fundamentalfrage der formalen Ontologie dargestellt und Husserl ist auf diese in der III. Untersuchung eingegangen. Die II. Untersuchung handelt von der idealen Einheit des allgemeinen Gegenstandes. Die Eigenberechtigung der allgemeinen Gegenstände, die nach Husserl evident ist, ist in der Geschichte der Philosophie von zwei Verkennungen gefährdet: Metaphysische Hypostasierung, deren prominente Darstellung im Platonischen Realismus zu finden ist, und Psychologische Hypostasierung, welche in der Lockeschen Abstraktionstheorie ihre wohl bekannte Illustration findet. Fatalerweise sind diese Verkennungen in der Geschichte der Philosophie von prekären Gegentheorien begleitet. Weder der alte Nominalismus gegen die reale Existenz der Platonischen Ideen noch der extreme Nominalismus gegen Lockes losgerissene Partikel von konkreten Inhalten (abstrakte Ideen) vermögen die Bewusstseinsweise der allgemeinen Gegenstände als Idealität neben der Realität und der Reellität zu erkennen. In Auseinandersetzung mit dem modernen Nominalismus widmet Husserl sich der Abstraktionstheorie von Hume. Hume befasst sich mit der genetisch-psychologischen Erklärung der *distinctio rationis* und entwickelt dadurch seine Theorie des Assoziationismus.

[38] Hua I, S. 13.

[39] Hua XVIII, S. XV.

[40] Zur Tragweite und Bedeutung der Lehre von den Ganzen und Teilen für die unterschiedlichen Themen und Motive der Phänomenologie vgl. Sokolowski, R.: *The Logic of Parts and Wholes in Husserl's Investigations*, in: Philosophy and Phenomenological Research 28, 1968. S. 537-553.

Nach einer radikalen Interpretation der Lehre von *distinctio rationis* hält Hume nur die konkreten Teile, die für sich gesondert erscheinen können, für wirklich.[41] Nur die *Stücke*, die nach Zerstückung des konkreten Ganzen als Teile für sich sind, existieren wirklich. Dagegen sind die inhaltsabstrakten Momente der individuellen Einzelfälle nicht für sich und sie werden nur gewohnheitsmäßig als für sich betrachtet. Die abstrakten Teilinhalte werden fiktionsweise als Teile abstrahiert. Die allgemeinen Gegenstände, die in individuellen Anschauungen erscheinen, sind die abstrakten Momente, die in diesen Einzelfällen nicht konkret vorhanden sind und demgemäß unter die Fiktionen *cum fundamento in re* fallen.

Jede Theorie, welche die Möglichkeit der Theoriebildung aufhebt, ist widersinnig und der Skeptizismus ist eine solche, d. h., er enthauptet sich selbst. Dies ist das Argument, das Husserl unermüdlich gegen jede Art von Skeptizismus geltend macht.[42] Auch in der Auseinandersetzung mit der Lehre von *distinctio rationis* widerlegt Husserl den Skeptizismus durch den Beweis, dass sich die Skepsis an den abstrakten Teilinhalten auf alle Teile überhaupt übertragen wird, als ob nur das einfach absolut Einheitliche als wirklich gelte. Schließlich entnimmt die psychologistische Skepsis der Psychologie ihre eigene Möglichkeit:

> „das Bewusstsein sei ein absolut Einheitliches, von dem wir zum mindesten nicht wissen können, ob es sich überhaupt in irgendwelche, sei es gleichzeitige, sei es zeitlich aufeinanderfolgende Erlebnisse entfalte."[43]

Die Lehre von *distinctio rationis* kritisierend, führt Husserl seine formalontologische Mereologie ein, welche sich zuerst im Bereich der deskriptiven Psychologie darbietet, aber sich schließlich ohne weiteres als das apriorisch in der Idee des Gegenstandes[44]gründende Ganz-Teilverhältnis entfalten lässt. Jeder Gegenstand ist entweder ein Teil eines Ganzen oder ist selbst ein Ganzes. Und das Ganze ist entweder ein Einfaches, das überhaupt keine Teile hat –

---

41 Nach der Ausführung der gemäßigten sowie der radikalen Interpretationen relativiert Husserl seine Interpretationen und schreibt: „Ich bin nicht eben sicher, ob Humes eigene Ansicht in den oben formulierten Thesen getroffen ist oder ob er nicht (gegen die Lockeaner gewendet) bloß meint, es sei das konkrete Objekt in betreff seiner Merkmale schlechthin einfach, und zwar einfach im Sinne der Unzerstückbarkeit in diese Merkmale, [...]" Hua XIX, S. 199.

42 Vgl. Hua XVIII, S. 84, S. 110 und vgl. Hua VI, S. 90.

43 Hua XIX, S. 208.

44 Husserl schreibt: „Wir brauchen bloß anstatt Inhalt und Inhaltsteil Gegenstand und Gegenstandsteil zu sagen (wofern wir den Terminus Inhalt als den engeren, auf die phänomenologische Sphäre beschränkten Terminus ansehen), und wir haben eine objektive Unterscheidung gewonnen, die von aller Beziehung zu den auffassenden Akten einerseits und zu irgendwelchen aufzufassenden phänomenologischen Inhalten andererseits befreit ist." Hua XIX, S. 240.

allerdings nur als Grenzfall[45] –, oder es ist eine Zusammensetzung von Teilen. Der zusammengesetzte Gegenstand ist seinerseits entweder ein gegliederter Gegenstand von selbständigen Stücken oder eine Verknüpfung von disjunkten unselbständigen Teilen. Husserl unterscheidet nach seinem Lehrer Stumpf[46] zwischen den selbständigen und unselbständigen Teilen. Der selbständige Gegenstand besteht wesentlich für sich, auch wenn er faktisch als ein *Stück* vom Ganzen erscheint, dagegen existiert der unselbständige Gegenstand notwendig als *Moment* eines umfassenden Ganzen. Ein unselbständiger Gegenstand kann nicht für sich existieren, die Abhängigkeit ist eine Existenzabhängigkeit. Ein unselbständiger Teil kann jedoch nicht mit jedem beliebigen Teil ergänzt werden, sondern steht in einem idealgesetzlichen Zusammenhang. Somit kündigt Husserl bei der Widerlegung des Psychologismus die Herrschaft der wesentlichen Gesetze im Bereich des Psychischen an.

Die von Husserl hervorgehobene „ontologische Umwendung des Evidenzgedankens in den einer reinen Wesensgesetzlichkeit“[47] ist dank der wesentlichen objektiven Notwendigkeit, die sich in den unselbständigen Inhalten manifestiert, möglich geworden.[48] „Der Begriff der Unselbständigkeit ist äquivalent mit dem Begriff der idealen Gesetzlichkeit in einheitlichen Zusammenhängen.“[49] Die ideale Gesetzlichkeit wird in den späten Phasen der Phänomenologie mit dem Schlüsselbegriff *Fundierungsverhältnis* erläutert, das die Fundierung zwischen den Arten von unselbständigen Bewusstseinsinhalten beschreibt. Der unselbständige Teil fordert nach bestimmten Ergänzungen und zeichnet gemäß seiner Art in gewissem Sinne die ihn ergänzenden Teile sowie das ihn umfassende Ganze vor. Die unterschiedlichen Arten von unselbständigen Teilen erheben den Anspruch auf bestimmte Ergänzungsarten. Was Husserl später konsequent die Apperzeption nennt, wird in den *Logischen Untersuchungen* gelegentlich auch als die Ergänzung bezeichnet.

Der naturnotwendige Zusammenhang, der sich in einem synthetischen Apriori darstellt, ist entweder das notwendige Zugleich-Sein oder das notwendige Nacheinander von Wesensmomenten. Der Aufbau der Ganzheit des Wesens zeigt sich entweder in einer Sukzession, einer Folge von Wesensmomenten, oder in der Koexistenz seiner Momente. Somit drängt sich die Zeitanalyse in der materiellen Eidetik auf und die Zeit als Ursynthesis kommt schon für

---

45 Gegenstand ist das, was sich aufweisen und explizieren lässt. Die Explikation erfordert jedoch zumindest zwei disjunktive Teile. Ergo: Ein absolut einfacher Gegenstand ist unmöglich und ist nur als Grenzfall zu betrachten.

46 Zur Adaption und Entwicklung der Lehre von Selbständigkeit – Unselbständigkeit, die Husserl von Stumpf übernimmt, vgl. Smith, B.: *Ontologische Aspekte der Husserlschen Phänomenologie*, in: Husserl Studies, 3, 1986. S. 115-130.

47 Hua XIX, S. 243.

48 Vgl. De Palma, V.: *Die Fakta leiten alle Eidetik. Zu Husserls Begriff des materialen Apriori*, in: Husserl Studies 30/3, 2014. S. 195-223. Hier S. 197.

49 Hua XIX, S. 255.

die Synthesis der allgemeinen Einheiten in Frage. Das materielle Apriori zeigt sich in zwei Zeitverhältnissen, nämlich in der Sukzession und der Simultanität, kurzum in der Raumzeitlichkeit, während das Wesensmoment Dauer, die Beharrlichkeit der anderen Wesensmomente als Zeitfülle, dem formalen Grundbegriff Substanz zugrunde liegt. Die Annahme, dass die Zeitanalyse in der Phänomenologie als einer Wesenswissenschaft keinen Platz hat, zeigt sich als grundverkehrt, sobald wir die Form der materialen Eidetik sowie der formalen Ontologie in Betracht ziehen.

Einer der axiomatischen Sätze der mereologischen Lehre lautet: „Ein relativ unselbständiger Gegenstand ist auch absolut unselbständig, dagegen kann ein relativ selbständiger Gegenstand in absolutem Sinne unselbständig sein."[50] Zieht man die später zum Hauptthema der Phänomenologie gewordene Welt in Betracht, bleibt dem Stück, der wesentlich selbständige Gegenstand, der beliebig mit anderen Teilen in einer faktischen Verbindung steht, nur eine pejorative Rolle in der Phänomenologie. Die Welt ist als „universale Einheit ein Ganzes, das alle Ganzen und alle etwaigen unteilbaren Realitäten in Verbundenheit in sich trägt".[51]

Merkwürdigerweise können wir in der Welt nur durch die thematische *Abstraktion* etwas als *Konkretum,* d. h. als selbständig, betrachten. Dass die absolute Selbständigkeit in der Welt keinen Vertreter hat, bringt Hussel später durch folgende Worte auf den Punkt:

> „Die Sinneskonstitution der Welt, [...], ist so, dass sie keine selbständige Sinnbildung kennt, dass alles je Erfahrbare seinen Beziehungshorizont mit sich trägt, durch den es immerfort Beziehungscharaktere hat."[52]

Somit ist jede Einzelerfahrung ein *Ausschnitt* aus dem Universalhorizont der Welt und die Welt als ständige Apperzeption meldet sich in ihren Ausschnitten. Ein Stück ist ein relativ selbständiger Teil, der mit anderen Teilen in einer realen Verbindung steht. In diesem Sinne ist die Welt Inbegriff aller Realitäten und hat die umgreifende Form der Naturzeit als die Zeit aller Realitäten.

Aber die Welt stellt sich nicht nur in dieser Form dar. Die Welt hat eine Einheits- und Ganzheitsstruktur, die eine neue Mereologie fordert. Wo die Welt selbst das Thema ist, greift die innerweltliche Mereologie zu kurz.

So stellt sich auch die Frage, ob die Weltzeit auf die Naturzeit reduziert konzipiert werden darf, etwa als eine Kette von Zeitstrecken. Sollte nicht, wie die Welt, die keine Summe aller Gegenständen ist, auch die Weltzeit kein summatives Ganzes, kein Aggregat von einzelnen Gegenstandszeiten sein? Die vorausgeschickte Antwort lautet, dass mit Einführen des Vorgegebenheitsgedankens und mit dem Thematisieren der Welt als Bedeutungshorizont die Frage nach

---

50 Hua XIX, S. 269.
51 Hua XLI, S. 261.
52 Hua XXXIX, S. 5.

der Weltzeit nicht mehr als Frage nach Konstitution einer unendlichen Kette von Zeitstrecken formuliert werden kann. Die Zeit des Universalhorizontes darf nicht als eine in Unendlichkeit geführte „Streckenaddition“[53] bestimmt werden, nicht als eine unendliche eindimensionale lineare Ordnung, die mit der Raumordnung ein zweidimensionales System aufbaut.

[53] Hua XIX, S. 280.

Kapitel III: Der Status der objektiven Zeit in den frühen Zeitanalysen

Die Tragweite des Zeitproblems lässt sich an der stets erneuten Aufgabenstellung[1] der Zeitanalysen in jeder neuen Entwicklungsphase der Phänomenologie zeigen. Als die erste Zeitanalyse Husserls gilt Band X der Husserliana-Reihe: *Zur Phänomenologie des inneren Zeitbewusstseins*, die aus den Jahren 1904-1905 stammenden Vorlesungen mit deren verbundenen Forschungsmanuskripten, die eine Zeitspanne von etwa 1893 bis 1917 abdecken. Bei der Begründung des Verschweigens der ganzen Dimension des Zeitbewusstseins in den *Ideen I* weist Husserl auf seine Bemühungen um das Zeitproblem in den Vorlesungen vom Jahr 1905 hin.[2] Im Großen und Ganzen haben deshalb diese frühen Zeitanalysen für die Entwicklungsphase der *Ideen I* und die statische Phänomenologie ihre Aufgabe erfüllt.

In der frühen Phase der eidetischen Phänomenologie, deren Hauptanliegen in der Beschreibung der Konstitution der noematischen Gegenstände durch die

---

1 In den Vorlesungen und dazugehörigen Forschungsmanuskripten beschreibt Husserl die Aufgabe der phänomenologischen Zeittheorie ausgehend von der Ablehnung der psychologisch-genetischen Ursprungsfrage. Er schreibt der Phänomenologie der Zeit zumindest drei Aufgaben zu: 1. „die Bedeutungsanalyse, die Analyse der ‚Materie', des ‚Inhalts' der Zeitvorstellung, und zwar nach den wesentlichen Typen, natürlich nicht nach jedem hervorzuhebenden Einzelfall"; 2. „ <die Beschreibung> des gegebenen reellen Inhalts, mit den Scheidungen sinnlicher und Auffassungsinhalt"; 3. „ Herausstellung der besonderen Fälle, wo eventuell ‚adäquate Zeitanschauung' gegeben ist, Herausstellung desjenigen Quasi-Zeitlichen (Dauer, Sukzession u. dgl.), das nicht transzendent und ‚objektiv' gedeutet ist, über sich hinausreichend, das nichts in betreff einer ‚objektiven Zeit' aussagt, sondern immanent gedeutet ist". Hua X, S. 54-55. In den *Bernauer Manuskripten* fasst Husserl ausgehend von einer Parallelisierung der phänomenologischen Zeit- und Raumanalysen die Hauptforschungsthemen der Zeitanalyse unter ihre egologische Wende wie folgt zusammen: 1. Das Verhältnis von Zeitmodalitäten und Ich. 2. Die Zeit als Form der ichfremden Gegenstände. 3. Die notwendige Beziehung der ichfremden Gegenstände auf das Jetzt, auf das Ichleben, auf mögliche Erfahrung. 4. Die Zeit als Form des Ich hinsichtlich seiner möglichen Bewusstseinserlebnisse. 5. Das Ich in der Zeit. 6. Mehrheit von Ich als gleichzeitig. 7. Unterscheidung zwischen immanenter Zeit und transzendenter Zeit. Vgl. Hua XXXIII, S. 91. Die Herangehensweise der Phänomenologie der Zeit an ihre Themen skizziert Husserl dann mit diesen Worten: „Sonach haben wir zuerst die immanente Zeit und dann erst das Problem der Konstitution einer ‚objektiven', einer im Immanenten sich konstituierenden nicht immanenten Zeit und dann wieder einer Zeit, die fremdes und dann fremdes und eigenes Bewusstsein, Letzteres als menschliches, intersubjektiv identifizierbares, konstituieren." Hua XXXIII, S. 133. In den *C-Manuskripten* und im Rahmen der Analysen, welche die Weltkonstitution als Leitfaden haben, wird die „Konstitution individuell identischer Gegenstände als intersubjektiv identifizierbare – nicht nur durch Anschaulichkeit, sondern durch Konstitution einer intersubjektiven Stellenzeit mit festbestimmten Stellen, fest für jedermann unterscheidbaren und identifizierbaren" als Hauptthema betrachtet. Mat VIII, S. 217.

2 Hua III/1, S. 182.

Erlebnisse besteht, wird die phänomenologische Beschreibung am Leitfaden des Dinges[3] ausgeführt. Somit grenzt Husserl die Aufgabe der Zeitanalysen in dieser Phase darin ab, zuerst die Weise zu beschreiben, wie die Zeitobjekte in einem beständigen Fluss als Einheitsdauer erscheinen.[4] Diese Zeitanalysen sind vor der ausdrücklichen Einführung der noetisch-noematischen Korrelation entstanden. Später in dieser frühen Phase entdeckt Husserl die grundlegende Struktur des zeitkonstituierenden Bewusstseins, die Ureinigung im absoluten Zeitbewusstsein. Somit werden 1) die innere Ordnung des einzelnen Zeitobjekts, 2) die Gesamtordnung der immanenten Zeitobjekte im Strom, d. h. der Erlebnisstrom, und letztendlich 3) das absolut zeitkonstituierende Bewusstsein Themen der phänomenologischen Deskription, mit denen Husserl sich in diesen Analysen beschäftigt. Was die objektive Zeit als solche anbelangt, wurde ihr dem ersten Anschein nach kaum ein Platz in diesen Analysen zugewiesen.

Bevor Husserl die sogenannte *erkenntnistheoretische Reduktion* in der III. Vorlesung der *Idee der Phänomenologie* „zum ersten Male *in concreto*"[5] studierte, wies er in den einleitenden Bemerkungen zum Vorhaben der phänomenologischen Zeitanalyse darauf hin, dass diese Analyse „wie jede phänomenologische Analyse"[6] mit der Ausschaltung aller Urteile und Überzeugungen bezüglich der objektiven Zeit beginnt. Ausgehend von der Psychologie und ihrer natürlich-empirischen Apperzeption des Bewusstseins, das von erkenntnistheoretischer Suspension betroffen wird, und nach der Suspension „[der] ganzen Naturverhältnisse des Ich"[7] stoßen wir im letzten Schritt des Verlassens *der Sphäre der Fraglichkeit*[8] auf den Transzendenzglauben bezüglich der „ganze[n] Welt mit der objektiven Zeit und dem objektiven Raum"[9], der suspendiert werden müsse. So heißt es auch in den Vorlesungen 1906/1907, Band XXIV der Husserliana-Reihe, in denen Husserl schrittweise die phänomenologische Reduktion vollzieht.

In der spezifisch phänomenologischen Zeitanalyse wird dann die Reihenfolge der Schritte in etwa umgekehrt.[10] Erster Schritt ist das Infragestellen der objektiven Zeit (§ 1. Ausschaltung der objektiven Zeit) und zweiter Schritt

---

3 Vgl. Hua III/1, S. 348.
4 Vgl. Hua X, S. 23.
5 Hua II, S. 43.
6 Hua X, S. 4.
7 Hua XXIV, S. 213.
8 Hua XXIV, S. 212.
9 Hua XXIV, S. 213.
10 Lohmar behauptet, „Husserl does not call this method here a reduction, but from the systematic point of view it is in fact a reduction". Lohmar fügt allerdings hinzu: „This ‚reduction from objective time' is not identical with the transcendental reduction of the Ideas I, but there is a certain affinity of the two methods." Lohmar (2010), S. 115-136. Hier S. 116. Auch Römer betrachtet die Ausschaltung der objektiven Zeit als „Vorform der Epoché." Vgl. Römer (2010), S. 28.

das Suspendieren des empirischen-psychischen Ich (§ 2. Die Frage nach dem „Ursprung der Zeit").

Zwar fängt die phänomenologische Analyse der Zeit mit der Ausschaltung der objektiven Zeit an, jedoch ist in den Analysen des inneren Zeitbewusstseins nicht nur von der Konstitution der immanenten Zeit*objekte* die Rede, sondern auch von der Konstitution der transzendenten Zeitobjekte. Allerdings behauptet Husserl die Analogie der Konstitution der immanenten Zeitobjekte und der transzendenten Zeitobjekte, dergemäß die transzendenten Zeitobjekte kaum gesonderte Betrachtungen verdienen.

Die Weltzeit wird in den frühen Zeitanalysen als die Zeit, „die ich in Relation zur Erde und Sonne fixiere",[11] bestimmt. Zwar ist die kosmische Zeit nicht unmittelbar äquivalent mit der objektiven Zeit der Uhr und des Chronoskops und ist im Sinne der *Krisis* die letztere die Idealisierung der ersteren. Diese Unterscheidung ist in den frühen Analysen jedoch nicht zu erkennen.

Trotz allem behauptet Husserl, dass „die Bedingungen der Möglichkeit einer Weltzeit als solcher"[12] in der phänomenologischen Analyse erforscht worden sind. Zudem geht er sogar auf das Konstitutionsproblem einer „einheitlichen, homogenen, objektiven Zeit"[13]ein. In § 32 kündigt Husserl das Problem der Konstitution der „nicht fließende[n], absolut feste[n], identischen, objektiven Zeit"[14] an und versucht es mit dem „Anteil der Reproduktion"[15] zu lösen. Die Thematisierung des Problems der Konstitution der objektiven Zeit trotz der Ausschaltung liegt an der Vieldeutigkeit des Objektivitätsbegriffs.[16]

Das Ziel der folgenden Betrachtung ist zu zeigen, wie der unzulängliche Objektivitätsbegriff der frühen Phasen zur Weltlosigkeit der frühen Zeitanalysen führt. Dazu wird zuerst eine allgemeine Begriffsklärung für die Objektivität in Husserls Phänomenologie ausgeführt (§ 1). Der Zusammenhang der Zeit und der Objektivität ist danach kurz darzustellen (§ 2). Danach wendet sich diese Arbeit den Zeitanalysen in den Vorlesungen zu. Hier muss die Möglichkeit der Objektivation im Bewusstseinsfluss studiert werden (§ 3). Schließlich sind die wichtigsten Kritikpunkte anzuführen, die den Weg der Problemstellung der vorliegenden Arbeit vorgezeichnet haben könnten (§ 4).

---

11 Hua X, S. 124.
12 Hua X, S. 181.
13 Hua X, S. 69.
14 Hua X, S. 69.
15 Hua X, S. 69.
16 Die Objektivität ist hier als das substantivierte Adjektiv gemeint und nicht die Pluralform der Objektivität, womit die Objektstypiken, die bestimmten Seinsregionen, gemeint sind.

§ 1. Allgemeine Vorbemerkungen: der Objektivitätsbegriff in Husserls Phänomenologie

Eine Objektivität, „die an sich ist und gefunden werden muss",[17] ist der Ansatzpunkt der naiven natürlichen Einstellung. Bei der natürlichen Auffassung ist mit der Objektivität ein bewusstseinsunabhängiges *Ansichsein*, eine *übersubjektive* Wirklichkeit, gemeint. Diese Objektivität beträfe nicht die Erkenntnis, sondern den Erkenntnisinhalt. Der unüberbrückbare Abgrund zwischen Erkenntnis und Erkenntnisinhalt, die strikte Trennung zwischen Subjekt und Objekt tritt bei diesem Objektivitätsbegriff am eindringlichsten hervor. Somit wird das Ausweisen der Objektivität, der Rechtsanspruch der Erkenntnis überhaupt, zu einem unlösbaren Rätsel. Freilich ist die unbesorgte Einstellung zur Objektivität, welche die Objektivität schon vor der Erkenntnis im blinden Vertrauen angenommen hat, von diesem Rätsel gar nicht betroffen, da sie für die Kardinalfrage der Erkenntnistheorie[18] blind ist. Der bewusstseinsunabhängige Objektivitätsbegriff erreicht seinen Höhenpunkt in der idealisierten exakten Objektivität der Naturwissenschaften, im Objektivismus. Die wissenschaftliche Objektivitätsauffassung wird von Husserl mit dem Index der Naivität versehen, sie ist naiv, da sie, während sie eine Erkenntnisleistung ist, d. h. Ergebnis der Idealisierung, „die erfahrende, erkennende, die wirklich konkret leistende Subjektivität ganz außer Frage lässt".[19]

In der mit diesem Objektivitätsbegriff vertrauten naiven Einstellung gelten Raum und Zeit als an sich Seiende, deren exakte Erfassung die Aufgabe der Naturwissenschaft ist. Die objektive Zeit, die am Anfang der phänomenologischen Zeitanalysen außer Spiel gesetzt wird, ist von dieser Objektivität und ihrer Naivität beladen.

Mit dem Vollzug der phänomenologischen Epoché verlassen wir den Geltungsbereich der naiven Objektivität als An-sich-Sein. Nach der Reduktion auf das konstituierende universale Feld des Bewusstseins hat die Objektivität die Bedeutung des konstituierten Für-mich-Seins. Demnächst ist hinsichtlich des Subjekts der Objektivation weiter die primordiale Transzendenz als bloß von mir gesetzte Objektivität zu differenzieren, d. h. die Identifikation des Objekts in der Eigenheitssphäre, die „in Konnex rein mit mir selbst"[20] stattfindet.

Diese reduzierte Objektivität besagt die Wiedererkennbarkeit derselben Identitätseinheit in der Mannigfaltigkeit meiner wirklichen und möglichen Erfahrungen.

---

17 Hua XXIV, S. 142.
18 Vgl. Hua XVIII, S. 7.
19 Hua VI, S. 99.
20 Mat VIII, S. 217.

Dagegen ist die Objektivität als *Sein-für-jedermann* intersubjektiv konstituiert. In diesem Zusammenhang ist das wahre Sein dergestalt, „dass es prinzipiell von jedem Ichsubjekt des Verbandes als möglichem forschenden Subjekt in absolut identischer Weise bestimmbar ist und jederzeit".[21] Die Objektivität besagt die Identifikation desselben für mich sowie für den Anderen, den ich als Subjekt betrachte, trotz aller Diskrepanz der Erscheinungsweisen des Objekts für mich und für die Anderen.

Allerdings ist bei der Differenzierung der intersubjektiven Objektivität und der primordialen Objektivität nicht zu vernachlässigen, dass die prinzipielle Wiedererkennbarkeit-für-jedermann auch in der durch die primordiale Abstraktion eingeschränkten Eigenheitssphäre weiterhin die Anforderung und den Maßstab der Objektivität ausmacht. Die intersubjektive Geltung ist das einzige Äquivalent der Objektivität in allen Schichten der Erfahrung.[22] Die reduzierte Objektivität der primordialen Sphäre heißt überhaupt darum die Objektivität, so Husserl, „weil sie sich, wenn wir diese Abstraktion aufheben, der allgemeinsamen Welt in intentionaler Synthese einfügt als das Raumding, das ich so wie jedermann als dasselbe vorfinden kann".[23]

Die Identifizierung hat selbst in der Eigenheitssphäre die Bedeutung der Erkenntnis, insofern, „was für ein Ich erkennbar ist, prinzipiell für jedes erkennbar sein muss".[24] Dies stellt Husserl in den *Ideen I* fest.

Indem die primordiale Abstraktion innerhalb der transzendentalen Reduktion erst in den 1920er-Jahren und angesichts der Intersubjektivitätsproblematik eingeführt wird, wäre es jedoch eine anachronistische Einordnung, die in den frühen Zeitanalysen behauptete Objektivität in der Immanenz mit der reduzierten Objektivität der Primordialsphäre gleichzustellen. Nicht zugunsten und aufgrund der primordialen Reduktion, sondern fast dogmatisch sind die frühen Zeitanalysen solipsistisch. Daher ist hier wohl mit einer besonderen Objektivität zu rechnen.

Unterscheidet man die immanente Sphäre der frühen Zeitanalyen von der Primordialsphäre, stellt sich die Frage, ob und in welchem Sinne der immanente Bereich im Sinne der frühen Phasen der Phänomenologie die Objektivität für sich zu beanspruchen vermag und ihre Inhalte die Objektivität zulassen.

Bei jeder Objektivität kann von der Seite des Subjekts von *der Objektivation* als der Festlegung und Setzung der Identitätseinheit in einer festen, haltbaren

---

21 Hua IV, S. 389.

22 „Jedes Objekt ist gemeint als dasselbe, das jedermann, und in welchen Erscheinungen dann immer, erfahren kann und das in möglicher Wechselverständigung oder auch nur in möglichem Einverstehen in den Anderen auch erkennbar ist als dasselbe, das der eine und der andere und der Möglichkeit nach jedermann erkennen könnte. Diese Meinung gehört zum ursprünglichen Sinn, und zwar zu dem schon vorprädikativen puren Erfahrungssinn jedweder objektiven Erfahrung." Hua XIV, S. 289.

23 Hua XXXIX, S. 31.

24 Hua III/I, S. 102.

Ordnung dergestalt gesprochen werden, dass das Wiederkennen desselben jederzeit möglich ist. Gemeint ist die Setzung eines identischen Sinnes in einer geordneten Umgebung, die eine Identifikation ermöglicht. Darauf lässt sich die oben gestellte Frage zur Objektivität im immanenten Bereich mit Hervorhebung der Zeitthematik an zwei Fragen genauer artikulieren. 1) Besteht eine starre und umfassende Ordnung im immanenten Bereich? 2) Wenn ja, wie findet die Setzung in dieser Ordnung sowie die Objektivation der Ordnung selbst statt?

§ 2. Die Zeit und die Objektivität

Die entmutigende Frage, die Augustinus im elften Buch der Bekenntnisse stellt und ihr gegenüber Verlegenheit bekundet, erfährt, wie fast alle anderen philosophische Fragen in der phänomenologischen Einstellung, die Umstellung auf eine Wie-Frage: „Was ist die Zeit?" wird zur Frage „Wie wird die Zeit konstituiert?". Fügt man die erkenntnistheoretische Zielrichtung der Phänomenologie hinzu, stellt sich auch die Frage: „Wie ist es möglich, wo alles fließt (πάντα ῥεῖ), etwas wiederzuerkennen, etwas als dasselbe zu identifizieren?" Das Rätsel der objektiven Erkenntnis taucht unter dem Aspekt der Vergänglichkeit auf und von dieser fundamentalen Frage jeder Erkenntnistheorie handeln Husserls Zeitanalysen. Die Pointe der frühen phänomenologischen Frage besteht allerdings darin, dass *wo alles fließt* sich nicht auf die Zeit bezieht, sondern es die Beschreibung des Bewusstseins ist: des Bewusstseinsflusses. Nicht die Vergänglichkeit, sondern die als dieselbe wiedererkennbare Identität geht auf die Zeit zurück. Die Beschreibung der Konstitution der Starrheit, d. h. der Zeit im Fluss des Bewusstseins, ist das Problem der frühen Phasen der Phänomenologie der Zeit.

Die zeitliche Objektivation in und trotz des Flusses geht nach Husserl in unterschiedlichen Stufen vonstatten. Ohne sich in einer ausführlichen historiographischen Rekonstruktion der vielfältigen Revisionen in den Zeitanalysen zu verstricken, ist im Folgenden den Stufen der Objektivation in die frühen Zeitanalysen zu folgen. Die zwei oben gestellten Fragen nach Ordnung und Setzung in der immanenten Sphäre sind leitend bei der Darstellung dieser Stufen.

§ 3. Die Stufen der Objektivation in der immanenten Sphäre

Nach der Ausschaltung der transzendenten Sein-Setzungen ist eine Ordnung für die mögliche Setzung der Identitätseinheit, für die Setzung des Objekts als solches, d. h. eine Ordnung für die Objektivation in und trotz des beständigen Bewusstseinsflusses, zu finden. Husserl muss eine Ordnung finden, die aller Ordnungen vorausliegen kann; eine Urordnung im Bewusstseinsfluss.

Bezug nehmend auf die dreifachen Beschreibungsrichtungen sind im Folgenden drei Stufen der Objektivation zu folgen:

1) Die konstituierende Funktion des originären Zeitfeldes, des Bewusstseinsflusses und die Dauereinheit des immanenten Zeitobjekts: Ausgehend von einer äußeren Wahrnehmung hat Husserl als Erstes im Bewusstseinsfluss die Einheit des rein hyletischen Datums zu erforschen. Husserls favorisiertes Beispiel der äußeren Wahrnehmung ist Hören eines Tones. Ein immanenter Ton ist ein rein hyletisches Datum, das dauert. Der Tatbestand, dass sich der Ton in seiner rein hyletischen Fassung und abgesehen von den transzendenten Zeitbestimmungen als eine Dauereinheit zeigt, macht ihn zu Husserls favorisiertem Beispiel von hyletischen Daten, da er an Zeitobjekte, die nicht nur in der Zeit sind, sondern selbst eine zeitliche Extension in sich enthalten, die unterste zeitliche Objektivation besser erläutern kann.[25] Husserl erweckt gelegentlich zwar den Anschein, dass die Zeitobjekte nur diejenigen sind, welche aus einem Nacheinander bestehen. Im Grunde genommen ist aber jedes Reale, insofern es die Dauer als Wesensmoment hat, ein Zeitobjekt.

Husserl unternimmt als Erstes den Versuch zu zeigen, dass die Ton-Dauer nicht durch einen punktuellen Bewusstseinsakt – in diesem Fall das Hören oder allgemein die Wahrnehmung – nachträglich als Einheit aufgefasst wird, sondern der Ton seine Dauer als Einheit unmittelbar im Bewusstseinsfluss aufbaut. Der Aufbau der hyletischen Dauer im Bewusstseinsfluss fordert die Dauer der Bewusstseinseinheit, d. h. die Dauer der Wahrnehmung. Somit weist sich der Bewusstseinsakt selbst als ein Zeitobjekt, eine Dauereinheit, deren Einheitsstruktur im Bewusstseinsfluss phänomenologisch zu beschreiben ist. Mit der Vorstellung der Bewusstseinseinheit, d. h. des Akts als einer dauernden Einheit, wird dann hauptsächlich die zeitliche Struktur der Akte anstatt der Zeitmomente der hyletischen Daten das Thema dieser frühen Zeitanalysen. Die Struktur der inneren Ordnung jeder Dauereinheit (sowohl Dauer des Empfindungsdatums als auch Dauer seiner Empfindung bzw. seiner Auffassung) wird als die Ordnung der Momente der Bewusstseinseinheit beschrieben.

Insofern die Einheit in den Zeitanalysen bloß abstraktiv und hinsichtlich der *Form* betrachtet wird, wird die Analyse der *Materie* dieser ersten Einigungsstufe unentbehrlich und Husserl übernimmt diese Analyse in der *Analyse der passiven Synthesis.* Im Sinne der *Analyse der passiven Synthesis* und vonseiten der Empfindungsdaten hinsichtlich ihrer dinglichen Qualität geschieht die passive Synthesis der unselbständigen Momente des zeitfüllenden Inhalts gemäß der Assoziation und auf Basis der Ursynthesis des Zeitbewusstseins. Die unselbständigen Momente des Empfindungsdatums schließen sich kraft ihrer Kontraste und Verschmelzungen und nach dem Assoziationsgesetz zusammen und werden

---

25 Ein Grund des Vorziehens des Tones könnte auch darin liegen, dass Husserl die Zeitanalysen nicht mit einem räumlichen Aspekt verkomplizieren wollte.

als eine Einheit durch die Ursynthesis der Bewusstseinsmomente konstituiert. Die formale Einigung des Empfindungsdatums als Dauereinheit findet somit neben der Dauereinheit des Aktes in den Zeitanalysen ihre phänomenologische Deskription.

Die Bewusstseinseinheit der Wahrnehmung, die Einheit der Gegenwärtigung, baut ihre Dauer unmittelbar im Auftauchen des Bewusstseinsmoments Urimpression und seinem unmittelbaren Versinken und Erhalten in dem Bewusstseinsmoment Retention und im unaufhörlichen Einfließen des Bewusstseinsmoments Protention in einer neuen Impression auf. Auf diese Weise entsteht eine Ordnung im Fluss, worin die Dauereinheit des hyletischen Datums als Wahrgenommenes erscheint. Während die Protention die feste Ordnung weiter entwirft und in Form der Impression ins Leben ruft, versinkt die bereits vollzogene gefüllte Ordnung in der Retention. In dem kontinuierlichen Heranströmen-Wegströmen dehnt sich die Einheit des originären Zeitfeldes als eine breite Gegenwart aus.[26] Die Teile bzw. die unselbständigen Momente des originären Zeitfeldes schaffen die Breite der Gegenwart. Diese Momente stehen in keinem reellen Verhältnis zueinander. Weder die retinierte Urimpression befindet sich reell in der Retention, noch ist die Protention ein reeller Teil des Zeitfeldes. Sie reihen sich auch nicht äußerlich wie Stücke aneinander. Darauf, dass die drei Momente nur ideal und abstraktiv voneinander zu trennen und nur die unselbständigen Teile des bereiten Gegenwartsbewusstseins sind, sollte schon der mereologische Terminus technicus *Moment* hindeuten (s. Kap. II, § 3). Die Bewusstseinsmomente stehen in intentionaler Beziehung zueinander, allerdings ist es eine spezifische Intentionalität, insofern den intendierten Momenten keine Gegenständlichkeit zuzuschreiben ist.[27] Die fließend-starre innere Ordnung der dreifachen Bewusstseinsmomente ist die zum Wesen der breiten Gegenwart gehörige Struktur. Die Einigung in der breiten Gegenwart kraft der Ursynthesis der dreifachen Bewusstseinsmomente ist ein passiver Prozess und gilt als Grundlage für die höheren Stufen der Objektivationen. Diese Einigung ist die Urform aller weiteren Einigungen und Konstitutionen, sie ist die Ursynthesis des Zeitbewusstseins.

Insofern die Breite der ausgedehnten Gegenwart nicht im vornherein fest bestimmt ist, sondern von dem Ausmaß der Aufmerksamkeit abhängt, ist Husserl

[26] Herbart, Lotze und Brentano entgegen schließt Husserl sich seinem Lehrer Stern an und bestreitet das „Dogma von der Momentaneität eines Bewusstseinsganzen“. Husserl berichtet von diesem Dogma in Brentanos Lehre am Anfang des zweiten Abschnitts der Vorlesungen in § 7: „In Brentanos Lehre wirkt als treibendes Motiv ein Gedanke, der von Herbart herstammt, von Lotze aufgenommen wurde und in der ganzen Folgezeit eine große Rolle spielte: der Gedanke nämlich, es sei für die Erfassung einer Folge von Vorstellungen (a u. bz. B.) nötig, dass diese die durchaus gleichzeitigen Objekte eines beziehenden Wissens sind, welches völlig unteilbar sie in einem einzigen und unteilbaren Akte zusammenfasst.“ Hua X, S. 19.

[27] Vgl. Hua X, S. 29 ff.

im Prinzip eine Vereinfachung zu Gunsten des Verständnisses eingegangen. Es ist möglich, dass selbst eine kleine Dauer, wie die Dauer eines Tones, die Breite der ausgedehnten Gegenwart überschreitet. Wäre aber die aktuelle breite Gegenwart ausreichend für die Dauer des Tones, dann haben wir einen wahrgenommenen Ton, eine Wahrnehmung.

2) Die immanente Zeit und die objektive Setzung im Erlebnisstrom: Das originäre Zeitfeld, die breite Gegenwart, ist selbst ständig im Versinken und wird dauernd ersetzt durch ein kommendes originäres Zeitfeld. Es ist eine strömende breite Gegenwart, insofern sie im Versinken nicht plötzlich verschwindet. Die gegenwärtige Wahrnehmungsphase wird zu der vergangenen und die gegenwärtige Wahrnehmung zu der vergangenen Wahrnehmung. Husserl zufolge steht die Modifikation der Einheit des originären Zeitfeldes, sein Zurücksinken in der Vergangenheit und sogar ins Leere analog zu dem Ablauf seiner Momente.[28]

Selbst wenn die Retention die Erhaltung der abgelaufenen Phasen in der Einheit einer Wahrnehmungsphase (ein originäres Zeitfeld von den originären Zeitfeldern, von denen in einer synthetischen Einheit die Wahrnehmung entsteht) oder sogar die Bewahrung einer Wahrnehmungsganzheit (im Fall, dass die Objektdauer und die Dauer des originären Zeitfeldes übereinstimmen) zu begründen vermag, stellt sich die Frage, wie die Identität der aufgebauten Einheit im Fluss als bewahrt erkennbar, genauer gesagt wiedererkennbar ist. Wie ist es möglich, dass wir von demselben Ton bald als wahrgenommenem und bald als erinnertem Ton sprechen können? Dies ist die Frage nach einer objektiven Zeit in der Immanenz. Die Frage ist:

> „[W]ie kommt es, dass wir gegenüber dem Herabsinken des Tones doch davon sprechen, dass ihm eine feste Stellung in der Zeit zukommt, dass sich Zeitpunkte und Zeitdauern in wiederholten Akten identifizieren lassen, wie es unsere Analyse des reproduktiven Bewusstseins aufwies?“[29]

Um das Mindeste von Objektivation ermöglich zu können, muss die fließende Ordnung einen Hauch von Starrheit, von Ruhe und Festigkeit aufweisen, die die Setzung gestattet. Die Idee der breiten Gegenwart ist nicht ausreichend für die Begründung der Objektivation, insofern selbst in Bezug auf die Momente der breiten Gegenwart von Herankommen und Zurücksinken die Rede ist und die breite Gegenwart zudem als ganze selbst im Versinken ist.

Die Protention ist ein stetiges Herankommen, während die Retention das ständige Zurücksinken ist. Anders als die Retention und Protention stellt sich dann das Urimpressionsmoment als dasjenige dar, welches die feste Stelle in dem Fluss anbietet. Husserl begreift die Impression als diejenige, welche im stetigen Auftauchen stets neue feste Zeitstellen ausmacht. Obwohl die Gedan-

---

[28] Vgl. Hua X, S. 25.
[29] Hua X, S. 64.

ken eines ständigen Auftauchens der objektiven Punkte für die Verweisung der Objektivität im Fluss hilfreich sind, zeigt sich die Impression als nicht besonders gelungener Begriff, wenn die Impression nicht nur für die Objektivität, sondern auch für die Individuation sorgen muss. Jedes Bewusstseinsmoment als unmodifizierte Gegebenheit war erst einmal eine Impression. Das hat zur Folge, dass jedes Dauernde, d. h. jedes Zeitobjekt, keine singuläre Zeitstelle besitzt, sondern ihm zahlreiche Zeitstellen seiner immanenten Objektpunkte beizumessen sind. Eine individuell dauernde Einheit kann nicht als eine Reihe von homogenen, aber gleichwertigen objektiven Zeitpunkten konstituiert werden. Mit den Gedanken einer ersten Impression als Urimpression hat Husserl versucht, dieses Problem zu lösen. Für jeweils zusammengehörige Empfindungsabschattungen zeichnet sich der Einsatzpunkt dieses Zusammenhangs als unmodifizierte Urimpression, als Urabhebung der Einheit, aus. Der Einsatzpunkt spielt für die gesamte Dauer die Rolle der individuationsgebenden Zeitstelle. Die Individuation ist auf den Einsatzpunkt der einheitlichen Dauer angewiesen, der durch die einzige unmodifizierte Urimpression gegeben ist bzw. war. Der Einsatzpunkt ist als Augenblick des „Auftreten[s] als Jetztsetzung“[30] und als die Registrierung in der Zeit zu verstehen. „Im Fluss der Vergangenheitsmodifikation steht also ein stetiges, tonal erfülltes Zeitstück da, aber so, dass nur ein Punkt davon durch Urimpression gegeben ist.“[31] Und von diesem einzigen Punkt hat der erscheinende Vorgang seinen identischen, absoluten Zeitwert. Die Frage nach der „eigentlichen Objektivation“[32] als Individuation wird bereits in diesen frühen Analysen gestellt: Wie ist es möglich, im Fluss etwas nicht nur als dasselbe, sondern als individuell dasselbe zu identifizieren? Die rasche Antwort auf diese Hauptfrage lautet:

> „[D]adurch, dass gegenüber dem Fluss der zeitlichen Zurückschiebung, dem Fluss von Bewusstseinsmodifikationen, das Objekt, das zurückgeschoben erscheint, eben in absoluter Identität apperzeptiv erhalten bleibt, und zwar das Objekt mitsamt der im Jetztpunkt erfahrenen Setzung als ‚dies‘.“[33]

Die Frage ist aber gerade, wie diese identische Apperzeption des Objekts hinsichtlich seiner dinglichen Qualitäten sowie seine „im Jetztpunkt erfahrene Setzung als ‚dies‘“[34] im Bewusstseinsfluss vollgezogen wird.

Die Ganzheit des Inhalts eines intentionalen Bewusstseinserlebnisses begreift Husserl als die Objektauffassung oder die Gesamtauffassung des Gegenstandes. Diese Auffassung teilt sich in zwei Intentionen: Eine ist die gegenständliche Intention. Die gegenständliche Intention des Erlebnisses bezeichnet Husserl in den Zeitanalysen als Zeitmaterie, die die spezifisch dinglichen Qualitäten des

30 Hua X, S. 62.
31 Hua X, S. 68.
32 Hua X, S. 66.
33 Hua X, S. 65.
34 Hua X, S. 65.

Objekts darstellt. Die Zeitmaterie ist die außerzeitliche, inhaltliche Zeitfülle. Als Musterbeispiel sinnlicher Wahrnehmung ist der sinnliche Inhalt die Zeitfülle, der Repräsentant für das reine Was des Objekts, ohne Zeitbestimmung.

Als die Zeitform bezeichnet Husserl dagegen diejenige Intention, welche den qualitativen Gehalt als Materie aufnimmt und ihm die zeitliche Bestimmung verleiht. Diese Intention ist die Auffassung der Zeitstellenrepräsentanten.

> „Eine Seite der Objektivation findet ihren Anhalt rein im qualitativen Gehalt des Empfindungsmaterials: das ergibt die Zeitmaterie. [...] Eine zweite Seite der Objektivation entspringt der Auffassung der Zeitstellenrepräsentanten."[35]

Die beiden Intentionen bleiben im Bewusstseinsfluss unmodifiziert und bestehen identisch fort.

Während sich die spezifische, qualitative Seite des Objekts und ihr Fortbestand im Modifikationsfluss dank der Idealität des Sinnes – gemäß dem in den *Ideen I* entwickelten Gedanken des Noemas – leicht verstehen lässt, bereitet die Auslegung der anderen Seite der Objektivation, d. h. die identisch erhaltene Zeitbestimmung des Objekts, Schwierigkeiten. Diese Stelle führt zum Problem der Individuation. Auf der letzten Stufe der Objektivation geht es mithin um die Objektivität individueller zeitlicher Gegenstände und Vorgänge; die *eigentliche* Objektivität muss die Individuation erweisen. Mit der Erhaltung der Zeitstellenrepräsentanten, die Husserl auch als die Erhaltung der *gegenständlichen Beziehung* bestimmt, ist gemeint:

> „[D]ass nicht nur der Gegenstand in seinem spezifischen Bestande erhalten bleibt, sondern als individueller, also zeitlich bestimmter, der mit seiner zeitlichen Bestimmung in der Zeit zurücksinkt."[36]

Dass Hussel diejenige Intention, welche für die Zeitlichkeit des Realen, genauer gesagt für die (zeitlich-räumliche) Extension des qualitativen Gehalts, verantwortlich ist, als *die gegenständliche Beziehung* bezeichnet, hat beinahe den Anschein, als ob die Individuation des Objekts im strengen Sinne schon an diesem Modell der Objektivation aufgeklärt wäre, was aber keineswegs der Fall ist. Was Hussel die Auffassung der Zeitstellenrepräsentanten nennt, ist eigentlich selbst ein Teil des vollen Sinns des Objekts, sie ist die Dauer des Objekts als ein Wesensmoment, das die einigende Form für den qualitativen Rest des Wesens ist. Die Erklärung der unmittelbaren, nicht wiederholbaren *Identifizierung* „der extendierten Gegenständlichkeiten mit ihrer immanenten absoluten Zeit"[37] im Fluss der Bewusstseinsmodifikationen kann bestenfalls als Verdienst der früheren Zeitanalysen betrachtet werden. Die Individualität in der Abgrenzung des Individuums von seinen wesentlich Gleichen, was die

---

35 Hua X, S. 63.
36 Hua X, S. 63.
37 Hua X, S. 67.

Individualität im strengen Sinne bedeutet, bleibt diesen Zeitanalysen fern, da sie noch nicht die Weltkonstitution erreicht haben.

Die Klärung der Individuation im strengen Sinne fordert die Bestimmung der Relation eines Gegenstandes zu anderen Gegenständen sowie die Anordnung seiner Verhältnisse zu der gesamten Ordnung. In den Vorlesungen wird die Zeitstelle in Relation, die relative Zeitstelle, nur in der Umwandlungslinie der Gegebenheitsweisen und im Verhältnis zu dem aktuellen lebendigen Jetztbewusstsein thematisiert.

Das Abstandnehmen des Einsatzpunkts der Gesamtfassung des Objekts von dem aktuellen Jetzt wird somit als die Zurückschiebung des Objekts in die Vergangenheit aufgefasst und dieser Abstand bestimmt die relative Zeitstelle. Die Starrheit der Umwandlungs*linie* besteht in dem stetigen Hervorquellen der Impressionen und ihrer transitiven Wandlungen in andere Momente der Linie.

Die Zeitstellen im Fließen, im Abstandnehmen vom aktuellen Jetzt, sinken ständig in der Linie des Herabsinkens der Gegenwart in die Vergangenheit und bleiben trotzdem identisch, insofern sie die Zeitstellen für die in der inneren Ordnung des Einzelobjekts aneinandergereihten identischen Objektpunkte sind.

3) Die transzendente Objektivation in der objektiven Zeit: Die Zeitstelle in Relation zu den anderen Objekten, welche die Individuation des Objekts vollständig ermöglicht, kann jedoch erst mit der Konstitution der objektiven Zeit als All-Zeit vorliegen.[38] Für die Konstitution der objektiven Zeit rechnet Husserl mit der Tragfähigkeit der Wiedererinnerung. Die objektive Zeit als die umfassende Ordnung soll in der Reproduktion der Aneinanderreihung der an das aktuelle Zeitfeld anschließenden vergangenen Zeitfelder konstituiert werden.

Dass die Wiedererinnerung gelegentlich auch irreführend ist, dass sie tatsächlich nicht dauernd fortsetzbar ist und früher oder später abbricht und dass sie aus der Dunkelheit und der absoluten Vergessenheit nicht immer herauskommt – all diese *Tatbestände* gefährden nicht die konstitutive Rolle der Wiedererinnerung, insofern Husserl zufolge die *ideale Möglichkeit* der Wiedererinnerung für die Konstitution der objektiven Zeit ausreicht. Die Wiedererinnerung betrachtet Husserl damit als „unbegrenzt fortsetzbar zu denken, obwohl die *aktuelle* Erinnerung praktisch bald versagen wird".[39] Die Möglichkeit der Wiedererinnerung als Konstitution der objektiven Zeit weist sich dabei als die *Vermöglichkeit* auf, als die Gewissheit über mein Vermögen, als die Evidenz vom iterierbaren Ich-kann. Was den Aspekt der Unendlichkeit der objektiven Zeit anbelangt, kann sie nur die potentielle und nicht die aktuale Unendlichkeit darstellen, insofern das Korrelat der objektiven Zeit eine ideale Möglichkeit ist.

---

[38] Vgl. Hua X, S. 120 f.

[39] Hua X, S. 70. (Hervorh. durch d. Verf.)

In einem Manuskript aus dem Jahr 1901 in der Abwesenheit einer reich entwickelten Phänomenologie und unter der Einschränkung des isolierten Bewusstseins findet Husserl sogar in dem göttlichen Bewusstsein „das ideale Korrelat der objektiven Zeit und der objektiven Welt und Weltentwicklung".[40] Das endliche Bewusstsein, das sich in der späten Phänomenologie durch die Intersubjektivität und die transzendentale Generativität derart erweitert, dass ihm kein hindernder dunkler Horizont Grenzen zu setzen vermag, bleibt in der früheren Zeitanalyse dadurch verschont, dass seine faktische Endlichkeit als *zufällige Schranke* betrachtet wird.

Selbst wenn die ideale Möglichkeit der unbegrenzt fortsetzbaren Wiedererinnerung für die Konstitution der Unendlichkeit der objektiven Zeit hinreichend wäre, bereitet weiter ihre besondere Form Schwierigkeiten, die sie durch ihre ideale Möglichkeit und Iterierbarkeit nicht umgehen kann. Das Verhältnis der wiedererinnerten vergangenen Zeitfelder zueinander und zu dem gegenwärtigen Zeitfeld veranschaulicht Husserl mittels des geologischen Fachausdrucks der „Überschiebung"[41] und gerade mit dieser Bezeichnung entrollt sich das Problem der Konstitution objektiver Zeit als eine Konstitution, die mit der bloß linearen Erweiterung des originär gegebenen Zeitfeldes dank der Wiedererinnerung der abgelaufenen originären Zeitfelder nicht vollgezogen zu werden vermag. Insofern die Aneinanderreihung der Zeitfelder nicht in Form einer linearen Anschließung stattfindet, sondern die Form der Überschiebung hat, fordert Konstitution der objektiven Zeit nicht nur die Reproduktion der längst vergangenen Zeitfelder, sondern auch die Wiederherstellung ihrer Aneinanderreihung aus unterschiedlichen räumlichen Perspektiven.

Die vergangenen originären oder sogar quasi-originären Zeitfelder bilden keine Linie, sondern sie stehen, wie es später in den Bernauer Manuskripten zutreffend zum Ausdruck kommt, in einem zweidimensionalen System zueinander. Auf diese Weise schließt § 32 mit einer offenen Frage, die zum damaligen Stand der Phänomenologie noch keine Antwort in Aussicht zu haben scheint:

> „Wenn wir so von jedem wirklich erlebten, d. h. im Wahrnehmungszeitfeld originär gegebenen oder von irgendeinem eine ferne Vergangenheit reproduzierenden Zeitpunkt her in die Vergangenheit zurückschreiten, sozusagen entlang einer festen Kette zusammenhängender und immer wieder identifizierter Objektivitäten, wie begründet sich da die lineare Ordnung, wonach jede beliebige Zeitstrecke, auch die außer Kontinuität mit dem aktuellen Zeitfeld reproduzierte, ein Stück sein muss einer einzigen bis zum aktuellen Jetzt fortlaufenden Kette?"[42]

[40] Hua X, S. 175.
[41] Hua X, S. 70.
[42] Hua X, S. 70.

§ 4. Kritische Bemerkungen

Es ist zu bedenken, dass an dem Modell der Objektivation anhand des Schemas Auffassungsinhalt – Auffassung erst nach dem Vollzug der Auffassung die assoziierte Einheit der Materie, in dem Fall der Sinneswahrnehmung die sinnlichen Empfindungsdaten, ihre Funktion als Erscheinung, ihren Bewusstseinscharakter, ihre Intentionalität zu erfüllen vermag. Die spätere Revision dieser Gedanken ist schon im ersten Kapitel kurz erwähnt. Seine früheren Überlegungen kritisierend schreibt Husserl in 1930er Jahren:

> „Ist nicht meine ursprüngliche Auffassung von der immanenten Sphäre mit den immanenten Daten, die am Ende erst durch die passive Leistung der Assoziation zu "Auffassungen" kommen, noch ein Rest der alten Psychologie und ihres sensualistischen Empirismus? Aber wie soll man sonst sagen? Empfindungsdaten ohne Auffassung gibt es also nicht, das Aufgefasstsein, das "Repräsentation"-Sein ist eingeboren.“[43]

Was dabei fragwürdig scheint, ist der nachträgliche Erscheinungscharakter der Empfindungsdaten. Früher begriff Husserl die *Auffassungsfunktionen* als eine beseelende, welche „die aus den Empfindungsdaten Erscheinungen von machen“.[44] Nun haben jedoch die Empfindungsdaten schon von Natur aus den Erscheinungscharakter. Das Empfindungsdatum wird nicht mehr, wie es in den *Logischen Untersuchungen* heißt, als das nicht intentionale Erlebnis betrachtet, die dem assoziativen Verbindungsbewusstsein und dazu der objektivierenden Auffassung bedürfe, um erst dann als Repräsentant-von-etwas ihren Bewusstseinscharakter ergreifen zu können.[45] Die früher behauptete klare Unterscheidung zwischen dem Empfindungsdatum und seiner Auffassung, die das Schema Auffassungsinhalt – Auffassung gängig machte, scheint nicht mehr ohne weiteres möglich zu sein. Dem ersten Anschein nach würden die Gedanken einer nachträglichen subjektiven Sinngebung als idealistisch registriert werden; es würde sogar behauptet werden, so wie Aguirre, dass „die Auflösung jenes Schemas [...] die Preisgabe der transzendentalen Idee“ [46] wäre, „ja, dass sie das Rückgrat der gesamten transzendentalphänomenologischen Lehre, d. h. des transzendentalphänomenologischen Idealismus ist“.[47]

Husserl jedoch diagnostiziert bei diesem Schema das Relikt des sensualistischen Empirismus; für ihn stellt sich das Schema als nicht genug radikal transzendental idealistisch dar. Eine Erklärung dieser Diagnose bietet die Anmerkung in einem späten Manuskript zum Thema Vorgegebenheit:

43 Hua XXXIX, S. 229. Zu dem Einfluss des Empirismus Brentanos und Meinongs auf Husserls frühe Zeitanalysen vgl. Bernet (1985), S. XVI.
44 Hua IX, S. 165.
45 Vgl. Hua XXIII, S. 265.
46 Aguirre (1970), S. XXII, Fußnote.
47 Aguirre (1970), S. XIX.

„Das Bedenkliche ist hier aber, dass die Rede von Daten und dann Auffassungen den Gedanken eben von im Voraus schon seienden Gegenständen, die nachkommend in Funktion genommen werden, mit sich führt.“ [48]

Das Hyletische, das nur durch Abstraktion als eine Konstruktion von der Auffassung unterscheidbar ist, lässt sich an diesem Schema leicht als Gegenstand missverstehen. Die statische Beschreibung anhand des Schemas erweckt den Anschein, dass stets ein gegenständlicher Träger vor und für die Auffassung zu erwarten ist, als ob ein sinnlicher Gegenstand perzipiert und danach dank der Spontaneität des Bewusstseins aufgefasst und apperzipiert wird. Die markanten Herkunftsunterschiede der Hyle und der Auffassung, die bei dem Schema die Betonung erhält, kann im transzendentalen Idealismus nicht ohne weiteres gültig bleiben.

Es könnte aber der Einwand erhoben werden, dass diese Revision ausschließlich auf die dinglich qualitativen Empfindungsdaten gerichtet ist und dass sie nicht die Zeitmaterie und die Zeitauffassung betrifft. Jedoch stößt Husserl bei der Anwendung des in den *Logischen Untersuchungen* eingeführten Schemas Auffassungsinhalt – Auffassung bereits in den frühen Zeitanalysen auf diese Schwierigkeiten. Das Problem zeigt sich da jedoch vorwiegend als die Gefahr des unendlichen Regresses bezüglich des Auffassungsbewusstseins des Bewusstseinsflusses.

„Sagt man: jeder Inhalt kommt nur zum Bewusstsein durch einen darauf gerichteten Auffassungsakt, so erhebt sich sofort die Frage nach dem Bewusstsein, in dem dieser Auffassungsakt, der doch selbst ein Inhalt ist, bewusst wird und der unendliche Regress ist unvermeidlich.“[49]

Einen möglichen Ausweg findet Husserl darin, den untersten immanenten Inhalten Urbewusstsein zuzuschreiben.[50] Dieser Weg entspricht der Absetzung des Schemas zumindest im tiefsten Untergrund der Objektivation, da das Urbewusstsein kein binäres Verhältnis im Rahmen des Schemas darstellt, sondern die Selbsterscheinung des Bewusstseinsflusses ist. Das eingliedrige Modell des Selbstbewusstseins soll zum Vermeiden des infiniten Regresses beitragen – das Urbewusstsein als das stets alle immanenten Inhalte begleitende Bewusstsein, das zugleich präreflexives, nicht objektivierendes Selbstbewusstsein ist. Das innere Bewusstsein als Grund der nicht vergegenständlichten Einheit des Erlebnisstroms und zugleich jedoch Individuationsgrund der Erlebnisse scheint selbst nicht ohne weiteres zu rechtfertigen zu sein.

---

48 Hua XXXIX, S. 16, Fußnote. So heißt es auch in der *Formalen und Transzendentalen Logik*: „Der allherrschende Daten-Sensualismus in Psychologie wie Erkenntnistheorie, in dem auch die meist befangen sind, die in Worten gegen ihn bzw. das, was sie sich unter diesem Worte denken, polemisieren, besteht darin, dass er das Bewusstseinsleben aus Daten aufbaut als sozusagen fertigen Gegenständen.“ Hua XVII, S. 291-292.

49 Hua X, S. 119.

50 Vgl. Hua X, S. 118 f.

Angesicht des Themas der vorliegenden Arbeit sei bemerkt, dass Husserl später diese Revision und Richtigstellung bezüglich der eingeborenen Erscheinungsfunktion der immanenten Daten im Zusammenhang der Gedankenexperimente zur Nichtexistenz der Welt und der Auflösung der einstimmigen Erfahrung im Gewühl der sinnlosen Empfindungsdaten durchführt.

Wie im ersten Kapitel eingeführt, sind die gewagten Gedankenexperimente der Nichtexistenz der Welt stets begleitet von der cartesianischen Behauptung einer abgeschlossenen Region als reines Bewusstsein als Residuum der Annihilation. Sie sind begleitet von der Annahme der Beherrschung einer selbständigen Ordnung in dem immanenten Bereich. Die Behauptung einer immanenten Zeit, die ihre Ordnung und Objektivität für sich und vor bzw. ohne Bezug zu der Welt hat, wird so lange ihren Geltungsanspruch behalten, wie die Gedankenexperimente nicht für gescheitert erklärt sind. Ist die überbetonte Reduktion der *Ideen I* zu revidieren, kann die immanente Zeit nicht ohne weiteres ihren Geltungsanspruch behalten.

Anschließend zu der Revision der alten Ansicht stellt Husserl indessen solche Fragen, worauf bezugnehmend der Eindruck entstehen kann, dass bei der Preisgabe der alten Ansicht ein Unterton von Verlegenheit in Husserls Worten mitschwingt: „Aber was ist damit zu machen? Was leistet dann die assoziative Konstitution?“[51]

Es lässt sich weiter feststellen, dass der behauptete eingeborene Erscheinungscharakter des Empfindungsdatums ein *praktischer* ist, d. h., die Befriedigungsfunktion der hyletischen Daten ist für die Instinkte als ihr eingeborenes Repräsentant-Sein zu verstehen. Der eingeborene Erscheinungscharakter des Empfindungsdatums ist kein theoretischer, d. h. keine *Auffassung*, sondern eine *praktische Funktion*: die Befriedigung oder auch die Enttäuschung der Instinkte.

Aufgrund dieses praktischen Charakters scheint Husserl bezüglich der grundlegenden Schicht der Konstitution den allgemeinen Ausdruck *Interesse* vor dem phänomenologischen Fachausdruck *Intentionalität* zu bevorzugen. Es gilt, mit einem teleologischen Sinn für das Empfindungsdatum schon vor der Auffassung (Apperzeption) zu rechnen.

In dem vortheoretischen Bezug zu der Welt, in der vorprädikativen Erfahrung, ist die Rolle der Instinkte und der Bedürfnisse unter Berücksichtigung ihrer möglichen hyletischen Befriedigung für die Periodisierung der Lebenszeit hervorzuheben.

Die Anwendung des Schemas Auffassungsinhalt – Auffassung bildet auch in Husserl-Forschungen ein viel diskutiertes Thema.[52] Während einige Forscher

---

51 Hua XXXIX, S. 229.

52 Aguirre beschreibt die Stellung der Phänomenologen zu diesem Schema wie folgt: „Denker, die in anderer Hinsicht viel und sehr viel von Husserl übernommen haben und im Grunde nur seine Phänomenologie fortsetzen wollen, trennen sich an dieser Stelle von Husserl, erklären, sie wollten jenen ‚Dualismus‘ von Auffassung und Hyle hinter sich

auf die Zurücknahme des Schemas als eine Wende zu der transzendental-phänomenologischen Reduktion in Husserls Phänomenologie hinweisen und im absoluten Bewusstseinsfluss eine Verabschiedung von diesem Schema erkennen,[53] behauptet die andere Partei, dass die Anwendung des Schemas nur begrenzt, aber nie aufgegeben wird.[54] Die in Husserl-Forschungen viel zitierte Anmerkung in den Vorlesungen *Zur Phänomenologie des inneren Zeitbewusstseins*, welche bemerkt, dass „nicht jede Konstitution [...] das Schema Auffassungsinhalt – Auffassung“[55] hat, wird als ein unzureichender Verweis auf die Zurücknahme des Schemas abgewiesen, während eine Vielzahl von Hinweisen auf Husserls weitere Verwendung dieses Schemas, allerdings unter der Begrenzung auf die Stufe der konstituierten Zeitobjekte, vorliegt.

Die Diskussionen um die Verwendung des Schemas kreuzt sich unmittelbar mit einer richtungsweisenden Kritik[56] an dem fragwürdigen Status der immanenten Einheiten als konstituierte Objekte in der immanenten Zeit.

---

lassen bzw. überwinden, und versuchen zu beweisen, dass Husserl selbst ihn nicht als die letzte und wahre Gestalt der Lehre von der Intentionalität ansah.“ Aguirre (1970), S. XVIII.

53 Diese These vertreten vor allem Bernet und Brough, die in ihrer Auseinandersetzung mit Husserls frühen Analysen der Zeit in Husserls früher Verabschiedung dieses Schemas einen Versuch zum Überwinden des infiniten Regresses erkennen. Vgl. Bernet (1985), S. XI-LXXIII. Vgl. Brough, J.: *Husserl's Phenomenology of Time-Consciousness*, in: Husserl's Phenomenology. A Textbook, Hgg. Mohanty, J. N. & McKenna, W. R., Lanham: University Press of America, 1989. S. 249-289.

54 Als Vertreter dieser These sind Lohmar und Mensch zu nennen. Vgl. Lohmar (2006). Vgl. Mensch (2010).

55 Hua X, S. 7, Fußnote.

56 Diese Kritik übt vor allem Dan Zahavi in seinen unterschiedlichen Publikationen. Während sie in ihrer ersten Ausführung eine Kritik an der dominanten Interpretationsrichtung der immanenten Objekte hinsichtlich einiger ambivalenter Textstellen der Hua X war, versteht sie sich ferner und mit Berücksichtigung der Bernauer Manuskripte als eine Kritik an Husserls eigenen Analysen. Vgl. Zahavi (1999), S. 63-90; vgl. Zahavi (2004); vgl. Zahavi (2010). Sokolowski und Brough sind dagegen die prominenten Vertreter der dominanten Interpretation der immanenten Objekte und der Unterscheidung der immanenten Zeit von dem absoluten Bewusstsein. Allerdings nähert sich Broughs Interpretation in seinem letzten Beitrag zum Zeitbewusstsein der von Zahavi vertretenen kritischen Ansicht zu der immanenten Zeit und immanenten Objekten. Vgl. Sokolowski, R.: *Husserlian Meditations. How Words Present Things*, Evanston: Northwestern University Press, 1974. S. 138-168. Vgl. Brough, J.: *The Emergence of an Absolute Consciousness in Husserl's Early Writings on Time-Consciousness*, in: Man and World 5/3, 1972. S. 298-326. Vgl. Brough, J.: *The Most Difficult of all Phenomenological Problems*, in: Husserl Studies 27/1, 2011. S. 27-40. Dieter Lohmar trennt sich gewissermaßen von beiden Parteien, wenn er schreibt: „The concept ‚immanente Zeit‘ may cause some confusion for it seems to denote the time of subjective performances, of acts. To analyze this time of acts is surely also one aim of Husserls analyses, but in the first line ‚immanent time‘ is a name for the deepest level of constitution where sensual data are constituted together with their duration. This level of constitution precedes also the constitution of the time of conscious acts. The use of ‚immanent‘ in the denotion ‚immanente Zeit‘ (like in ‚immanente Wahrnehmung‘/‚innere Wahrnehmung‘) evokes somehow the erronous idea that there is

Anders als die durch die abstraktive Methode des Abbaus enthüllte passive Abhebung, die in der genetischen Phänomenologie als die fundierende Schicht der Erfahrung ans Licht kommt, wird in der statischen Beschreibung des dreistufigen Modells der Zeitkonstitution die immanente Einheit der Empfindung, aber auch der Auffassung als eine *erfasste* Einheit dargelegt. Es wird behauptet, dass die immanenten Einheiten (die Erlebnisse, intentionale oder nicht intentionale) in ihrer Sonderung durch *innere Wahrnehmung*[57] für *mich* direkt identifizierbar seien und in diesem Sinne die immanente Einheit als *Objekt* oder als *Gegenstand* bezeichnet sei. Die immanente Zeit ist die gegenständliche Form dieser immanenten Einheiten und sie lässt in ihrer Ganzheit die Erlebnisse direkt als Objekt erscheinen. Ist aber wirklich die innere Wahrnehmung ein geradehin Erkennen und nicht eine Reflexion? Und auch wenn die immanente Wahrnehmung als ein direkt geradehin, präreflexiv erkennender Akt betrachtet werden kann, ist sie ein objektivierendes Erkennen? Die Bejahung dieser Fragen ist die Zielscheibe der Kritik an Husserl. Der reflexive Status der immanenten Objekte, die Forschungs*gegenstände* der Phänomenologie, bleibt versteckt und wird kaum berücksichtigt, solange der Status der Phänomenologie selbst nicht entfaltet wird. Das Problem liegt nicht zuletzt an dem Versäumnis der *Phänomenologie der Phänomenologie*.[58]

Bei der Unterscheidung der Retention von der Wiedererinnerung weist Husserl auf die Freiheit der Reproduktion hin, während die Retention nicht in meinem freien Zugriff steht. Deshalb kann die Objektivität in der unteren Stufe nur eine einmalige, in ihrem eigentümlichen Sinne nicht wiedererinnerbare, aber auch nicht wiederholbare Objektivität sein. Die Frage, ob so ein einmaliger Vollzug überhaupt dem Bereich der Erkenntnis und Identifikation zuzuordnen ist, muss hier offenbleiben. Es bleibt nur anzumerken, dass sich nicht nur die Zeit in der Wiederholung objektiviert, sondern überhaupt die Objekte die Identifikationsprodukte des Wieder-Erkennens sind.

---

an immanent time of acts that forms a necessary intermediate level for the constitution of objective time." Lohmar (2010), S. 133, Anm. 9.

57 Die Ambiguität der inneren Wahrnehmung stellt John Brough wie folgt dar: „The sense of that ‚perception', however, is obscure; it may be a synonym for ‚experiencing' (Erleben), although it is unlikely that it is quite that, or it may signify reflection, a thematizing act of consciousness." Brough (1972), S. 308.

58 Zum Thema Phänomenologie der Phänomenologie vgl. Luft, S.: Phänomenologie der Phänomenologie. Systematik und Methodologie der Phänomenologie in der Auseinandersetzung zwischen Husserl und Fink, Dordrecht u. a.: Kluwer Academic Publishers, 2002.

Kapitel IV: Die *Bernauer Manuskripte* und Anspruch auf die eidetische Ontologie

Husserls Überlegungen, eine neue Edition des alten Projekts *Zur Phänomenologie des inneren Zeitbewusstseins* in die Wege zu leiten, führt nach seinem Grundsatz, immer neu anzufangen, zu einer neuen Untersuchung und zu Konvoluten von Manuskripten, die Husserl selbst als sein Hauptwerk[1] betrachtet, auch wenn sie zur Lebenszeit Husserls nicht veröffentlicht worden sind.[2]

Aufgrund der Versuchsanalysen der *Bernauer Manuskripte* sind sich Husserl-Forscher über die innovativen Gedanken und die Entwicklungen dieser nicht vollkommen homogenen Manuskripte nicht einig.[3] Es scheint ein berechtigter Ansatz zu sein, Husserls eigene Zielsetzung dieser Überlegungen in Betracht zu ziehen, anstatt eine Stellungnahme zu den nicht einheitlichen Versuchsanalysen der *Bernauer Manuskripte* abzugeben oder die Frage zu beantworten, ob sich in den Versuchsanalysen nur eine Wiederholung der früheren Analysen mittels bloß neuer Terminologie anbietet oder doch, da neue Lösungsansätze für die alten Probleme zu entdecken sind. Diese Zielsetzung wird sich für das Thema der vorliegenden Arbeit als hoch bedeutsam erweisen.

---

1 Husserl berichtet Roman Ingarden von diesem „Hauptwerk" in einem Brief von 1927. Auf diesen Brief verweisen die Herausgeber der *Bernauer Manuskripte*. Vgl. Bernet & Lohmar (2001), S. XVIII.

2 Zu dem Entstehen und der Entwicklung dieser Manuskripte vgl. Bernet & Lohmar (2001), S. XVII-XXIX.

3 Bernet und Lohmar sehen eine Reihe von neuen Einsichten in den *Bernauer Manuskripten*. Im Anschluss an die „Neuentdeckung der Funktion der Protention", der in frühen Analysen als analog zur Retention keine eigene Analyse gewidmet wurde, weisen die Herausgeber auf eine „neue Lehre vom Bewusstsein des Urprozesses" hin. Sie behaupten, „dass es für Husserl inzwischen nicht mehr selbstverständlich war, dass (modifizierte und unmodifizierte) Empfindungen im Urprozess als Gegenstände gegeben sind und dass der Urprozess selbst die Form eines objektivierenden intentionalen Bewusstseins hat". Bernet & Lohmar (2001), S. XXXVI. Über die behauptete Innovation schreibt Dan Zahavi: „I have to admit that I have been unable to find a clear and unequivocal articulation of such a position anywhere in the Bernau Manuscripts, and it is certainly not a view that Husserl maintains consistently in these manuscripts." Zahavi (2004), S. 114. Er schreibt außerdem: „Any expectations to the effect that the Bernau Manuscripts as a whole represent a step forward in comparison to earlier material found in Husserliana X is bound to be disillusioned." Zahavi (2004), S. 106. Auch stellt Alexander Schnell, sogar Bezug nehmend auf Fink, fest, dass man bei den *Bernauer Manuskripten* den Eindruck hat, „dass Husserl bei jeder Wiederaufnahme seiner Überlegungen, die also nicht selten jahrelang liegengeblieben sind, bevor sie erst wieder neu in Angriff genommen wurden, den Zustand des vorher Erreichten zu ignorieren oder gar zu ‚vergessen' scheint." Schnell, A.: *Das Problem der Zeit bei Husserl. Eine Untersuchung über die husserlschen Zeitdiagramme*, in: Husserl Studies 18/ 2 (2002), S. 89-122. Hier S. 90. Die Forschung ist sich jedoch darüber einig, dass diese Texte einen experimentellen Charakter haben und keinen homogenen Ansatz vorschlagen.

In den 1917 und 1918 entstandenen *Bernauer Manuskripten* visiert Husserl laut einer Aussage in seinem Brief an Adolf Grimme „eine phänomenologisch fundierte rationale Ontologie“[4] an. Leitend für die eidetische Ontologie der Welt ist die allgemeine Bestimmung der Welt als die All-Einheit der raumzeitlichen Onta, als „eine All-Einheit von Realitäten“[5] und zugleich „eine Unendlichkeit des Außereinander von Realitäten“.[6] Gemäß dieser Bestimmung ist die erste Hauptstruktur der realen Welt, die untersucht werden muss, das formale Apriori der Natur als die Form des Miteinanders (Dauer) und der Außereinanders (Individuation). Entsprechend sollte nach dieser Zielsetzung die Konstitution der Naturzeit in den *Bernauer Manuskripten* eine geeignete Analyse erhalten. Durch die Thematisierung der Individuation sollten sich die *Bernauer Manuskripte* für eine Einführung in die Ontologie der realen Welt angesichts ihrer umfassenden Form der Koexistenz und Sukzession (Mit- und Außereinander) qualifizieren.

Im Folgenden sind bestimmte Themen in den *Bernauer Manuskripten* zu studieren, die für die Einführung in die Ontologie der realen Welt von großer Bedeutung sind. Zudem will dieses Kapitel die wegweisenden Gedanken in den *Bernauer Manuskripten* herausarbeiten, die das in den späten Zeitanalysen auftauchende Thema der Weltzeit zu beleuchten vermögen. Angesichts der Versuchsartigkeit der *Bernauer Manuskripte* wird allerdings auch nicht erwartet, ein letztes Wort zu diesem Thema zu finden.

Drei Hauptaspekte, die diese Manuskripte besonders prägen, sind die egologische Wende, die genetischen Entdeckungen und die Phänomenologie der Individuation. Insbesondere ist in der ontologischen Wende hin zu einer Phänomenologie der Individuation ein Schritt zu erkennen, der die Registrierung der vollen Welt als künftiges Hauptthema der Phänomenologie ausweist. Angesichts des Themas der vorliegenden Arbeit, d. h. der Weltzeit, ist die versteckte Gleichstellung der Weltzeit mit der Naturzeit weiterhin in diesen Analysen zu erkennen. Auch Husserls Versuch zur Fundierung der objektiven Zeit in der immanenten Zeit ist in diesen Analysen darzustellen.

Im Folgenden ist zuerst die immanente Zeit angesichts ihrer zwei Aspekte, nämlich als Form der immanenten Objekte und als fundierende Grundlage für die Transzendenz, zu untersuchen. Dabei wird die vorobjektive Urquelle der Objektivität als die Entdeckung dieser Zeitanalysen und der Durchbruch der genetischen Phänomenologie dargestellt (§ 1, § 2, § 3). Anschließend geht diese Arbeit auf die egologische Wende in diesen Zeitanalysen ein, die ein Schritt auf dem Weg zur Thematisierung der Weltzeit ist (§ 4, § 5). Die enorme Tragweite der Individuation für die Ontologie der Welt, die Thematisierung der Naturzeit sowie der Weltzeit sollen die einleitenden Gedanken dieser Manuskripte für

---

4 Zum Hinweis auf diesen Brief vgl. Bernet & Lohmar (2001), S. XXII.

5 Hua XXXIX, S. 283.

6 Bernet & Lohmar (2001), S. XXII.

die Vertiefung solcher Themen in den späteren Zeitanalysen darstellen (§ 6). Abschließend ist auf die am Rande bemerkte intersubjektive Dimension der Zeitkonstitution hinzuweisen (§ 7).

§ 1. Die Objektivität der immanenten Zeit und ihre Rolle für die Konstitution der transzendenten Zeit

Husserl weist die immanente Zeit als eine formale Bestimmung aus und gibt der immanenten Zeit eine konstitutive Funktion. Einerseits ist die immanente Zeit „eine Form transzendentaler Objektivität".[7] Die Objektivität und die Individuation der Phänomene liegen in der immanenten Zeit: „Diese ist die erste und ursprünglichste Zeitform."[8] Anderseits ist sie fundierend für die Konstitution bzw. die Darstellung der transzendenten Zeit.

Die Bestimmung der immanenten Zeit als „umfassende Form der individuellen Erlebnisse"[9] impliziert die erfasste sukzessive Fassung dieser Zeit. Die individuellen Erlebnisse fordern eine Folge, ein Außer- und Nacheinander, die eine Früher-Später-Relation für die individuierenden Zeitstellen zuzulassen vermag. Die behauptete individuierende Funktion der immanenten Zeit ermöglicht die Rede von einem „Linearkontinuum"[10], welches, wie die objektive Zeit, „feste Gleichzeitigkeiten und Folgen"[11] in sich einordnet. Mit der Behauptung der Wesensgleichheit der immanenten und der transzendenten Zeit[12] wären am Ende die zwei Zeiten ihrer Struktur und ihrer Funktion nach gleich, insofern die beiden Zeiten die Individuation und die Objektivität – obgleich jeweils in eigener Gesamtordnung – schaffen. Sie verhalten sich, als ob sie zwei schematische Ordnungen wären, die bloß andersartig erfüllt sind, eine mit den immanenten und die andere mit den transzendenten Gegenständen. Die Zeit ist nach diesem Verständnis bloß eine einigende Form jedweder Region, die einigende Form der Welten, deren inhaltliche Komponenten voneinander abweichen.

Die immanente Sphäre ist entsprechend dieser Analysen kraft der immanenten Zeit und abgesehen von der Konstitution der transzendenten Zeit nicht nur ein geordnetes Feld, sondern auch ein unabhängiges Feld, ein selbständiges Konkretum. In der Tat betrachtet Husserl in den *Bernauer Manuskripten* noch die Innerlichkeit als eine Welt mit *gegenständlicher* Form der immanenten Zeit:

[7] Hua XXXIII, S. 184.
[8] Hua XXXIII, S. 184.
[9] Hua XXXIII, S. 185.
[10] Hua XXXIII, S. 146.
[11] Hua XXXIII, S. 317.
[12] Hua XXXIII, S. 118.

„Alle Gegenstände dieser ‚Welt' der immanenten Sinnlichkeiten bilden eine Welt, und diese Welt ist zusammengehalten durch die zu ihr selbst gehörige, also gegenständliche Form der Zeit."[13]

Hier besteht eine gewisse Affinität zu den in den *Ideen I* eingeführten Gedanken über das absolute Bewusstsein als selbständige Region. Sowohl die Einzelbestände dieser Welt als auch die Ganzheit dieser Welt haben bzw. hat eine autarke Ordnungsstruktur. Die immanente Zeit in ihrer Parallelität, aber vor allem angesichts ihrer Priorität zu der objektiven Zeit, in ihrer analogischen sukzessiven Form und in ihrer individualisierenden objektivierenden Funktion kann nur mit den in *Ideen I* eingeführten Gedanken eines absolut selbständigen Bewusstseins verträglich sein. Wird die Möglichkeit eines weltlosen Bewusstseins für ungültig erklärt, erfordern die Gedanken der parallelen Zeit dringend eine Revision oder zumindest eine erläuternde Ergänzung. Diese Revision geht Husserl in den Hauptzügen in seinen späten Zeitanalysen an. Die Strukturgleichheit der immanenten Zeit und der objektiven Zeit scheint jedoch gerade Husserls Ansicht in den *Ideen I* entgegenzustehen, als er zu Recht darauf hinweist, dass „zwischen Darstellung und Dargestelltem bildliche Ähnlichkeit zu supponieren"[14] keinen Sinn hat.

Bei der Erläuterung des Fundierungsverhältnisses zwischen den immanenten Gegebenheiten der phänomenologischen Zeit und den transzendenten Gegenständen der äußeren Wahrnehmung macht Husserl klar, dass das Fundierungsverhältnis nicht die Bedeutung hat,

„dass wie in einer Synthesis die immanenten Gegebenheiten zuerst erfasst, als seiend gesetzt und daraufhin die fundierten in höherer Stufe gebaut, darauf in einem Sein gesetzt werden müssten. Vielmehr ist die Sachlage die: Soll ein transzendenter Gegenstand zu ursprünglicher Gegebenheit kommen, soll er für das Bewusstseinssubjekt (als) originär vorhanden erfassbar sein, so müssen die gebenden Erlebnisse eine bestimmte Struktur haben, ein immanentes Strömen von Erlebnissen, von hyletischen Daten und ihren Auffassungen muss, und mit einer gewissen näheren Struktur, in der ‚phänomenologischen Zeit' verlaufen."[15]

Legt man zur Erklärung des Fundierungsverhältnisses der immanenten und der transzendenten Zeit diese Erläuterung zugrunde, dann geht aus diesen Zeilen einerseits hervor, dass die immanente Zeit und die transzendente Zeit in keinem zeitlichen Nacheinander, in keiner Zuerst-und-daraufhin-Relation, stehen. Diese Bemerkung gilt überhaupt für die transzendentale Fundierung. Andererseits wird aus den angeführten Worten deutlich, dass die Fundierung der transzendenten Zeit nur die Bedeutung der Abhängigkeit von einer strukturellen Grundlegung haben kann.

---

[13] Hua XXXIII, S. 315-316.
[14] Hua III/1, S. 181.
[15] Hua XXXIII, S. 165.

Das Problematische an dieser Erklärung bleibt jedoch die sogenannte *gewisse nähere Struktur*. Problematisch ist, dass nach Husserl die strukturelle Grundlage selbst als eine lineare Ordnung „erscheint“, die die immanenten Daten aller Art (die hyletischen Daten, die Noesen und die noematischen Korrelata) in sich fixiert. Dennoch impliziert der objektive Status der immanenten Zeit eine Zuerst-und-daraufhin-Relation, was Husserl anscheinend doch verleugnen wollte.

Bei der Behauptung der eigentümlichen Objektivität und der Individualität der immanenten Einheiten aller Art, weist Husserl darauf hin, dass die immanenten Objekte „keine zufällige Beziehung“[16] zur reinen Immanenz haben. An einer anderen Stelle und wenn die ichliche Seite der Immanenz ins Gewicht fällt, kündigt Husserl durch eine merkwürdige Formulierung ein für die Objektivität der Immanenz bedeutsames Kriterium folgendermaßen an: „Also, jeder immanente Gegenstand ist in einem eigentümlichen Verhältnis zu einem ausgezeichneten Gegenstand Ich.“[17] Zwar bleibt die Tatsache, dass der Individuation eine gegenständliche Relation zugrunde liegt, Husserl nicht unbemerkt, es bleibt aber unbeachtet, dass die gegenständliche Relation, die für die Individuation konstitutiv ist, nicht bloß die Relation zu dem ausgezeichneten Gegenstand Ich ist, sondern jeder individuelle Gegenstand zu den anderen inhaltlich gleichen in demselben Feld, in derselben Ordnung in dieser Relation stehen muss.

Die Relation zu dem Ich könnte zwar bei der Bestimmung der Meinigkeit der immanenten Gegenstände helfen, die bedeutende Frage für die behauptete Individuation der Gegenstände der immanenten Zeit ist aber weder die nach der Beziehung der Gegenstände zu dem Erlebnisstromzentrum, das selbst sogar außerhalb dieses Stroms steht, noch die Frage nach ihrer Relation zu *meinem* Erlebnisstrom. Die Frage ist vielmehr, „[w]ie in der reinen Immanenz [...] die in ihr sich *scheidenden* Zeiten *zueinander* stehen“.[18]

Husserl gibt zu:

> „Da scheint wirklich gesagt werden zu müssen, dass alle sich hier ‚deckenden‘ Zeiten sich wirklich als eine identische Zeit konstituierende decken, und dass allen Reihen von Individuen also in dieser Zeit Gleichzeitigkeit zukommt.“[19]

Wird nicht die Rede von der Sukzession sowie von der eindimensionalen Linie bezüglich der immanenten Zeit ihren Sinn verlieren, wenn die einzige Relation der Individuen in der Immanenz die Gleichzeitigkeit ist? Dass im Reich der Immanenz mehrere immanente Einigungsformen zu unterscheiden sind, die aber in keiner zeitlichen Folge zueinanderstehen, sondern in der „Deckung“, ist für den Individuationsprozess in der Immanenz von destruktiver Bedeutung.

---

16 Hua XXXIII, S. 133.
17 Hua XXXIII, S. 284.
18 Hua XXXIII, S. 133. (Hervorh. durch d. Verf.).
19 Hua XXXIII, S. 133.

In den *Bernauer Manuskripten* liegt zwar keine explizite Korrektur und deutliche Revision hinsichtlich der behaupteten Sukzessionsform einer immanenten Zeit vor, jedoch lassen sich bereits richtungsweisende Gedanken finden, welche die künftigen Wenden in Husserls Zeitanalysen vorzeichnen.

Die von der Gleichzeitigkeit beherrschte unreflektierte immanente Sphäre wird in diesen Manuskripten als lebendige Gegenwart bezeichnet, deren „Struktur Urpräsenz und ‚Horizont' der Eben-Gewesenheit und einer Zukunft"[20] ist. In diesem Zusammenhang kann die objektive immanente Zeit nur die Bedeutung der in einer reflektierten punktuellen Form objektivierten Urpräsenz haben. „*Achte* ich auf die Punkte der Urpräsenz, so bilden sie ein strömendes Kontinuum von einer festen Form, der Form der immanenten Zeit."[21] An der erwähnten Stelle und der hier hervorgehobenen konjunktiven Form des Achtens lässt sich ein Hinweis auf die Bedingtheit der immanenten Zeit ablesen. Die Nachträglichkeit der Erfassung, dass die immanente Zeit keine geradehin und sofort erscheinende Ordnung ist, sondern erst durch den rückschauenden Blick erfasst werden kann und muss, wird weiterhin nicht expliziert. Dass die *Bildung* und die *Erfassung* der umfassenden Ordnung der immanenten Einheit einem phänomenologischen Blick, einem auf die Immanenz reflektierenden verdankt ist, wird nicht erörtert. Als Husserl später auf diesen Tatbestand eingeht, sieht er an der Verzögerung der Berücksichtigung dieser Reflexion keinen Makel. Er ist der Meinung, dass die Berücksichtigung dieser methodologischen Sachlage keine Aufgabe am Anfang der Ausübung der phänomenologischen Methode ist.[22] Ein Knotenpunkt der späten Gedanken Husserls besteht in der Differenzierung des phänomenologischen und des phänomenologisierenden Subjekts. Eine durch die Selbstreflexion der Phänomenologie zuwachsende Unterscheidung, die für die Widerlegung der Gedanken der immanenten Zeit als die Form einer eigentümlichen Objektivität des immanenten Bereichs eine wichtige Rolle spielt.

Die immanente Zeit bekommt in der Terminologie der *Bernauer Manuskripte* neue Bezeichnungen. Die Bewusstseinszeit, die Gegebenheitszeit und die Empfindungszeit sind diese neuen Bezeichnungen, die sich in unterschiedlichen Zusammenhängen und aus ungleichen Perspektiven für die Bestimmung der immanenten Zeit eignen. Gerade in diesen Bezeichnungen weist sich die Redundanz der immanenten Zeit auf. Wenn „die immanente Zeit [...] die Gegebenheitsform aller Gegenstände"[23] ist, was unterscheidet sie dann als Form der bloß immanenten Objekte? Es stellt sich die Frage, wie sich überhaupt die Notwendigkeit solcher mittlerer Stufen erklären lässt, insofern die immanente Zeit als die Vorstufe und Voraussetzung der transzendent-intentional konstituierten

20 Hua XXXIII, S. 274.
21 Hua XXXIII, S. 274. (Hervorh. durch d. Verf.).
22 Vgl. Mat VIII, S. 7.
23 Hua XXXIII, S. 311.

Zeit selbst eine objektive Zeit ist und daher eine Urstufe voraussetzt. Wie ist die vermittelnde Funktion der immanenten Zeit als objektive Ordnung für die Konstitution der Transzendenz zu erläutern? Diese Frage spielt für Husserl in den *Bernauer Manuskripten* jedoch nur eine untergeordnete Rolle:

> „Doch besteht nicht auch die Möglichkeit, dass ein bewusster Prozess dazu dient, durch Auffassung ein immanentes Erlebnis zu konstituieren? Ein bewusster Prozess wäre selbst ein immanentes Ereignis. Kann ein solcher ein anderes Immanentes konstituieren? Und zwar durch eine nachträglich hinzukommende Auffassung? Aber diese Frage ist hier nicht dringend."[24]

Husserl zufolge kommt die „formale Notwendigkeit", „[d]ass überhaupt eine gegenständlich ausgefüllte immanente Zeit bewusst ist",[25] aus dem „Formalgesetz" des Urbewusstseinsstroms. Dieses Zurückgreifen auf das Formalgesetz des Urbewusstseinsstroms ist m. E. aber nicht besonders aufschlussreich, solange die immanente Zeit als eine *gegenständliche* Zeitform für notwendig gehalten wird. Die Intentionalität des Urbewusstseinsstroms, des inneren Zeitbewusstseins, braucht keine gegenständliche zu sein.

An einer anderen Stelle drückt Husserl das Verhältnis zwischen der immanenten Zeit und der Naturzeit folgendermaßen aus:

> „Für die Konstitution der Naturzeit, d. i. für die Möglichkeit der Wahrnehmung dieser Zeit von Seiten eines transzendentalen Subjekts, ist die Konstitution der phänomenologischen Zeit schon vorausgesetzt."[26]

Der Inhalt der Gegenstände der immanenten Zeit ist nicht notwendig, denn „[d]ie Gegenstände selbst, diese Gegenstände mit ihrem bestimmten Inhalt, so anfangend und aufhörend, sind zufällig".[27] Die Einheitsdauer der Einzeleinheiten sowie ihre Synthesis in der immanenten Zeitordnung haben nichts mit ihren zufälligen Inhalten zu tun, sondern sind eine notwendige Synthesis der Form nach. Die Gedanken solcher formalen Notwendigkeit gegenüber der inhaltlichen Zufälligkeit führen zu einem transzendentalen Idealismus, der bei der universalen Korrelation nur eine Seite von der anderen bedingt sieht, daher der Subjektseite die Notwendigkeit zuschreibt, während alle Inhalte für zufällig gehalten werden.[28]

---

[24] Hua XXXIII, S. 200.

[25] Hua XXXIII, S. 285.

[26] Hua XXXIII, S. 184.

[27] Hua XXXIII, S. 285.

[28] Zum Unterscheiden zwischen zwei Arten des transzendentalen Idealismus bei Husserl vgl. Tengelyi, L.: *Der methodologische Transzendentalismus der Phänomenologie*, in: Philosophy, Phenomenology, Sciences, Hgg. Ierna, C. u. a., Dordrecht u. a.: Springer, 2010. S. 135-153. In diesem Beitrag zeigt Tengelyi, dass, während Husserl in den *Ideen I* für eine (einseitige) Angewiesenheit der zufälligen Welt auf das notwendige Bewusstsein plädiert, er seine Stellungnahme zum transzendentalphänomenologischen Idealismus präzisiert, der am besten als methodologischer Transzendentalismus bezeichnet werden kann. Dieser methodologische Transzendentalismus ist „eine gleichzeitige Überwindung von Idea-

Während der genetischen Vertiefung und bei der Auflistung von Objekten der immanenten Zeit gemäß ihrer Fundierungsverhältnisse stößt Husserl jedoch auf eine Notwendigkeit unter den bisher für zufällig gehaltenen immanenten Inhalten. Das Notwendige in der Innerlichkeit ist ein reeller Inhalt, der sich in der *Seinsordnung* der Erlebnisse als das notwendig Erste aufweist. Bei der Auflistung, anfangend von dem Notwendigen, aller Erlebnisse des begleitenden Subjekts, das allerdings selbst als Pol nicht zur immanenten Zeit gehört, zeigen sich die Verhaltungsweisen des Subjekts als eine bestimmte Art der immanenten Gegenstände. Die Verhaltungsweisen werden erst durch Reflexion gegenständlich. Die für Husserl sensationelle Entdeckung, die zum Erkennen der ursprünglich ersten Ebene in der immanenten Zeit führt, besteht nun darin, dass die reflexive Gegenständlichkeit die nichtreflexive Gegenständlichkeit voraussetzt.[29] Die hyletischen Daten haben die Form der nichtreflexiven Zeit. Sie sind die nichtreflexiven Gegenstände, die notwendig sind und dem Subjekt die Tätigkeitsumgebung anbieten. Das Subjekt kann nur fungieren und sich verhalten, wenn die hyletischen Daten vorausgesetzt werden, die das Subjekt affizieren und zur Affektion und Aktion zwingen. Dass die Bedingung der Möglichkeit dieser Affektion die Leiblichkeit des Subjekts ist, ist hier am Rande zu bemerken.

In den Vorlesungen *Zur Phänomenologie des inneren Zeitbewusstseins* behauptet Husserl bereits einerseits, „dass Empfindung, Auffassung, Stellungnahme, [...] alles an demselben Zeitfluss mitbeteiligt ist, und dass notwendig die objektivierte absolute Zeit identisch dieselbe ist wie die Zeit, die zur Empfindung und Auffassung gehört“[30]. Anderseits unterscheidet er selbst in den frühen Analysen die vorobjektivierte Zeit der Empfindungen von der objektiven Zeit der Immanenz und sieht darin die fundierte „Möglichkeit einer Zeitstellenobjektivation“.[31] In den *Bernauer Manuskripten* macht er die Unterscheidung zwischen der nichtreflexiven Zeitform der hyletischen Umgebung und der reflexiven Zeit der Verhaltungsweisen deutlicher. In der Deckung dieser unterschiedlichen zwei Formen stellt sich dann „eine einzige Ordnung des für das Ich Erfassbaren“[32] dar, namentlich die immanente Zeit: „[N]ichtreflexive Zeit und reflexive, beide Formen sich ‚deckend‘“, konstituieren sich Husserl zufolge „als eine einzige Ordnung des für das Ich Erfassbaren“. [33]

Husserls Überlegungen lassen hier eine weitreichende Frage offen, deren Beantwortung für die Bestimmung der ganzen Innerlichkeit Grundlegendes

---

lismus und Realismus wie auch von Subjektivismus und Naturalismus“. Tengelyi (2010), S. 152.

29 „Die Verhaltungsweisen (sind) reflexive Gegenständlichkeiten, die voraussetzen nichtreflexive Gegenständlichkeiten (sensationell).“ Hua XXXIII, S. 281.

30 Hua X, S. 72.

31 Hua X, S. 72.

32 Hua XXXIII, S. 282.

33 Hua XXXIII, S. 281-282.

beitragen könnte. Es bleibt offen, ob zwischen den zwei Seiten der „Deckung“ ein einseitiges Fundierungsverhältnis gemeint ist oder die hyletische Umgebung und das Verhalten des Subjekts in dieser Umgebung wechselseitig korrelieren und zusammenspielen. Im Endeffekt ist die hiesige Frage die nach der Reziprozität der universalen Korrelation zwischen Ich und Nicht-Ich, zwischen transzendentalem Ich und der transzendentalen Welt. Die Antwort auf diese Frage ist entscheidend für das Wesen des transzendentalen Idealismus Husserls.

§ 2. Die Starrheit der Zeit und der konstituierende Strom: neue Auslegung der immanenten Zeit

Während es in den frühen Zeitanalysen heißt: „die Zeit ist starr, und doch fließt die Zeit“,[34] ist in den *Bernauer Manuskripten* die Grundbestimmung der Zeit die Starrheit; diese Grundbestimmung drückt Husserl mit der plakativen Formulierung „die Zeit und ihre Gegenstände fließen nicht, sie sind und das Sind ist starr“[35]aus. Die Besonderheit des Starrseins der Zeit liegt jedoch darin, dass sie in sich eine feste Ordnung nach Früher-Gleichzeitig-Später-Relation enthält. Mit den nach McTaggart[36] gängigen Fachausdrücken der Zeittheorie könnte man von der B-Reihe mit ihrem permanenten, festen Ordnungsprinzip des Nachher-Vorher-Zugleich als die für Husserl gültige Bestimmung der Zeit *an sich* sprechen. Diese feste, nicht transitorische Ordnung ermöglicht die Identität und die Individualität der Dinge und der Ereignisse mittels ihrer Setzung in dieser festen Ordnung der immanenten Sphäre. Die Rede von der Starrheit ergibt jedoch erst Sinn, wenn es überhaupt eine Umwandlung gibt. Der B-Reihe gegenüber steht die A-Reihe mit ihren transitorischen Relationen und der ständigen Umwandlung. Sie ist die Ordnung des Stroms der zeitlichen Gegebenheitsweisen, nämlich die Umwandlungslinie Vergangenheit-Gegenwart-Zukunft,[37] die Modi der Zeitgegebenheit im Strom.

Husserl ist bereits in frühen Analysen auf die Zweiseitigkeit des Bewusstseinsflusses eingegangen:

> „Demnach sind in dem einen einzigen Bewusstseinsfluss zwei untrennbar einheitliche, wie zwei Seiten einer und derselben Sache einander fordernden Intentionalitäten miteinander verflochten. Vermöge der einen konstituiert sich die immanente Zeit, eine

---

34 Hua X, S. 64.

35 Hua XXXIII, S. 182.

36 McTaggart, J. E.: *The Unreality of Time*, in: Mind. A Quarterly Review of Psychology and Philosophy XVII, 1908. S. 457-474. In seinem Beitrag zu Husserls Untersuchungen zur Selbstzeitigung der Subjektivität wendet Rapic in einer instruktiven Weise die Zeitordnungen nach McTaggart auf Husserls Zeitkonstitutionsstufen an. Vgl. Rapic, S.: *Husserls Untersuchungen zur Selbstzeitigung der Subjektivität auf dem Hintergrund der Zeittheorien Kants und Hegels*, in: Husserl und die klassische deutsche Philosophie, Hgg. Fabbianelli, F. & Luft, S., Dordrecht u. a.: Springer, 2014. S. 149-160.

37 Vgl. Hua III/1, S. 181.

objektive Zeit, eine echte, in der es Dauer und Veränderung von Dauerndem gibt; in der anderen die quasi-zeitliche Einordnung der Phasen des Flusses“[38]

In der Bezeichnung der Gegebenheitsmodi geht Husserl nicht immer ganz präzise vor, insofern er z. B. in den *Ideen I* von den Gegebenheitsmodi „des Jetzt, Vorher, Nachher“ spricht.[39] Das Vorher und Nachher sind hier auf das aktuelle Jetzt bezogen. Bei der Bezeichnung der Gegebenheitsmodi als gegenwärtig, vergangen und künftig oder genauer ausgedrückt als die Gegenwart, die Vergangenheit und die Zukunft ist die irreführende Vermengung mit den Relationen in der *objektiven* Zeit zu vermeiden.

Die Differenzierung zwischen B- und A-Reihe ist die Unterscheidung zwischen der Zeit selbst und ihren Gegebenheitsweisen. Husserl lässt keine Zweifel daran, dass diese zwei Ordnungen wesentlich unterschiedlich und klar zu differenzieren sind:

„Die Zeit in sich selbst ist nicht gegenwärtig und war nicht und wird nicht sein. Aber nicht nur die Zeit als unendliche Zeit, auch jeder Zeitpunkt ist, ist aber nicht an sich selbst ‚jetzt‘. Der Zeitpunkt ist nicht in sich gewesen oder sein werdend.“[40]

Sollte die Zeit nicht dem heraklitischen Fluss, sondern dem parmenideischen Starrsein gleichstehen, dann drängt sich die Frage nach dem Status der Veränderung in der Zeit auf. Die Veränderung lässt sich als eine bestimmte Zeitfülle der gewissen Zeitstrecke verstehen. Das Wesen der Zeit besteht nicht aus der Veränderung, sondern aus ihren objektiven „starre[n] mathematische[n] Funktionalitäten“[41], deren veränderliche Erfüllung keine Auswirkung auf die Starrheit der Zeit ausübt. Es macht keinen Unterschied, ob ein einfaches unbewegtes Ding oder ein unaufhörlicher Vorgang die Zeitstrecke bzw. die Zeit füllt: „Veränderung drückt einen bestimmten Modus der Erfüllung einer Zeit aus und die Unveränderung einen anderen. Aber in der objektiven Zeit ist diese erfüllte Strecke starr.“[42]

Die Gegenüberstellung der Starrheit und Bewegtheit kann sich aber auch in einer anderen und sogar fundamentalen Ansicht erschließen. Die Gegenüberstellung der Starrheit der Zeit und des Entströmens und Einströmens des Bewusstseinsflusses ist keine übliche Entgegensetzung der zwei ontologisch getrennten Entitäten, sondern die Gegenüberstellung der zwei Seiten desselben stehend-strömenden Stroms. Sie stellt nicht die Spannung zwischen der transzendent äußerlichen Zeit und der erlebten Zeit dar, auch nicht zwischen einer erfassten immanenten objektiven Zeit gegenüber dem lebendigen Strom,

---

38 Hua X, S. 70.
39 Hua III/1, S. 181.
40 Hua XXXIII, S. 181.
41 Hua XXXIII, S. 182.
42 Hua XXXIII, S. 182.

sondern die starre Form des lebendigen Stroms und des unaufhörlichen Ein- und Entströmens des Stromes.[43]

Die stehende Form der lebendigen Gegenwart steht ihren stetig lebendigen Strömen gegenüber. Gerade bei der dreifachen Struktur des Zeitbewusstseins ist es gut möglich, die Gegenüberstellung von Starrheit und Bewegtheit zu verorten. Während bei der Protention und der Retention das Ein- und Entströmen erfahren wird, soll die Urpräsentation als Schnittgerade des Ankommens und Weggehens den ideellen Starrpunkt bilden. Diese Auslegung entspricht dem initiativen Ansatz in den *Bernauer Manuskripten*, in denen Husserl die These vertritt, dass das Jetzt „durch die Form der protentionalen Erfüllung"[44] und „das Vergangen durch retentionale Modifikation dieser Erfüllung"[45] konstituiert sind. Die Protention mit ihrer „Tendenz auf Erfüllung"[46] spielt bei diesem Modell der Erklärung der Strukturen des Zeitbewusstseins die Hauptrolle.[47] Die an dieser Tendenz zur Erfüllung gemessene Retention wird als Entfüllung aufgefasst, insofern sie die gewesene Erfüllung der Protention in der Urpräsentation und das Kontinuum der vorangehenden Retentionen intendiert. Die Zeit ist derart aus dem Zusammenspiel von Protention und Retention zu verstehen, dass

> „[d]urch den ganzen konkreten Strom mit seinen Stromlinien der Erfüllung und Entfüllung [...] eine Einheit des Bewusstseins [...], als Einheit umspannender, identifizierender und damit objektivierender Deckung [hindurchgeht]".[48]

Die Urpräsentation lässt sich als ein Übergang, als ein Inzwischen begreifen.[49]

---

43 In seinem erhellenden Beitrag zur *Phänomenologie der eigentlichen Zeit bei Husserl und Heidegger* weist Klaus Held auf die Unterscheidung zwischen der Auslegung der Zeit als Geschehen und dem Zeitverständnis als unbewegte Form hin und sieht darin die Wiederkehr der ersten großen Divergenz im philosophischen Zeitverständnis bei Platon und Aristoteles. Vgl. Held (2005), S. 252.

44 Hua XXXIII, S. 14.

45 Hua XXXIII, S. 14.

46 Held (2005), S. 260.

47 Die Bezeichnung von Husserls unterschiedlichen Versuchen zur Beschreibung der Strukturen des Zeitbewusstseins als Modell geht hauptsächlich auf die Herausgeber der *Bernauer Manuskripte* zurück. Husserl selbst bezeichnet diese Versuche selbst kaum als Modell. In der Husserl-Forschung sind dann drei Modelle der Deskription durch das Werk von Kortooms gängig geworden. Vgl. Kortooms (2002), S. 107-174.

48 Hua XXXIII, S. 111.

49 Wie Klaus Held zurecht ausdrücklich konstatiert: „Der Jetztkern ist der Schnittpunkt zwischen Retention und Protention, also eine Grenze, ein unausgedehntes ‚Zwischen', welches das von ihm Auseinandergehaltene zugleich verbindet und trennt." Held (2005), S. 257-258.

§ 3. *Der Einbruch der genetischen Phänomenologie*

Um in der von Gleichzeitigkeit beherrschten immanenten Sphäre das notwendig Erste unter den immanenten Zeitordnungen anschaulich zu machen, um die Struktur der Genesis der vollen lebendigen Gegenwart herauszufinden, schlägt Husserl wie erwartet eine Reduktion vor, „die uns eine apriorisch notwendige Struktur ergibt".[50]

Die genetische Phänomenologie zeigt uns, dass die Reduktion auf das Ursprüngliche nur eine Abstraktion sein kann. Die hier vorgeschlagene Reduktion ist „die Abstraktion von einem Ich und allem Ichlichen".[51] Diese Abstraktion findet ihre Entsprechung in den Konstitutionsanalysen, in denen der Abbau alles Geistigen um der bloßen Natur willen geschieht. Somit ist diese Abstraktion die Reduktion auf reine Sinnlichkeit. Durch die Abstraktion von der aktiven und sogar der passiven Ichbeteiligung werden „die völlig ichlosen sinnlichen Tendenzen der Assoziation und Reproduktion"[52] als die Passivität der „ursprünglichen Sensualität"[53] im Umriss skizziert.

In der Gegenrichtung des Herausziehens, d. h. im Einbeziehen, anders formuliert in der Gegenrichtung der Abstraktion, nämlich in der Konkretisierung, die gleich nach der Abstraktion unerlässlich vollgezogen wird, wird dank des Ich-Pols, des (potentiell) affizierten Ich, das Reich der Irritabilität ersichtlich. Als letzter Schritt der Konkretisierung ist dann „das Reich *intellectus agens*"[54] hervorzuheben, das Reich der gegenständlich-kategorialen Konstitution. Die drei Stufen, die bei der Anwendung der stufigen Abbau-Aufbau-Methode erhellt werden, sind somit Reich der Reize (Ichlose sinnliche Tendenzen), Reich der Affektionen und Reaktionen (Irritabilität) und Reich des *intellectus agens* (aktive Synthesis des wachen Ich).[55]

Die Reduktion, die Husserl in den *Bernauer Manuskripten* vollzieht, hat die gleiche Methodenstruktur wie die konstruktiv-konstitutive Phänomenologie der 1930er-Jahre. Die Archäologie des Bewusstseins und der Genesis der Zeit in ihrer Dynamik fordert eine dynamische Dekonstruktion, die Husserl auf diese Weise vollzieht.

§ 4. *Das unzeitliche reine Ich*

Bei der Radikalisierung der Reduktion und der Abstraktion auf die ursprüngliche Schicht der einander deckenden und einander durchdringenden imma-

---

50 Hua XXXIII, S. 275.
51 Hua XXXIII, S. 275.
52 Hua XXXIII, S. 275.
53 Hua XXXIII, S. 275.
54 Hua XXXIII, S. 276.
55 Vgl. Hua XXXII, 275 f.

nenten Zeitreihen weist sich intuitiverweise der identische Ich-Pol als das unabdingbare Gegenglied des notwendig ersten Befundes der Abstraktion, d. h. der „ichlosen“ sinnlichen Tendenz, auf.[56] Bereits die Tatsache, dass die affektive Tendenz als „die Anziehung auf das Ich“[57] zu verstehen ist, bringt den Ich-Pol ins Spiel. Sogar die Unumgänglichkeit des Ich-Pols bei den *völlig ichlosen* Tendenzen erhält seine Reputation durch die *völlig ichlosen* Tendenzen, die Husserl immer in Anführungszeichen setzt.

Der Ich-Pol, der mit dem Begriff des reinen Ich in Verbindung steht, tritt zuerst in den Überlegungen von den *Ideen I* hervor. Die Phänomenologie vollzieht in diesem Rahmen allmählich ihre „egologische Wende“.[58] Die pejorative Anführung der Gedanken zum reinen Ich geht allerdings auf die anfänglich ichlose Phänomenologie des reinen Bewusstseins, auf die Zeit der *Logischen Untersuchungen* zurück.[59] Damals schrieb Husserl, dass er das von Natorp „als notwendiges Beziehungszentrum“ gekennzeichnete reine Ich „schlechterdings nicht zu finden vermag“,[60] und betrachtet es deshalb als Fiktion.

In den *Ideen I* anerkennt Husserl aber die „Beziehung jedes Erlebnisses auf das ‚reine Ich‘“[61] als erste Wesenseigentümlichkeit „des transzendental gereinigten Erlebnisgebietes“.[62] In dem Erlebnisstrom als dem transzendentalen Residuum weist jedes Erlebnis, genauer gesagt jedes intentionale Erlebnis, auf das Dabeisein, auf die Begleitung des reinen Ich als intendierendes erlebendes Ich hin. Das Dabeisein des Ich darf jedoch nicht als reelles Sein des reinen Ich in dem Erlebnisstrom interpretiert werden. Vielmehr werden wir in dem Erlebnisstrom als dem transzendentalen Residuum „nirgends auf das reine Ich stoßen“.[63] Die beständige Begleitung des reinen Ich könnte daher in dem Sinne verstanden werden, dass die *cogitationes* nach der transzendentalen Reduktion weiterhin ihre Form des *cogito* erhalten.[64]

Das begleitende kantische *cogito*, Kants transzendentale Apperzeption, ist nicht mit dem reinen Ich, welches in den *Bernauer Manuskripten* thematisiert

---

56 Vgl. Hua XXXIII, S. 285.

57 Hua XXXIII, S. 285.

58 Über die allmähliche Egologisierung der Phänomenologie bemerkt Taguchi zu Recht: „Das reine Ich wird nämlich in den Ideen I zwar als phänomenologisches Thema anerkannt, ihm wird aber noch keine zentrale Bedeutung für die Konzeption der gesamten Phänomenologie zugeschrieben.“ Vgl. Taguchi, S.: *Das Problem des „Ur-Ich“ bei Edmund Husserl. Die Frage nach der selbstverständlichen „Nähe“ des Selbst*, Dordrecht: Springer, 2006. S. 71-72. Somit bezeichnet er die Entdeckung des reinen Ich als eine charakteristische Errungenschaft der 1920er-Jahre. Vgl. Taguchi (2006), S. 67.

59 Zu dem Problem des Ich und seiner Entwicklung vgl. Marbach, E.: *Das Problem des Ich in der Phänomenologie Husserls*, Den Haag: Martinus Nijhoff, 1974.

60 Hua XIX, S. 374.

61 Hua III/1. S. 178.

62 Hua III/1. S. 178.

63 Hua III/1. S. 123.

64 Hua III/1. S. 179.

wird, komplett übereinstimmend, weil das notwendige Dabeisein des phänomenologisch reinen Ich sich keineswegs auf die intentionalen Erlebnisse, welche die Form des *cogito* erweisen, beschränkt. Husserl weist die Einschränkung des reinen Ich auf den ausschließlich aktuellen Vollzug der intentionalen Erlebnisse in den *Ideen I* zurück und fügt auch die in Inaktualität versunkenen Erlebnisse zur Erklärung des reinen Ich hinzu, indem er diesen zwar keine *ausgezeichnete Ichbezogenheit*, jedoch eine gewisse Zugehörigkeit zugesteht:

> „Die übrigen Erlebnisse, die für die Ichaktualität das allgemeine Milieu bilden, entbehren freilich der ausgezeichneten Ichbezogenheit, die wir soeben besprochen haben. Und doch haben auch sie ihren Anteil am reinen Ich und dieses an ihnen. Sie ‚gehören' zu ihm als ‚die seinen', sie sind sein Bewusstseinshintergrund, sein Feld der Freiheit."[65]

Der in der Relation zum Reiz hervorgehobene Ich-Pol der *Bernauer Manuskripte* könnte als eine genetische Prägung des in den statischen Analysen der *Ideen I* als Eigner des inaktuellen Bewusstseinshintergrunds beschriebenen reinen Ichs betrachtet werden.[66] Der Bewusstseinshintergrund in den statischen Analysen der *Ideen I* bekommt in den *Bernauer Manuskripten*, mit Berücksichtigung der stufigen Genesis, die Bezeichnung der nichtreflexiven Umgebung; und insofern zu dieser Umgebung notwendig eine Hyle gehört, ist sie die hyletische Umgebung.[67] Wenn später die genetische Polarität des ichlichen Kinästhesen und der Hyle in der tiefsten Stufe eine angemessene phänomenologische Deskription erhält, wird diese Umgebung als Untergrund bestimmt.

Das reine Ich als identischer „Urstand"[68] steht jedem Gegenstand gegenüber. Es ist das Bereitschaftszentrum für die Rezeptivität und die Spontaneität. Der Gegenstandspol lässt sich aus dem Gegenüberstehen zu dem Urstand im weitesten Sinne begreifen. Dasselbe gilt für den Urstand; das reine Ich braucht nicht aktuell aktiv oder gar passiv tätig und beteiligt zu sein. Es geht um die Potentiale und die Möglichkeiten. Das reine Ich wird als Ich-Pol des Einzelerlebnisses, aber auch als Funktionszentrum des ganzen Erlebnisstroms und als das ursprünglich lebendige Ich bezeichnet. Insofern es in dem ursprünglich konstituierenden Lebensstrom korreliert, verdient es mit den Urimpressionen auch die Bezeichnung des Ur-Ich. Es hat die Urmodalität. Mit der Bezeichnung Ur-Ich wird zwar der genetische Aspekt des Ich betont, dennoch darf bei der Betonung des Genetischen nicht zu weit gegangen werden, weil das reine Ich

65 Hua III/1, S. 179.

66 Zur Bedeutsamkeit der Lehre vom Ich als Pol seiner Akte und als Substrat von Habitualitäten vgl. Marbach (1974). Vgl. auch Bernet, R., Kern, I. & Marbach, E.: *Edmund Husserl. Darstellung seines Denkens*, Hamburg: Meiner, 1996. S. 190-199. Vgl. auch Sakakibara, T.: *Das Problem des Ich und der Ursprung der genetischen Phänomenologie bei Husserl*, in: Husserl Studies 14, 1997. S. 21-39.

67 Hua XXXIII, S. 282.

68 Hua XXXIII, S. 277.

ein ständiger Begleiter der Erlebnisse ist und nicht bloß zum Urstadium der Genesis gehört.

Der Schritt vom Ich-Pol jedes Einzelerlebnisses zu dem Ich als numerisch und absolut identischem Funktionszentrum für den Gesamtgehalt des Erlebnisstromes wird wie bei der Einheit des Bewusstseinsflusses auf den Weg des Übergangs und der Reproduktion vollgezogen. In der Diskontinuität seines reproduzierten Erlebnisses und seines urmodalen Erlebnisses zeigt sich das Ich als „stehendes und bleibendes“[69], identisches Ich. In der Erinnerung und im Fortgang der Erfahrung ergibt sich die Kontinuität und Identität des Genitivus, der auf ein identisches Ich hinweist.

Dass diese Kontinuität des Genitivus dem Ich keineswegs eine zeitliche Dauer verleiht, betont Husserl, wenn er schreibt:

> „Aber was dauert, hat in jeder Phase der Dauer einen neuen Gehalt, das Ich aber hat in der Zeit gar keinen Gehalt, nichts Verschiedenes und nichts Gleiches, nichts ‚Anschauliches‘, Wahrnehmbares, Erfahrbares.“[70]

Die Ähnlichkeit dieser Überlegungen mit denjenigen Gedanken über den absoluten Bewusstseinsfluss aus den statischen, nichtegologischen Zeitvorlesungen ist leicht festzustellen.

Mit dem Problem der Einheit des Bewusstseinsflusses und seines Selbstbewusstseins sieht sich Husserl bereits in der ichlosen Phänomenologie des reinen Bewusstseins in den früheren Zeitanalysen konfrontiert. Dieses Problem führt immer wieder zu dem ungewollten Dilemma, entweder in einem unendlichen Regress zu geraten oder einen unbewussten Anfang annehmen zu müssen, was weiterhin dazu führt, dass damit die Phänomenologie mit der Forderung der absoluten Gegebenheit aufgegeben werden muss.

Dass das auf einer Dichotomie basierende, statische Modell von Auffassungsinhalt – Auffassung bei der Erklärung des Bewusstseinsflusses in seiner Einheit und Ganzheit unzutreffend ist, hat Husserl bereits in frühen Analysen gemerkt. Auf unterschiedliche Weise hat er daher den Versuch unternommen, eine phänomenologische Beschreibung für die Selbstbeziehung des Bewusstseinsflusses zu erreichen.

Die Gedanken der Längs-Intentionalität der Retention und letztendlich des inneren Bewusstseins sind die Lösungsansätze, die Husserl in den *Vorlesungen* gegen den drohenden unendlichen Regress bei einem aufgefassten Selbstbewusstsein aufgreift und nichtdestotrotz nicht ganz überzeugend findet.

In den *Bernauer Manuskripten* schlägt Husserl neben dem inneren Bewusstsein als passivem Einigungsgrund des ursprünglichen Bewusstseinsflusses einen neuen Ansatz zu dem Einheitsproblem des Erlebnisstroms vor. Die intentionale Einheit der Erlebnisse gründet in einem „Ich kann“, das sich in der Reprodukti-

[69] Hua XXXIII, S. 280.
[70] Hua XXXIII, S. 280.

on bestätigt. Diese Auslegung hängt mit dem bereits erwähnten Erklärungsmodell der protentionalen Erfüllung zusammen.

Infolge der Polarisierung des Ganzen des Erlebnisstroms zu dem identischen reinen Ich soll dem reinen Ich kein Platz im Erlebnisstrom zugewiesen sein: „Was wir vor allem nicht im Erlebnisstrom haben, ist das Ich selbst, das identische Zentrum."[71]

Es ist der über-zeitliche identische Pol, der die gesamten Erlebnisse umgreift. Sollte es als Ur-Ich bezeichnet werden, dann wäre ihm die Unzeitlichkeit zugeschrieben. Husserl spricht auch von Vor-Zeitlichkeit, die, wie oben bereits erwähnt, nicht ausschließlich in der genetischen Richtung interpretiert werden darf. Von einer präphänomenalen Zeitlichkeit des absoluten Bewusstseinsflusses ist bereits in den statischen Zeitanalysen die Rede.[72]

Wird das nicht konstituierte unzeitliche Ich auf den phänomenologischen Grundsatz, dass das Sein nur als für mich konstituiertes Sein zu verstehen ist, hin geprüft, lässt sich der meontische Status des reinen Ich erschließen. Daher schreibt Husserl über das reine Ich, dass „es also nicht ‚Seiendes', sondern Gegenstück für alles Seiende, nicht ein Gegenstand, sondern Urstand für alle Gegenständlichkeit"[73] ist. Mit dem meontischen Status des reinen Ich ist also ein ontologischer Vorrang für ein reines Bewusstsein eines weltlosen Subjekts ausgeschlossen. Der Benennung des meontischen reinen Ich ist unsere auf das Sein gerichtete Sprache nicht fähig: „Es ist das Namenlose."[74] In der Namenlosigkeit des reinen Ich liegt die Warnung vor einer Hypostasierung oder metaphysischen Substantialisierung des reinen Ich. Bei der Betonung der Namenlosigkeit des reinen Ich und seines meontischen Status hebt Husserl den fungierenden Charakter des reinen Ich hervor. Der Gegenüberstellung von Sein und Fungieren entspricht somit die Differenzierung zwischen dem Objekt*sein* und dem Subjekt*sein*.

§ 5. Die Selbstvergegenständlichung des reinen Ich

Laut Husserls Position in den *Bernauer Manuskripten* findet die Selbstvergegenständlichung des reinen Ich hauptsächlich durch die Reflexion statt. In der Reflexion „wird das Ich gegenständlich und erfassbar, identifizierbar als dasselbe in allen in den Blick der Reflexion tretenden Stufen".[75]

Die aktive Selbstvergegenständlichung des Ich ist eine nachträgliche Erfassung. Deutlich behauptet Husserl in den *Bernauer Manuskripten*, dass „das Ich

[71] Hua XXXIII, S. 277.
[72] Hua X, S. 436.
[73] Hua XXXIII, S. 277.
[74] Hua XXXIII, S. 278.
[75] Hua XXXIII, S. 284.

nur reflektiv und nur nachkommend erfassbar ist."[76] Die nachträgliche Erfassung des Ich bringt eine Spaltung zwischen dem reflektierenden und reflektierten Ich hervor. Die Spaltung kann nicht wieder durch eine Reflexion überbrückt werden, da bei jeder Reflexion auf sich ein unreflektiertes anonymes Subjekt in Aktion bleibt, wobei diese Anonymität ein präreflexives Selbstbewusstsein nicht ausschließt.[77] Vielmehr noch ist sogar ein präreflexives Selbstbewusstsein notwendig, insofern das Anonyme ein Subjekt ist. Denn Subjektsein hat die Bedeutung des Selbstbewusstseins. Das präreflexive Selbstbewusstsein des unreflektierten Subjekts basiert auf seinem durch Aktvollzüge entstandenen zeitlichen Bestand. Husserl schreibt: „Aber indem das Ich fungiert und aktiv auf (das) Konstituierte merkt, sich richtet, sich daran betätigt, wächst diesem notwendig ein zeitlicher Bestand zu."[78] Der aus konstituierenden Akten und Verhalten des Subjekts entsprungene zeitliche Bestand des Ich, der in den *Bernauer Manuskripten* flüchtig erwähnt wird, wird in der entwickelten genetischen Phänomenologie der späteren Phasen in der Erläuterung der Genesis des Ich beim Aktvollzug und den sedimentierten Habitualitäten des Ich ausgelegt. Als das Korrelat des präreflexiven Selbstbewusstseins steht also ein der Reflexion vorliegender zeitlicher Bestand. Dieser etwas geheimnisvolle Bestand ist eigentlich die Gesamtdauer der Akte in ihrem Entstehen und Aufhören. Er gibt dem stehenden und bleibenden Ich eine „quasi zeitliche Erstreckung".[79] Diesem zeitlichen *Inhalt* des Ich, der ihm eine passive quasi-zeitliche Entfaltung besorgt, schreibt Husserl die Rolle des Wegweisers der aktiven vergegenständlichenden Reflexion zu.[80] Das ist der stets affizierende Charakter der Akte, der die Reflexion zu dem ständigen Vermögen des Ich macht. Die Reflexion fügt sich, sobald sie vollgezogen wird, zu dieser quasi-zeitlichen Entfaltung. Mit dieser Quasi-Zeitlichkeit des Ich fallen die in den *Cartesianischen Meditationen* ausgeführten Gedanken über das Ich als Substrat seiner Habitualitäten[81] zusammen. Das Ich ist in diesem Sinne nicht die in Einheit ihrer Geschichte konstituierte Person, sondern nur formal als Substrat der Habitualitäten, als

---

76 Hua XXXIII, S. 287.

77 In Zahavis zahlreichen Publikationen wird der Gedanke des präreflexiven Selbstbewusstseins besonders stark artikuliert und entwickelt. Vgl. Zahavi, D.: The *Fracture in Self-Awareness*, in: Self-Awareness, Temporality, and Alterity, Hg. Zahavi, D., Dordrecht: Springer Verlag, 1998, S. 21-40. Vgl. auch Zahavi, D.: *Subjectivity and Selfhood Investigating the First-Person Perspective,* Cambridge. Massachusetts: The MIT Press, 2005.

78 Hua XXXIII, S. 278. Diesen Abschnitt annotiert Husserl mit einer Fußnote, die lautet: „Das alles muss noch vielfach überdacht werden. Es liegt fast an der Grenze möglicher Beschreibung." Das ist die Schwierigkeit der Beschreibung in der nach und nach hervorkommenden genetischen Dimension.

79 Hua XXXIII, S. 287.

80 Husserl schreibt: „[D]ieser Bestand, als aus (der) Funktion des Ich hervorgegangener, weist der Reflexion die Richtung auf das fungierende Ich, das nun eben in der Reflexion gegenständlich wird als identisches Funktionszentrum, als das Leistende für alle diese Leistungen." Hua XXXIII, S. 287.

81 Hua I, S. 100 f.

der formale Träger zu verstehen. Als solch ein Substrat besitzt das Ich die Quasi-Zeitlichkeit. Und gerade diese Quasi-Zeitlichkeit des Ich läuft auf die Feststellung hinaus, dass das Ich eigentlich kein Substrat, „sondern Lebenssubjekt ist".[82]

Das präreflexive Selbstbewusstsein wird allerdings in diesen Manuskripten nur marginal beachtet. Ein nicht vergegenständlichendes, nicht intentionales Bewusstsein stößt bei Husserl auf keine Gegenliebe. Erst in der entwickelten genetischen Phänomenologie und dank der Urassoziation wird neben dem vergegenständlichten Bewusstsein ein nicht gegenständliches Bewusstsein als bloß zusammenhängende passive Synthese erkannt (s. Kap. VI). In den *Bernauer Manuskripten* bezweifelt Husserl, ob „wir vor Gefahren unendlicher Regresse wirklich durch die Annahme ‚unbewusster', nicht intentionaler, nicht ‚konstituierter' Prozesse wohlbehütet [sind]", und erkennt in dieser Annahme bereits verkehrte Argumentationen.[83] Trotz allem ist zu unterstreichen, dass bei der Unterscheidung des Bewusstseins und des Ich ein präegologisches Selbstbewusstsein unentbehrlich wird, das mit der präphänomenalen Zeitlichkeit des absoluten Bewusstseinsflusses zusammenfällt und ein nicht objektivierendes Bewusstsein in Gang bringt. Der Umgang mit diesen Schwierigkeiten ist Husserl zufolge von enormer Bedeutung,

> „da hier auch mit die Frage entschieden wird, ob im strengsten Sinn alles und jedes konkrete Ichleben den Charakter eines Bewusstsein-von hat, also notwendig Gegenständlichkeit konstituierendes ist".[84]

Die Intentionalität des ganzen Lebens, genauer gesagt des ganzen Ichlebens, wird dadurch in Frage gezogen. Allerdings scheint es, dass für Husserl ein Unbewusstsein oder ein nicht objektivierendes Bewusstsein weiterhin problematisch bleibt.

§ 6. Die Individuation

Bereits in den frühen Phasen der Phänomenologie und in den auf die idealen Einheiten konzentrierten *Logischen Untersuchungen* besitzt die Unterscheidung zwischen der individuellen Anschauung und der allgemeinen Anschauung für Husserl grundlegende Bedeutung. Dabei wurde die individuierende Seite eines individuellen Gegenstandes als außerwesentliches Moment erkannt, dessen Unterlassen während des Richtens des Augenmerks auf das Wesentliche die Wesensanschauung ermöglicht. Dieses außerwesentliche Moment wird dann in den Zeitanalysen, insofern die Zeitstelle „Urquell der Individualität"[85] ist, als

---

82 Hua XXXIII, S. 288.
83 Hua XXXIII, S. 200.
84 Hua XXXIII, S. 199.
85 Hua X, S. 66.

rein zeitliche Bestimmung erkannt, während das wesentliche Moment dagegen der außerzeitlichen Bestimmungen entspricht.

In den *Ideen I* und bei der Eingrenzung der Wissenschaftsdomäne der Phänomenologie als „deskriptive eidetische Wesenslehre der reinen Erlebnisse“[86] gegenüber den Tatsachenwissenschaften stellte Husserl fest, dass die Phänomenologie die Individuation, insofern sie dem Tatsächlichen zukommt, nicht berücksichtigt.[87] Das, was nach der phänomenologischen Reduktion der Phänomenologie übrigbleibt, ist die eidetische Singularität, die Vereinzelung des spezifischen Wesens. Diese eidetische Vereinzelung ist jedoch anders als die ins Dasein versetzende wirkliche, genauer gesagt empirisch-transzendente Individuation. Die Untersuchung der für die eidetische Variation irrelevanten individuierenden Bestimmung der Gegenstände und der wirklichen Setzung des Wesens als *Dies da* wird dennoch in den Zeitanalysen berücksichtigt.[88]

Die Individuation und der Individuationsprozess müssen in den Zeitanalysen studiert werden, da nach Husserl der Prozess der Individuation der gegenständlichen Sinne vor allem in der Leistung der Zeit gründet. Das Hauptverdienst der *Bernauer Manuskripte* besteht in ihrer prägnanten Phänomenologie der Individuation, welche zu einer „ontologischen Wende“[89] in den Zeitanalysen führt. Davon, dass Husserl sich in diesen Zeitanalysen dem Individuationsproblem des „Tatsächlichen“ überhaupt widmet, berichtet er in einem Brief an Roman Ingarden. Husserl erkennt außerdem, dass dies ein ungeheures Problem darstellt.[90] Nicht die spezifische Besonderung, die in der Logik ihre angemessene Erklärung erhält, sondern die tatsächliche Besonderung, die Differenzierung im Dasein, wird in den *Bernauer Manuskripten* untersucht.

Allgemein lässt sich der Individuationsprozess mit Hilfe der Setzung eines Gegenstandes in einem Stellensystem erklären, worin sich der Gegenstand von seinen Gleichen in demselben Stellensystem durch seine bestimmte Stelle diffe-

---

86 Hua III/1, S. 156.

87 Hua III/1, S. 13 ff.

88 Bernet bezeichnet in seinem Beitrag *Wirkliche Zeit und Phantasiezeit. Zu Husserls Begriff der zeitlichen Individuation* ausgehend von Husserls Überlegungen den Grund dafür, dass die Individuation der Erfahrungsgegenstände in der transzendentalen Phänomenologie zum Thema werden muss, wie folgt: Zuerst wird die Tatsache bemerkt, dass „selbst die Gesetze der formalen Logik letztlich auf die Existenz von Substraten oder Kernstücken der Erfahrung verweisen, die nichts anderes sind als individuelle Erfahrungsgegenstände“, und trotzdem „die Logik, wenn sie tatsächlich die Existenz solcher Objekte voraussetzt, dennoch nicht in der Lage ist, den Prozess ihren Individuation zu klären“. Dann wird die Ontologie für die „Klärung des ontologischen Begriffs der Individuation“ für unbrauchbar erklärt, sodass nur eine transzendentale Phänomenologie diese Aufgabe sich zu stellen vermag. Vgl. Bernet, R.: *Wirkliche Zeit und Phantasiezeit. Zu Husserls Begriff der zeitlichen Individuation*, in: Phänomenologische Forschungen 9, 2004. S. 37-56. Hier S. 38.

89 Bernet, R.: *Husserl's New Phenomenology of Time Consciousness in the Bernau Manuscripts*, in: On Time. New Contributions to the Husserlian Phenomenology of Time. Hgg. Lohmar, D. & Yamaguchi, I., Dordrecht u. a.: Springer, 2010. S. 1-19. Hier S. 15.

90 Vgl. Bernet & Lohmar (2001), S. XXII.

renziert.[91] Somit zeigt sich die Einheit eines Stellensystems als die Bedingung der Möglichkeit der Individuation. Es heißt: „[i]ndividuelle Differenzierung gibt es nur, so weit ‚eine Welt' reicht."[92] Die Welt wird hier als jeweiliges Stellensystem betrachtet. Eine wirkliche oder mögliche Welt als Stellensystem ist für die Individuation notwendig. Diese Notwendigkeit ist die Notwendigkeit einer „Weltzeit" als Totalordnung der Zeitstellen, insofern Husserl für die Individuation die Setzung in der Zeitstelle der Lokalisierung in der Raumstelle vorzieht. „[D]er erste und radikalste Charakter des individuellen Daseins tritt", Husserl zufolge, „in Form des Jetzt-Seins auf."[93]

In diesem Zusammenhang kann auch z. B. von der *Weltzeit* einer Phantasiewelt die Rede sein. Weltzeit ist hier allgemein die einigende Form jedweder Welt und die individuierende Form der Gegenstände der jeweiligen Welt. Die Weltzeit ist hier nur als ein formales Apriori zu betrachten und jedwede Welt als eine kategoriale Ganzheit, als ein logisches Substrat. Auch wenn somit in der Debatte um den Individuationsprozess die morphologische Ganzheit einer Welt im Vordergrund steht, treten auch einige andere Aspekte in der Individuationsdebatte der *Bernauer Manuskripte* hervor, die auch die Konkretheit des Stellensystems in Anspruch nehmen können, dergemäß das Stellensystem zu der Individuation bemächtigt wird. Diese besonderen Aspekte können aber erst bei der Erläuterung der Individuation der unterschiedlichen Gegenstandstypen ans Licht kommen.

Dazu bieten die Individuationsanalysen auch einige Richtlinien für die Bestimmung des Ich an, obwohl trotz der egologischen Wende in den Zeitanalysen dieser Manuskripte Husserl sich in den Individuationsanalysen nicht auf das individuelle Ich beruft und nur die Individuation der Gegenstände und nicht des Ich das Thema dieser Analysen bleibt.

In den *Bernauer Manuskripten* verwendet Husserl – wie auch in den *Ideen I* – für „das Spezifische, und zwar die niederste, nicht mehr spezifisch differenzierbare Spezies, individuell vereinzelt, das principium individuationis",[94] den aristotelischen Ausdruck Tode ti,[95] dagegen wird die spezifisch gegenständliche Qualität der Substanz als das spezifische Wesen bezeichnet. Bevor die Setzung des Tode ti als „dies da" an einer bestimmten Zeitstelle als eine Einheit in einer

---

[91] Vgl. Bernet (2004).

[92] Hua XXXIII, S. 339.

[93] Hua XXXIII, S. 292.

[94] Hua XXXIII, S. 300.

[95] In den *Ideen I* bezeichnet Husserl den Grund für die Verwendung des Terminus *Tode ti* anstelle des Individuums mit diesen Worten: „Der sich aufdrängende Terminus Individuum ist hier darum unpassend, weil gerade die wie immer zu bestimmende Unteilbarkeit, die das Wort mitausdrückt, in den Begriff nicht aufgenommen werden darf, vielmehr für den besonderen und ganz unentbehrlichen Begriff Individuum vorbehalten bleiben muss. Wir übernehmen daher den Aristotelischen Ausdruck *Tode ti*, der mindestens dem Wortlaute nach diesen Sinn nicht mitbeschließt." Hua III/1, S. 34.

bestimmten Lage verwirklicht wird, ist von keinem tatsächlichen Individuum als absolut einmaligem Individuum die Rede, sondern wir haben nur eine „logisch begriffliche Vereinzelung".[96]

Die Analyse des Individuationsprozesses in und dank der Zeit und Zeitstellen bringt diese Debatte auf eine Ebene, auf der sie nicht mehr im Rahmen der formalen Ontologie wie in den *Ideen I* ausgeführt werden kann, sondern die formale Sphäre überschreitet. Es liegt daran, dass

> „[j]ede wirkliche Individualisierung aber das Merkwürdige [hat], dass sie die reine Möglichkeitssphäre überschreitet und zugleich Existentialsetzung in sich schließt oder letztlich voraussetzt".[97]

Die Hier- und Jetztsetzung fordert den Nullpunkt der Orientierung in Raum-Zeit und die Existentialsetzung in der wirklichen Individualisierung. Sie ist die Seinssetzung „eines Ich und zuletzt meines, des Erkennenden".[98] Diese Seinssetzung beschränkt sich nicht auf die wirkliche *hic et nunc*, sondern

> „[j]edes mögliche, aber bestimmte *hic et nunc* ist auch, wenn das Individuum konkret genommen nicht existiert, im Voraus in gewisser Weise Existierendes, nämlich Ort und Zeit ‚meines' Raumes, meiner Zeit".[99]

Es gäbe kein Hier und Jetzt ohne den Bezug auf mein Ich, oder wie es an einer anderen Stelle ausdrücklich geäußert wird: „Ein *hic et nunc* setzt ein Ich voraus mit seiner lebendigen Gegenwart und seinem aktuellen Leib (oder Nullpunkt der Orientierung)."[100]

Diese besonders für Husserls transzendentalen Idealismus richtungweisenden Gedanken, dass ein mögliches Subjekt für die Wahrnehmbarkeit der individuellen Gegenstände nicht ausreicht, dass das wirkliche Sein einer realen Welt durch die ideale Möglichkeit des Subjekts nicht gewährleistet wird,[101] ist eine der bedeutendsten Ideen, die in den *Bernauer Manuskripten* dargelegt wird. Wird die Notwendigkeit der wirklichen Subjektivität expliziert, dann schreibt diese Notwendigkeit auch für die fundamentale nicht-ichliche Seite der Konstitution etwas vor: Sie „fordert eine Regel für das esse (die Existenz) der immanenten Empfindungsgegenstände in dem Subjekt, dessen Wahrnehmungsmöglichkeit erwogen wird".[102]

Im Folgenden ist die Individuation in der sogenannten immanenten Welt und der wirklichen Welt zu betrachten, wobei die Individuation in dem imma-

---

96 Hua XXXIII, S. 340.
97 Hua XXXIII, S. 301.
98 Hua XXXIII, S. 301.
99 Hua XXXIII, S. 301.
100 Hua XXXIII, S. 300.
101 Hua XXXIII, S. 192-193.
102 Hua XXXIII, S. 192.

nenten Ordnungssystem bereits in den letzten Darlegungen der immanenten Zeit in problematischer Hinsicht berücksichtigt wird (s. o. § 1, § 2, § 3).

Insofern der Individuationsprozess im Rahmen der Konstitutionsanalyse der Zeit studiert wird, ist dabei stets die noetisch-noematische Korrelation und außerdem der intentionale Gegenstand zu beachten sowie die Individuation in allen drei Hinsichten. Die Unterscheidung zwischen dem wesentlichen Bezug der intendierten gegenständlichen Seite des Erlebnisses zu der Zeit gegenüber der Zeit der noetischen-noematischen Seite des intentionalen Erlebnisses wird durch den Terminus der Gegenstandzeit gegenüber der Gegebenheitszeit unterstrichen. „[E]ntsprechend der Kontinuität des inneren Flusses“[103] ist auch auf eine zeitliche Ausbreitung der intentionalen Gegenständlichkeit zu verweisen.[104] Das gilt sogar für die Wesensanschauung, insofern das Wesen „auf Grund von zeitlichem Sein [zu] erfassen“[105] versucht wird und insofern Wesensanschauung ein *Zusammenschauen* bei der Wahrnehmung der zeiträumlichen Seienden ist, ein fundierter Akt im individuellen Bewusstsein.

Zeit als Gegebenheitsform gilt somit für alle Gegenstandsarten, insofern alle als Gegebene zeitlich konstituiert sind und in der Zeit erscheinen. Wie bereits erwähnt, ist die Gegebenheitszeit nur eine andere Bezeichnung für die immanente Zeit, die Erscheinungszeit jeder Art der Gegenstände. Die intentionalen Erlebnisse und deren Momente (d. h. die Empfindungsgegenstände), die Wahrnehmungs- und Erinnerungsgegenstände als Naturgegenstände, die Wesensgegenstände[106] und schließlich die neue Gruppe der Phantasiegegenstände sind Arten der Gegenstände, deren Beziehung zu der Zeit und ihre Individuation von Husserl untersucht werden.

Die immanente Zeit ist nach Husserl für die intentionalen Erlebnisse und deren Momente sowohl die Gegebenheitszeit als auch die Wesenszeit. Auf Grund der unmittelbaren Einheit der Gegebenheitszeit und der Gegenstandszeit ist die Individuation der immanenten Objekte auch eine unmittelbare. Die direkte Individuation der Erlebnisse und der Empfindungsgegenstände in der objektiven Ordnung der immanenten Sphäre sind bereits problematisiert worden (s. o. § 1, § 2). Dem ist nur noch hinzuzufügen, dass die behauptete Objektivität der immanenten Zeit in den Ausführungen der *Bernauer Manuskripte* eine neue Auslegung bekommen könnte, wenn die immanente Zeit bloß als

103 Hua XXXIII, S. 310.

104 Vgl. Hua XXXIII, S. 310 f.

105 Hua XXXIII, S, 310.

106 Den Terminus ‚Wesensgegenstände‘ verwendet Husserl vor allem, um die idealen Gegenstände von den Zeitgegenständen abzugrenzen. Die idealen Gegenstände selbst werden in *Erfahrung und Urteil* dreifach gegliedert: in Verstandesgegenständlichkeiten, Allgemeingegenständlichkeiten und Kulturgegenstände. Die in den *Bernauer Manuskripten* als Phantasiegegenstände eingegliederte Art der Gegenstände steht, insofern sie einer kollektiven Narrativität zugehören, in der Gliederung von *Erfahrung und Urteil* unter dem Typus Kulturgegenstände. Vgl. Husserl (1999), S. 314-319.

die den inneren Einheiten selbst eigentümliche, zu ihrem Wesen gehörige Dauer interpretiert wird, aber nicht als eine umfassende eindimensionale Ordnung und nicht als die alle immanenten Ereignisse in sich direkt individuierende und einordnende direkte Gesamtordnung der immanenten Sphäre.

Anders als die Gegebenheitszeit kann die Gegenstandszeit sich nicht ohne weiteres und in gleicher universeller Weise auf alle Arten von Gegenständen beziehen. Nicht alle Gegenstände haben die Zeit als ihr konstitutives wesentliches Moment. Der ideale Gegenstand, das Allgemeine ist zwar in der Zeit gegeben, aber „zu dem, was es ist, dazu trägt diese Zeit gar nichts bei".[107] Ein idealer Gegenstand hat das Privileg, dass er in jeder Zeit als dasselbe gegeben wird und werden kann. In diesem Sinne unterscheidet Husserl zwischen den Wesensgegenständen als überzeitlichen Gegenständen und den Zeitgegenständen. Die Überzeitlichkeit sagt allerdings „nicht Beziehungslosigkeit zur Zeit, sondern zu ihrem [scil. der eidetischen Gegenstände und Sachverhalte] Wesen gehört es, dass sie zu jeder Zeit originär konstituiert werden können".[108] Nicht Wiedererinnerung, sondern nur Wiederholung zeichnet die idealen Sachverhalte und Gegenstände als in jeder Zeit erscheinend als absolut dasselbe aus. „[D]ass allgemeine Gegenstände (Wesen und Wesensverhalte) ihre Allgegenwart in der Zeit haben, sie sind überall, sie können in jeder Zeitstelle gegeben sein",[109] begreift Husserl als ihren notwendigen Bezug zu der Zeit und bezeichnet es gelegentlich als ihre Allzeitlichkeit.[110] Die Allzeitlichkeit hat die Bedeutung der Nichtlokalisierbarkeit, insofern die Lokalisation die Bedeutung der Setzung in der bestimmten Zeit hat, die das Hauptcharakteristikum der Realität ist.[111]

Insofern die Individuation gerade auf der Einmaligkeit und Unumkehrbarkeit basiert und die Dauer des Individuums eine lagebestimmte Dauer in der Zeit sein muss, kann der ideale Gegenstand kein maßgebender Sachverhalt für die Individuationsanalyse sein. Trotzdem könnten die idealen Gegenstände, insofern ihre erstmalige Entdeckung bzw. ihre erstmalige Anschauung ihnen einen historischen Auftritt, eine historische Individuation verleiht, für die Individuationsanalysen relevant sein und ontologisch interessante Implikationen mit sich führen. In den *Bernauer Manuskripten* beruft Husserl sich jedoch nicht auf diesen Aspekt der Individuation. Nicht ihrer originären erstmaligen Gegebenheit der Intersubjektivität nach, sondern hinsichtlich der noematischen Gegebenheit soll die Gegenstandszeit auch in gewissem Sinne für die idealen Gegenstände behauptet werden. Husserl ist der Meinung,

---

107 Hua XXXIII, S. 311.
108 Hua XXXIII, S. 321.
109 Hua XXXIII, S. 312.
110 Die Allzeitlichkeit schreibt Husserl sowohl den eidetischen Gegenständen (idealen Gegenständen) als auch dem transzendentalen Ich und der Welt zu. Zur Allzeitlichkeit vgl. Held (1966), S. 49-56.
111 Vgl. Held (1966), S. 49.

„dass alle Erlebnisse als Gegenstände des inneren Bewusstseins nicht nur selbst notwendig eine immanente Zeitform haben, sondern ihren intentionalen Gegenständen in gewisser Weise eine Zeitform aufprägen, nämlich als noematischen Modus ihrer Gegebenheitsweise".[112]

Das Verhältnis der Gegebenheitszeit der Wahrnehmungsgegenstände und ihrer Wesenszeit ist anders als das der immanenten Einheiten wie auch der idealen Gegenstände. Während die Gegebenheitszeit der Wahrnehmungsgegenstände (die immanente Zeit der Wahrnehmung) und deren Wesenszeit (die Zeit des Wahrnehmungsobjekts) strukturell in Deckung und sogar in einem Fundierungsverhältnis stehen,[113] weichen die Bestimmungen und Relationen der Wahrnehmungsgegenstände in einer Zeit von anderen ab: „Ein gegebenes Nacheinander braucht nicht ein objektives Nacheinander zu sein."[114]

Die Naturgegenstände in ihrer ursprünglichen Konstitution erhalten die Bezeichnung der Wahrnehmungsgegenstände. Somit ist die Wesenszeit, von welcher hier die Rede ist, die Naturzeit. Dass bei Wahrnehmungsgegenständen von nummerisch zwei Zeiten ausgegangen werden muss, deren Deckung keine Identitätsdeckung ist, stellt Husserl auch fest:

„Dagegen kann man nicht die Zeitstrecke der Dauer eines Tones und die entsprechende Strecke des sie konstituierenden Bewusstseinsstromes als identische und zwar wirklich numerisch eine ansehen."[115]

Die Naturzeit als vereinigte Form und das umfassende System der Setzungsstellen der Wahrnehmungsgegenstände richtet die Bedingung der Möglichkeit der Individuation ein. Die Abweichung und Dissonanz der Gegebenheitszeit und der Wesenszeit der Naturgegenstände trotz ihrer Fundierungsverhältnisse und der behaupteten Parallelität bekommen in diesen Manuskripten keine befriedigende Erklärung. Die Tatsachen, dass der Naturgegenstand mit einer Zeit und Dauer ausgestattet gemeint wird, die nicht erst bei dem Einsatz seiner urgegebenen Wahrnehmung beginnt, dass die Individuation der Naturgegenstände

---

112 Hua XXXIII, S. 318.

113 „Für die Konstitution der Naturzeit, d. i. für die Möglichkeit der Wahrnehmung dieser Zeit von Seiten eines transzendentalen Subjekts, ist die Konstitution der phänomenologischen Zeit schon vorausgesetzt." Hua XXXIII, S. 184.

114 Hua XXXIII, S. 317. Mit einigen Beispielen hat Husserl die Abweichungen der Bestimmungen der Wahrnehmungsgegenstände in der Naturzeit und in der immanenten Zeit in frühen Analysen der Zeit in den Vorlesungen illustriert: „Blicken wir auf ein Stück Kreide hin; wir schließen und öffnen die Augen. Dann haben wir zwei Wahrnehmungen. Wir sagen dabei: wir sehen dieselbe Kreide zweimal. Wir haben dabei zeitlich getrennte Inhalte, wir erschauen auch ein phänomenologisches zeitliches Auseinander, eine Trennung, aber am Gegenstand ist keine Trennung, er ist derselbe." Vgl. Hua X, S. 8. An einer anderen Stelle heißt es, „[d]iese Gleichzeitigkeit ‚erscheint', aber im allgemeinen besteht sie ‚in Wahrheit' gar nicht, wie selbstverständlich. Der Stern, den ich jetzt sehe, ist vielleicht Tausende von Jahren nicht mehr (natürlich ebenso bei uneigentlicher Erscheinung: der gehörte Schlag des Hammers)." Hua X, S. 288.

115 Hua XXXIII, S. 117.

und ihre Setzung in ihren einmaligen Zeitstellen in der umfassenden Ordnung der Naturzeit nicht egologisch vollzogen werden kann und dass eine absolute Instanz außer von mir als ein anderes Subjekt für die Konstitution so einer transzendierenden Zeit und die Bestätigung der Einstimmigkeit des ganzen Systems erforderlich ist, werden in diesen Manuskripten nicht expliziert. Die intersubjektive Dimension der transzendenten Konstitution wird in diesen Manuskripten nicht thematisiert.

Während die Jetztsetzung eines Inhalts als spezifisches Wesen in der Immanenz für die Urstiftung eines immanenten Individuums ausreicht, transzendieren nicht nur die in die Unendlichkeit erweiterte Naturzeit, sondern auch ihre Strecken als die lagebestimmte Dauer der Naturgegenstände den ganzen immanenten Bereich.

Die Naturgegenstände können auch in der Wiedererinnerung gegeben sein. Die Gegebenheitszeit des Wiedererinnerungsgegenstandes (Zeit der noematischen Seite des Erlebnisses) deckt sich mit der Gegebenheitszeit des Wiedererinnerungsakts (Zeit der noetischen Seite des Erlebnisses). Die Wesenszeit des Wiedererinnerten (Zeit des intentionalen Wiedererinnerungsgegenstandes) weicht aber so weit von ihrer Gegebenheitszeit ab, dass in der jetzt gebenden Wiedererinnerung der Gegenstand als das Vergangene intendiert wird. Auch wenn die Vergegenwärtigung als Modifikation der Gegenwärtigung eigentlich kein individuierender Akt ist, sondern auf die Leistung der originären Wahrnehmung, der individuierenden Gegenwärtigung fundiert, erbringt die Wiedererinnerung in ihrem ideellen Zurückschreiten jedoch eine konstituierende Leistung für die Einheit und Erweiterung der Naturzeit. Dazu weisen die Wiedererinnerungen als die Reproduktionen des sowohl vergangenen Gegenstandes als auch der vergangenen Wahrnehmung auf die Einheit des gesamten Erlebniszusammenhangs hin.[116] In späteren Analysen wird diese Funktion der Widererinnerung für die sogenannte Verzeitlichung der Erlebnisse und des Ich hervorgehoben.

Eine offengebliebene Frage der frühen Analysen war die Frage nach der Stelle der in der Diskontinuität stehenden Zeitstrecken, die sich nicht, anders als die wiedererinnerte Zeit, an der gegenwärtigen Zeit anknüpfen. Damit sind die Phantasiezeiten gemeint. Die quasi-wirkliche Zeit der Phantasiegegenstände gegenüber ihrer Gegebenheitszeit ist nicht in der Parallelität der immanenten Zeit und der objektiven Zeit wahrzunehmen, sondern angesichts der Zusammenhangslosigkeit der Phantasiezeiten mit der objektiven Zeit und letztendlich der wirklichen Welt zu parallelisieren. Alle Erlebnisse, unbeachtet ihrer Intentionalität, verbinden sich in der Kontinuität des immanenten Eigenlebens.

[116] Bernet meint die Tatsache, dass Husserl so sehr auf die reale Möglichkeit des immer weiteren Zurückschreitens der Reihen der Wiedererinnerungen angewiesen ist, „so deshalb, weil es sich um eine einzige Erfahrung handelt, die mich apodiktisch der Einheit meines Bewusstseinsstromes versichern kann." Bernet (2004), S. 50.

Zu ihrem Wesen gehört „die Hineingehörigkeit in einen Zusammenhang der Erfahrung".[117] Die Gegebenheitszeit eines Phantasievorgangs ist auch keine Ausnahme und fügt sich in den Zusammenhang der Icherlebnisse ein. „[D]ie Zeit des Phantasievorganges selbst, welche eine Quasi-Zeit ist und zum Quasi-Gegenwärtigen der Phantasie konstitutiv gehört"[118], steht dagegen in keiner Verbindung mit der wirklichen Zeit und hat keine Individuation in dieser Zeit.

Die Einstimmigkeit- oder Widerstreitrelation der realen Gegenstände besteht auf Grund ihrer durch Motivation gebundenen Einheit. Ein Phantasiegegenstand steht dagegen nie in solchen Wahrheitsverhältnissen zu den realen Gegenständen. Allerdings kann die Quasi-Zeit die Form einer Quasi-Welt sein, deren innerliche Kohärenz die Phantasiegegenstände in Relation zueinander individuiert. In diesem Zusammenhang kann nach einem bestimmten Narrativ der Welt von der Einstimmigkeit und Uneinstimmigkeit die Rede sein. Die Tatsache, dass eine solche Phantasiewelt erst inkarniert und in der Sprache ausgedrückt werden muss, damit ihre Gegenstände und Vorgänge nach ihrem kohärenten Narrativ Individuation erhalten können, bekommt weiterhin keine phänomenologische Erklärung.

§ 7. Intersubjektive Dimension der Individuation und der Zeitkonstitution

Nicht nur die Individuation der Phantasiegegenstände, sondern auch die der realen und der idealen Gegenstände verweisen auf die intersubjektive Konstitution, die alle diese Individuationen von der immanenten Individuation in der egologischen Immanenz differenziert. Die mangelnde Auseinandersetzung mit den Themen der Intersubjektivität und der kommunikativen Konstitution bleibt die Schwäche dieser Phasen der Zeitanalysen. Diesen Mangel schon in den frühen Analysen bemerkend, schreibt Husserl an einer Stelle:

> „Fragen wir also: Wie weit reicht die Schicht der Ding-Objektivierung (oder welchen Sinn erhält ein sich konstituierendes ‚Ding'), wenn wir uns auf das einzelne Bewusstsein beschränken und noch die Personen-Objektivierung, Ich und andere Ich, nicht heranziehen, so haben wir <die Fragen>: a) Was enthält die rein intuitive Ding-Objektivierung? Und b) was die logische (erfahrungslogische)? –, soweit dergleichen ohne kommunikative Gemeinschaft zu leisten ist."[119]

Trotz dieser Reflexion auf die Mängel wird in diesen Manuskripten die Intersubjektivität nicht in direkter Verbindung mit der Zeitkonstitution thematisiert.

---

[117] Hua XXXIII, S. 329.
[118] Hua XXXIII, S. 318.
[119] Hua X, S. 287.

Insbesondere bezüglich der Einheit der Zeit und der Einheit der Welt wird dieser Mangel augenscheinlich. Auch wenn jede Einheit der möglichen Erfahrung eine mögliche Welt konstituieren kann, dergemäß von den Phantasiewelten im Plural die Rede sein kann, existiert nur eine Welt; da es ein Gesetz, ein Wesensgesetz ist,

> „dass alle Akte, die individuelles Dasein setzen, sofern sie von einem setzenden Ich ausgehen, notwendig das Daseiende insgesamt als in eine Zeit gehörig konstituieren. Also, all diese Welten müssten eine Zeitwelt sein, mindestens der Zeit nach hätten sie Einheit. Es kann nur eine Zeit sein, nämlich für alle zusammen existierenden Welten."[120]

Und Husserl hält daran fest, „[d]er Versuch, auf mehrere Ich zu verteilen, ändert daran nichts".[121] Diese Mannigfaltigkeit des Ich wird aber weder beschrieben noch erklärt. In einer statischen Aufgabenstellung sieht Husserl vielmehr die Reihenfolge der zu erforschenden Themen der Phänomenologie der Zeit folgendermaßen:

> „Sonach haben wir zuerst die immanente Zeit und dann erst das Problem der Konstitution einer ‚objektiven', einer im Immanenten sich konstituierenden nicht immanenten Zeit und dann wieder einer Zeit, die fremdes und dann fremdes und eigenes Bewusstsein, Letzteres als menschliches, intersubjektiv identifizierbares, konstituieren."[122]

Diese letzten Aufgaben allerdings sind nur Desiderat und werden erst in den 1930er-Jahren aufgenommen und einer näheren Betrachtung zugeführt.

---

[120] Hua XXXIII, S. 344.
[121] Hua XXXIII, S. 344.
[122] Hua XXXIII, S. 133.

Kapitel V: Das transzendentale Ich und seine Zeitlichkeit

Die Aufgabe der Zeitanalysen Husserls definiert sich auf neue Weise, insofern das Problem der objektiven Erkenntnis in der späten Phänomenologie unter neuen Gesichtspunkten betrachtet wird. Die intersubjektive Objektivität, die sich nach Husserls Auseinandersetzung in den *Cartesianischen Meditationen* mit dem Problem der Fremderfahrung als dominanter Begriff der Objektivität darstellt,[1] sowie der genetische Aspekt der Objektivität und zugleich ihr geschichtliches Gesicht in der Krisis-Abhandlung setzen neue Ziele und weisen auf die neuen Wege für die Zeitanalysen. Zudem – und mit der Unterstreichung der universalen Korrelation im Kompositum „Lebenswelt" – wird die Analyse der Zeit des Lebens und der Welt mit neuen Nuancen unerlässlich, wobei der Aufhebung der Dichotomie des Lebens und der Welt besondere Relevanz zukommt. Der Übergang von der subjektiven Zeitlichkeit zur objektiven Zeit ist die Herausforderung der späten Texte zur Zeitkonstitution.[2] Dieser Übergang wird vor allem dank der Konkretisierung dessen ermöglicht, was Husserl unter dem transzendentalen Subjekt fasst. Die Konkretisierung des transzendentalen Ich fasst in sich das Spektrum aller anderen späten Motive der Phänomenologie. Das konkrete transzendentale Ich wird als Monade bezeichnet. Husserls letzter Versuch einer systematischen Phänomenologie wird daher als eine transzendentale Monadologie verstanden.

Bezüglich der Weltzeit ist zu bemerken, dass, erst wenn das transzendentale Subjekt in seine Konkretheit ausgelegt ist, die Weltzeit in vollem Sinne entfaltet werden kann. Die Welt in ihrer Konkretion kann nur Korrelat der konkreten Subjektivität sein; die transzendental-ontologische Welt ist das Korrelat des transzendental-ontologischen Ich. Und schließlich kann die Weltzeit nur bezüglich einer transzendental-ontologischen Welt ihren eigenwesentlichen Sinn erhalten.

Im Folgenden werden die richtungsweisenden Gedanken dargelegt, die zu einer Konkretisierung des reinen Ich führen. Die Überlegungen beschränken sich dabei auf die *C-Manuskripte*, die einer stufigen Konkretisierung des reinen Ich folgen. Erst dann kann das ursprüngliche Thema der vorliegenden Arbeit wieder stärker in den Vordergrund rücken.

Zuerst wird das Problem der Naturalisierung des absoluten Bewusstseins in den *Ideen I* und sein Weiterbestehen in späteren Gedankenphasen Husserls

---

[1] In Die Krisis der europäischen Wissenschaften und die transzendentale Phänomenologie: eine Einleitung in die phänomenologische Philosophie heißt es: „Die universale Intersubjektivität, in die sich alle Objektivität, alles überhaupt Seiende auflöst [...]." Hua VI, S. 183.

[2] Vgl. Lohmar (2006), S. XVI.

dargestellt (§ 1, § 2). Die Methode des Zum-Ausdruck-Bringens der stummen Konkretion des Ich wird als die regressiv-progressive Methode der späten Analyse Husserls hervorgehoben und anschließend wird ihre Anwendung in der letzten Zeitanalyse erforscht (§ 3). In dem progressiven Vorgang der Methode werden die Stufen der Zeitigung der objektiven Zeit und der Selbstverzeitigung verfolgt und fortgeführt. Dadurch kann ein großer Schritt in Richtung der Konkretisierung des Ich und der Welt bezüglich ihres Verhältnisses als die Zeit gemacht werden (§ 4).

Der konstituierende Andere, ohne dessen Erfahrungen nicht nur die Erweiterung der Zeit, sondern auch die Konstitution meiner Lebenszeit in ihrem Anfang nicht möglich ist, ist als ein wichtiges Moment der Konkretisierung des Ich und in Anbetracht seiner Bedeutsamkeit für die Analyse der Zeit darzulegen (§ 5, § 6). Mit der Verleiblichung des Ich und dem Feststellen des Leibes als Zentrum der Zeit wird der letzte Schritt der Konkretisierung des Ich und der Zeit gemacht (§ 7).

§ 1. Die frühere Meldung des Rätsels des konkreten Ich in den Ideen I

Die auffällige Konkretisierung des völlig leeren Ich der *Ideen I*[3] findet zwar ihre prägnante Ausführung bei der Einführung der Habitualität in den *Ideen II*[4] und in den *Cartesianischen Meditationen*.[5] Das Problem der *notwendigen* Realisierung des absoluten Bewusstseins als seine Konkretisierung hat Husserl jedoch bereits in den *Ideen I* und im Rahmen der statischen Konstitutionsanalyse beschäftigt. Ausgehend von der konkreten Welt, von ihrer psychophysischen Konkretion, erweist sich die Notwendigkeit, die besagt, dass „das Bewusstsein ein untergeordnetes reales Vorkommnis innerhalb dieser Welt sein [soll]“.[6] Das absolut transzendentale Bewusstsein, das die Welt konstituiert, muss selbst binnen ihres Gebildes sein, insofern ihr Gebilde den Anspruch auf die Umfassung aller physischen Einheiten, aber auch der psychophysischen Einheiten erhebt. Husserl stellt fest, dass die Inexistenz des Bewusstseins nur in der Naturalisierung des absoluten Bewusstseins vollgezogen werden kann. Die Naturalisierung wird durch die Teilnahme des absoluten Bewusstseins an der Natur angekündigt. Das reine Bewusstsein naturalisiert sich durch „die Erfahrungsbeziehung zum Leibe“.[7] Diese Naturalisierung hat allerdings die Bedeutung des Zu-einem-Anderen-Werdens, was eine Selbstentfremdung darstellt. Zudem erwähnt Husserl in den *Ideen I* bei der Annahme des Charakters der Transzendenz die Preisgabe der Immanenz des absoluten Bewusstseins. Die Naturalisierung wird ausdrück-

---

3 Vgl. Hua III/1, S. 178 f.
4 Vgl. Hua IV, S. 310 f.
5 Vgl. Hua I, S. 100 f.
6 Hua III/1, S. 116.
7 Hua III/1, S. 116.

lich als das in die Welt Hineinkommen des absoluten Bewusstseins.[8] Dieses in die Welt Hineinkommen im Sinne der *Ideen I* kann nicht einfach mit der Rekonstruktion der Welthaftigkeit meines durch die Reduktion abstraktiv gereinigten Bewusstseins in den späten Phasen der Phänomenologie gleichgestellt werden. Bei der Quasi-Rückkehr des transzendentalen Bewusstseins in die Welt in der späten Phase der Phänomenologie enthüllt sich die Identifikation des transzendentalen Ich und des faktischen weltlichen Ich. Hier wird die verdeckte, jedoch evidente Tatsache aufgedeckt, dass Ich auch vor dem Entschluss zur Phänomenologie und vor dem Annehmen der transzendental-phänomenologischen Einstellung durch die Epoché ein transzendentales Ich war bzw. ist.[9] Diese scheinbare Gegenbewegung der Selbstenthüllung in der transzendentalen Reduktion ist gar nicht verhüllend, vielmehr wird dadurch die Vorgängigkeit des transzendentalen Ich für sich in ihrer Anonymität hervorgehoben.

Wäre das Hineinkommen nicht im Sinne des Wiederhineinkommens als entdeckende Rückkehr zu verstehen, schiene die geläufige Kritik an der Phänomenologie und der fragwürdigen Weltvorgängigkeit ihres Subjekts berechtigt zu sein.[10] In diesem Sinne ist *Ideen I* anfällig für diese Kritik. Wäre dann mit dem Primat des Bewusstseins ein ontologischer Vorrang gemeint? Oder könnte man, wie Karl Schuhmann, in der Naturalisierung des Bewusstseins den Primat der Welt erkennen und diesen sogar als den nichtigen Anfang des Bewusstseins sehen?[11]

Dass Husserl die Naturalisierung des absoluten Bewusstseins zu Gunsten seiner Subjektivitäts- bzw. seiner Konstitutionsfunktion für notwendig hält, könnte wahrscheinlich den Vorwurf der Weltvorgängigkeit des Subjekts abweisen. Allerdings, wenn die Naturalisierung und ihre Notwendigkeit als eine nachträgliche Konsequenz der Weltkonstitution betrachtet wird, ist damit wei-

---

[8] „Machen wir uns klar, wie Bewusstsein sozusagen in die reale Welt *hineinkommen*, wie das an sich Absolute seine *Immanenz preisgeben* und den Charakter der Transzendenz annehmen kann." Hua III/1, S. 116. (Hervorh. durch d. Verf.)

[9] Vgl. Mat VIII, S. 346. In der *Krisis* beschreibt Husserl diese anonyme Transzendentalität in der natürlichen Einstellung als „transzendentale in dem Modus naiver Verschlossenheit". Hua VI, S. 214.

[10] Eugen Fink interpretiert es kritisierend in der entsprechenden Richtung, wenn er schreibt: „Die phänomenologische Reduktion führt zu Thesen über den Seinsrang der Weltdinge und der Welt selbst, zu Thesen über deren Abhängigkeit vom Bewusstseinsleben eines weltvorgängigen Subjektes, das allerdings auch in einer *nachträglichen Weise* in das eigene konstituierte Gebild eingeht." Fink (1976), S. 288. (Hervorh. durch d. Verf.)

[11] Karl Schuhmann schreibt in seinem Werk *Die Fundamentalbetrachtung der Phänomenologie: Zum Weltproblem in der Philosophie Edmund Husserls*: „Anfang des Bewusstseinsschlusses ist Welt daher nur insofern, als sie das Nichts, das ‚noch nicht' des Bewusstseins darstellt, d. h. den dunklen Hintergrund einer Selbsterhellung. Nach dieser Seite des Primats der Welt über das Ich ist das Bewusstsein durch die Notwendigkeit, sich zu verweltlichen, ‚zu einem Anderen geworden', und zwar zu einem Anderen als es selbst." Schuhmann, K.: *Die Fundamentalbetrachtung Der Phänomenologie: Zum Weltproblem in Der Philosophie Edmund Husserls*, Den Haag: Martinus Nijhoff, 1971. S. 120.

terhin der Platz für ein weltvorgängiges reines Bewusstsein freigelassen. Die Realisierung des Bewusstseins mit der Betonung der Gleichursprünglichkeit der Weltkonstitution und der Selbstapperzeption des absoluten Bewusstseins, die auf die Feststellung ihres ursprünglichen Zusammenhangs, ihrer absolut wechselseitigen Korrelation und Verflechtung hinausläuft, findet erst ab den 1920er-Jahren ihre angemessene Äußerung.

Mit der problematischen Weltannihilationshypothese und zugleich der Möglichkeit des Weiterbestehens des Bewusstseins in den *Ideen I* beschäftigt sich schon das erste Kapitel dieser Arbeit. Trotz der nicht gelungenen, zum Missverständnis leitenden Formulierungen in den *Ideen I* ist die Vorzeichnung der späteren Entwicklungen und der Revidierungen bereits in diesem Werk zu finden. Obwohl in *Ideen I* vom Verlieren der Immanenz als Preis der Realisierung des absoluten Bewusstseins die Rede ist, wird jedoch das reale Bewusstsein zu einer „eigenartigen Transzendenz“[12] erklärt. Es wird nicht bloß als Etwas aufgefasst, sondern ausgezeichnet als „die leiblich fundierte Einheit“.[13] Mit den wegweisenden Gedanken in den *Ideen I*, die Husserl selbst sich anmerkt, schließt dieser Abschnitt diese einführende Passage. Im Folgenden ist die Struktur, der Konkretisierung in den Zeitanalysen am Leitfaden dieser Bemerkung zu folgen:

> „Wir erinnern uns auch daran, dass nur durch die Verknüpfung von Bewusstsein und Leib zu einer naturalen, empirisch-anschaulichen Einheit so etwas wie Wechselverständnis zwischen den zu einer Welt gehörigen animalischen Wesen möglich ist, und dass nur dadurch jedes erkennende Subjekt die volle Welt mit sich und anderen Subjekten vorfinden und sie zugleich als dieselbe, sich und allen anderen Subjekten gemeinsam zugehörige Umwelt erkennen kann.“[14]

§ 2. Das hartnäckige Rätsel in späteren Phasen der Phänomenologie

Das Problem der Naturalisierung, das Rätsel der Selbstentfremdung des reinen Ich in seiner Realisierung, taucht in Husserls späten Überlegung in unterschiedlichen Zusammenhängen auf und beweist eine ständige Präsenz. In der *Formalen und Transzendentalen Logik* stellt Husserl die problemdarstellende Frage folgendermaßen:

> „Wenn ich in der Universalität meines ego cogito mich als psychophysisches Wesen, als eine darin konstituierte Einheit, finde und darauf bezogen in der Form ‚Andere‘ psychophysische Wesen mir gegenüber, als solche nicht minder in Mannigfaltig meines intentionalen Lebens konstituiert, so werden hier zunächst schon in Beziehung auf mich selbst große Schwierigkeiten empfindlich. Ich, das ‚transzendentale Ego‘, bin das allen Weltlichen ‚vorausgehende‘[…]“[15]

---

[12] Hua III/1, S. 117.
[13] Hua III/1, S. 117.
[14] Hua III/1, S. 116.
[15] Hua XVII, S. 245.

In der *Krisis* wird die Problemlage so beschrieben:

> „Die universale Intersubjektivität, in die sich alle Objektivität, alles überhaupt Seiende auflöst, kann offenbar doch keine andere sein als die Menschheit, die unleugbar selbst ein Teilbestand der Welt ist. Wie soll ein Teilbestand der Welt, ihre menschliche Subjektivität, die ganze Welt konstituieren, nämlich konstituieren als ihr intentionales Gebilde?“[16]

Und setzt fort:

> „Der Subjektbestand der Welt verschlingt sozusagen die gesamte Welt und damit sich selbst. Welch ein Widersinn. Oder ist es doch eine sinnvoll auflösbare, sogar eine notwendige Paradoxie?“[17]

---

16 Hua VI, S. 183.

17 Hua VI, S. 183. In Husserl Forschungen ist das ganze Problemspektrum, ausgehend von Husserls Bezeichnung in der *Krisis* als „das Paradox der Subjektivität“, aufgenommen und in der Gegensetzung zwei Weisen des Selbstbewusstseins oder zwei Existenzweisen vom ego oft diskutiert. Mit dem Paradox vom Ich als dem Subjekt von der Welt und zugleich als dem Objekt in der Welt wird in Husserls Forschungen ganz unterschiedlich umgegangen. Einige Forscher versuchen das Paradox dergestalt zu artikulieren, dass sie das transzendentale Subjekt bei Husserl (und auch allgemein bei der transzendentalen Philosophie) als ein philosophisches Konstrukt betrachten und glauben, dass solches Paradox unvermeidbar wird, wenn das Konstrukt als eine Seinsweise des Ich ernst genommen wird, die der weltlichen Inexistenz des Ich entgegensteht. Als ein Vertreter dieser Auslegungsrichtung ist David Carr zu nennen mit seinem Buch, das gerade mit diesem Paradox betitelt ist: *The Paradox of Subjectivity: The Self in the Transcendental Tradition*. Er schreibt: „These two different senses of the subject drive, [...] from two very different modes of self-consciousness or reflection: natural reflection, [...] and transcendental reflection, which is linked to the highly specialized and theoretically sophisticated method of phenomenology. This in turn lends to the transcendental subject the air of something contrived or artificial, something like a theoretical fiction.“ Carr, D.: *The Paradox of Subjectivity. The Self in the Transcendental Tradition*, New York: Oxford University Press, 1999. S. 96-97 Und wenn sich Carr mit der Frage „is there a transcendental subject? “ an Husserl wendet, findet er Husserls Antwort „ambiguous“. Ebd. S. 93. In dieser Interpretationsrichtung entsteht das Paradox aus der Fehlinterpretation der transzendentalen Phänomenologie (der allgemeinen transzendentalen Philosophie) selbst. Die Gegenrichtung dieses Umgangs mit dem Paradox ist bei denjenigen Forschern zu finden, die den von Husserl ausgesprochenen Widersinn bezüglich des Verhältnisses des Subjekts und der Welt im Endeffekt als ein Paradox in der Psychologie betrachten, dessen Lösung gerade in der transzendental-phänomenologischen Sichtweise der Sache zu finden ist. So schreibt Sebastian Luft: „If psychology realized that its real theme ought to be consciousness, and if consciousness is more than just a ‚mental episode‘, but the entirety of the experience of the world, then the psychologist would have to realize that consciousness of the world and the world itself are correlates. Consciousness has a fundamental dual nature: as a conscious creature, I experience the world, but I am also an object in the world. This is what Husserl calls the paradox of subjectivity, as being at the same time an object in the world and a subject for the world. But this paradox vanishes when phenomenologically clarified: the solution is the realization that the subject that experiences the world and is also an object in the world are but two different viewpoints on the same thing.“ Luft, S., *Husserl's Method of Reduction*, in: The Routledge Companion to Phenomenology, Hgg. Luft, S. & Overgaard, S., Abingdon: Routledge, 2014. S. 243-253. Hier S. 249.

Zudem drängt sich das Rätsel auch auf der anderen Seite der universalen Korrelation auf, d. h. auch bei dem Aufwickeln des Weltphänomens als Lebenswelt. Die Welt ist mir vorgegeben und trotzdem erst von mir konstituiert. Alle diese Rätsel sind unterschiedliche Facetten eines Rätsels, das Rätsel der absoluten Faktizität des transzendentalen Ich.

Das reine Ich war die abstraktive[18] Entdeckung der Polarisierung: Als Gegenpol meiner Erfahrungen und abgesehen von ihnen bin ich ein „reines Ich und nichts weiter".[19] Gerade in der Polarisierung meldet sich die Konkretheit des Ich, insofern es die unumgängliche Zugehörigkeit vonseiten des Erlebnis-Pols aufweist und vonseiten des Ich-Pols den Sinn des Besitzes, sogar eines habituellen Besitzes. Das Ich trägt seine Erlebnisse, es hat Erwerben und Erben, es hat auch Erwartungen im Sinne des Horizonts von Möglichkeiten, es hat seine Vermögen und Vermöglichkeiten. Ergo: Das konstituierende Ich ist nicht leer, ist „nicht ein bloßes Ich, dem eine Mannigfaltigkeit ichlosen Seins gegenüber ist".[20]

Auch wenn daher, anders als bei Descartes, das Ego bei Husserl nach der Epoché nicht als reines Ich, als ein weltlos-leibloses *res cogitans* betrachtet wird, räumt Husserl selbst ein, dass das apodiktisch gegebene Ego der Epoché dennoch als „‚stumme Konkretion' gegeben"[21] ist. Die Verflechtung des transzendentalen konstituierenden Ich mit den Konstituierten wurde lange Zeit nur in der Auslegung der Internationalität hervorgehoben, so blieb die Konkretion des transzendentalen Ich in der Phänomenologie nicht ganz ausgesprochen, sondern stumm. Um diese stumme Konkretion zur Aussprache zu bringen, gibt Husserls die Anweisung in der *Krisis der europäischen Wissenschaften und die transzendentale Phänomenologie:*

> „Sie muss zur Auslegung, zur Aussprache gebracht werden, und zwar in systematischer, vom Weltphänomen aus zurückfragen der intentionaler ‚Analyse'. In diesem systematischen Vorgehen gewinnt man zunächst die Korrelation der Welt und der transzendentalen, in der Menschheit objektivierten Subjektivität."[22]

Dabei lernt das transzendentale Ego sich selbst „in der Systematik seiner konstitutiven Schichten und seiner unsagbar verschlungenen Geltungsfundierungen kennen".[23]

---

18 In den *Ideen II* heißt es: „Abstraktiv, sofern es als etwas von diesen Erlebnissen, als etwas von seinem ‚Leben'Getrenntes nicht gedacht werden kann." Hua IV, S. 99.

19 Hua III/1, S. 179.

20 Mat VIII, S. 103.

21 In der *Krisis* ist zu lesen: „Das ego ist im Einsatz der Epoché apodiktisch gegeben, aber als ‚stumme Konkretion' gegeben." Hua VI, S. 191. So heißt es auch in den *C-Manuskripten*: „Die transzendentale Reduktion als Reduktion auf mein transzendentales Ego in seiner unausgelegten ‚stummen' Konkretion." Mat VIII, S. 115.

22 Hua VI, S. 191

23 Hua VI, S. 191.

§ 3. *Die Methode der Auslegung der Konkretheit des Ich und die Anwendung der Methode in den späten Zeitanalysen*

Im Rahmen der Überlegungen der *C-Manuskripte* wird der Prozess des zur Aussprache Bringens der stummen Konkretion entsprechend der Anweisung der *Krisis* systematisch und ausgehend von der intentionalen Analyse des Weltphänomens durchgeführt. Es wird, ausgehend von dem abstraktiv abgespaltenen Wahrnehmungsfeld, den Apperzeptionen und Erweiterungen zu den aufsteigenden Stufen bis zur vollen Weltapperzeption gefolgt und diese entfaltet; die Apperzeptionen, die zugleich bei der noetischen Seite die Vollstellung der Konkretion des primordialen Ich bedeuten. Die Unselbständigkeit jeweils abgebauter Schicht vom Noema (Weltphänomen) verweist in der wesensmäßigen systematischen Fundierungsfolge auf die notwendigen Komponenten für die Konstitution des konkreten Noemas (die Welt), die in noetischer Seite als Grundstrukturen und Dispositionen des konkreten welterfahrenden Bewusstseinslebens gelten und die Konkretion des Ich auszeichnen und bestimmen. In der ständigen Überschreitung und Ausdehnung des abstraktiven Kerns und Enthüllung seiner Abhängigkeit von dem Horizont wird „[d]ie programmatische Rekonstruktion des ursprünglichen Zusammenhangs von Welt und Bewusstsein“[24] anvisiert. Zwecks dieser Rekonstruktion wird die regressiv-progressive Methode[25] der 1930er-Jahre zu der dominanten Methode der Phänomenologie. Die Methode besteht in „[der] regressive[n] Abschichtung und [dem] progressive[n] Ins-Spiel-Setzen der ontifizierenden Aktivitäten“.[26] Nicht nur die Urstufe des Bewusstseins und ihre Urpassivität mit ihren Urgesetzen, sondern auch alle intentionalen Implikationen, darunter die spezifische der transzendentalen Intersubjektivität, lassen sich nur durch eine solche abbauend-aufbauende Methode enthüllen. Diese regressiv-progressive Methode, die auch als „Phänomenologische Archäologie“[27] und „Verstehen im ‚Zick-Zack‘“[28] bezeichnet wird, muss den transzendentalen Ursprung der Objektivität dergestalt erhellen, dass die Realität bzw. die Transzendenz der Objektivität keineswegs in einer Art Relativismus preisgegeben werden. Anhand der Abbau-Methode

[24] Meist (1980), S. 567.

[25] Diese Methode, ihr Ziel und ihre Schritte treffend auf den Punkt bringt Kurt Rainer Meist in folgenden Worten: „Die programmatische Rekonstruktion des ursprünglichen Zusammenhangs von Welt und Bewusstsein fordert daher von sich aus, dass die primordiale Abstraktion in einer phänomenologischen ‚Wiederaufbaubewegung‘ wieder aufgehoben wird, indem das reine ego sich mit seiner leiblichen Vergegenständlichung als wirklichem und in der ‚Welt‘ seiendem, nicht abstraktem ‚Nullpunkt‘ unmittelbarer Erfahrungsrelativität identifiziert, um so zugleich die eigentliche Voraussetzung für eine Erfahrung der ‚Andern‘ als einer ersten (absoluten) Transzendenz für mich zurückzugewinnen.“ Meist (1980), S. 567.

[26] Mat VIII, S. 187.

[27] Mat VIII, S. 356.

[28] Mat VIII, S. 357.

erhofft Husserl in den Zeitanalysen eine „Aufdeckung von Kernstrukturen in der immanenten Zeit und der Konstitution der Natur".[29] Die Struktur und Stadien der Konkretisierung des Ich werden somit als die notwendigen Stufen der Zeitigung der objektiven Zeit und der Verzeitigung[30] des Ich entfaltet.

Bei der Anwendung der reduktiv-abstraktiven Methode in den Zeitanalysen wird nach der Reduktion auf meiner stehend-strömenden Gegenwart eine noch radikalere Reduktion[31] vollzogen.

Das ist die Reduktion auf die lebendige Gegenwart in ihrer noetisch-noematischen Struktur durch die Ausschließung der sich über die Gegenwärtigung erstreckten Horizonte. Das Ergebnis dieser Reduktion ist, von noematischer Seite betrachtet, das reine jeweilige Wahrnehmungsfeld, eingeschlossenes momentanes Einzelwahrnehmungsfeld, abgesehen von seinem Außenhorizont, sodass dieses Feld eigentlich durch das Absehen von seinem *plus ultra* nicht mehr als ein Ausschnitt der Welt, sondern bloß als das Feld der auf einmal Wahrgenommenen betrachtet werden darf.

Husserl stellt fest, dass die Reduktion auf meine aktuell wahrnehmungsmäßige, lebendige Gegenwart den Charakter der Reduktion auf das radikal Primordiale hat und *vice versa*.[32] Bei dem „Absehen von den Sinneskomponenten der wirklich geltenden Welt, die durch das Mit-Dasein von Anderen motiviert sind",[33] gewinne ich im Endeffekt das abstrakt eingeschränkte Gegenwartsbewusstsein. Diese Tatsache gibt auch ein Verständnis dafür, dass Husserl sowohl „das Impliziert-Sein meiner Vergangenheit in meiner strömenden Gegenwart" als auch „das Impliziert-Sein der anderen Monade in meiner Monade" „als Implikation transzendental simultane"[34] bezeichnet. Die von den *Cartesianischen Meditationen* bekannte Analogie zwischen der apperzeptiven Fremderfahrung

---

29 Mat VIII, S. 186.

30 Brand ist der Meinung, „dass Husserl, wenn er ‚Verzeitigung' gebraucht anstatt Zeitigung, das mehr passive und anonyme Strömen meint gegenüber dem mehr aktiven Enthüllen der Zeitmodalität als Zeitigung". Brand (1955), S. 85.

31 Bezüglich der primordialen Reduktion weist Dan Zahavi darauf hin, dass die Beschreibung dieser Reduktion als eine radikale Version der transzendentalen Reduktion irreführend ist. Er schreibt: „Obwohl die primordiale Reduktion gelegentlich als eine radikalisierte Version der transzendentalen Reduktion präsentiert wird, ist dies eher irreführend. Sie setzt nämlich offensichtlich schon die transzendentalphänomenologische Reduktion voraus, findet innerhalb ihrer statt und kann angemessener als eine thematische Einschränkung (Abstraktion) auf ein bestimmtes Gebiet innerhalb der von der Reduktion schon freigelegten transzendentalen Sphäre betrachtet werden." Zahavi (1996), S. 23.

32 So schreibt Husserl: „Man weiß noch nichts von Primordialität, die hier durch die Forderung der Wahrnehmung (der korrelativen Wahrnehmung) doch innegehalten ist." Und setzt fort: „‚Reduktion' besagt hier Ausschluss des Horizonthaften, das über die korrelativ strömende Wahrnehmung hinausgeht. Diese Reduktion ergibt aber in der Tat das Primordiale – vor jeder Einführung der transzendentalen Anderen." Mat VIII, S. 153.

33 Mat VIII, S. 160.

34 Mat VIII, S. 22.

und der Wiedererinnerung als Vergegenwärtigung[35] wird hier dadurch vertieft, dass der Gegenwartshorizont sich überhaupt als durch das *Alter Ego* konstituierter Horizont zeigt.[36]

Als Erstes, nach dieser Abstraktion, stellt Husserl sich die Aufgabe der Enthüllung und Auszeichnung der Strukturen des Primordiums, um das Potenzial dieser abstraktiv eingegrenzten Sphäre für die Konstitution und Korrelation der objektiven Transzendenz, für die Konstitution der objektiven Welt zu überprüfen. Die behauptete, sogenannte immanente Objektivität der frühen Zeitanalysen steht nun als primordiale zur Probe. Es ist zu zeigen, ob und inwiefern die Objektivität in der bewusst eingeschränkten Sphäre zu verweisen ist. Weiter ist die Frage, wie weit das Ich die reale Welt und ihre Raumzeitlichkeit als das Stellensystem der Objekte primordial zu konstituieren vermag, ob und wie weit es in der radikalen primordialen Einsamkeit als „solitäres Subjekt" mit der Weltkonstitution vorankommt. „Es ist die Frage, wieweit man mit der egologischen Sinneskonstitution reicht, und ob, wenn man mit einer Aufklärung stecken bleibt, nur die Aufhebung der Abstraktion helfen kann."[37] Das vorausgeschickte Endziel dieser Fragestellung liegt darin, die unerlässliche konstitutive Intersubjektivität, die sich gerade im Primordium aufdrängt, hervorzuheben.

Die immanenten Momente der wahrnehmungsmäßigen lebendigen Gegenwart werden nach ihrer eventuellen Transzendenz gefragt, um herauszufinden, wie weit die lebendige Gegenwart als eine Einheit die Möglichkeit der Erweiterung und im weiteren Sinn die Möglichkeit der Selbstkonstitution in ständigem Strömen innehat. Wird zudem dem unaufhörlichen Strömen die Aufgabe der ständigen Konstitution der objektiven Welt mit ihrer objektiven Raumzeitlichkeit zugeschrieben, dann wird diese Untersuchung die Tatsache erhellen, dass die Kerngegenwart, die weiterhin als Urquelle der Konstitution betrachtet wird, kein selbständiges Isoliertes ist, sondern stets die mitkonstituierenden Horizonte aufweist und braucht. Parallelerweise und angesichts der festgestellten Identität der abstrakten lebendigen Gegenwart und des durch Abstraktion

[35] Den lehrreichen Vergleich macht Husserl in den *Cartesianischen Meditationen* und schreibt: „So wie sich in meiner lebendigen Gegenwart, im Bereich der inneren Wahrnehmung, meine Vergangenheit konstituiert vermöge der in dieser Gegenwart auftretenden einstimmigen Erinnerungen, so kann sich in meiner primordialen Sphäre durch in ihr auftretende, vom Gehalt derselben motivierte Appräsentationen in meinem ego fremdes ego konstituieren, also in Vergegenwärtigungen eines neuen Typus, die ein neuartiges Modifikat als Korrelat haben." Hua I, S. 145.

[36] Freilich ist gerade diese Andeutung der Beteiligung der Mitsubjekte an der Konstitution des Zeithorizonts die Zielscheibe des geläufigen Vorwurfs zur Metaphysik der Präsenz. Es wird darin die Gegenwart als das privilegierte Selbst betrachtet, während Vergangenheit und Zukunft als das abwesende Nicht-Selbst, als die Fremde erkannt werden. Trotzdem ist zu bemerken, dass der Kern und der Horizont bei Husserls Analysen keineswegs in einem statischen Verhältnis zueinander stehen und nirgends in einer festen Hierarchie.

[37] Mat VIII, S. 160.

gewonnenen Primordiums wird die Untersuchung der jeweiligen lebendigen Gegenwart zu der Enthüllung der transzendentalen Intersubjektivität führen. Es wird gezeigt, dass der unaufhörliche Strom in der Isoliertheit nicht im Stande ist, die objektive Welt zu korrelieren, zu konstituieren. Eine Pluralisierung, die sogenannte Monadisierung, wird sich als notwendig erweisen.

Im Folgenden sind die Stufen der Zeitigung detaillierter darzustellen. Die Unzeitlichkeit des transzendentalen Subjekts, das in der Weltzeitdebatte Teil der Kritik ist, ist hier in der Weise auszulegen, dass sie nicht auf das ontologische Primat eines weltlosen Ich hindeutet.

§ 4. Die Stufen der Zeitigung der objektiven Zeit und der Verzeitigung des Ich

Bei der Reduktion auf die lebendige Gegenwart wird die Wahrnehmung von ihrem Außenhorizont abstrahiert. Von der Synthesis der Einstimmigkeit der Einzelwahrnehmung mit anderen Erfahrungen wird in diesem Verfahren bewusst abstrahiert. Dann werden innerhalb solcher in der einzigen lebendigen Gegenwart abgespielten Einzelwahrnehmung ein Kern und ein Innenhorizont erkannt.[38] Als erste Transzendenz in der Immanenz ist die Retention zu erkennen. Diese Transzendenz ist einem abstraktiven leibhaftigen Selbst gegenübergestellt. Erst wenn Husserl in der abstraktiven einzigen Gegenwärtigung einen Kern der absoluten urmodalen Gegenwart ideell als reine Gegenwart als leibhaftiges Selbst abstrahiert[39], zeigt sich die Retention über diese urmodale zeitigende Gegenwart als gezeitigt. Die genetisch abgeleiteten Modifikationen, Retention und Protention, gelten als Momentantranszendenz, die wirklich momentan sind, aber in ihrer modifizierten Intentionalität das eigene Nicht-Jetzt bewusst machen. Diese transzendente Einheitsbildung in formaler Ebene hat auch einen Inhalt. Der Terminus Noch-Modus als Retention ist in Verbindung mit dem Terminus Noch-Gelten eingeführt, das sich nicht auf das Erhalten des soeben verströmten Jetztbewusstseins bezieht, sondern auf die über den flüchtigen, aber urstiftenden Akt hinausreichende und fortdauernde Meinung. Während der Noch-Modus Bezeichnung eines Moments des momentanen Bewusstseinslebens ist, stellt das Noch-Gelten das momentane Bewusstseinshaben dar. Das Grundgesetz der Fortgeltung jeder Urstiftung[40] findet seine elementarste Form in dem Noch-Gelten der retinierten Phase des Bewusstseins, in dem Noch-Gelten von dem, was in früheren Analysen als das in der gegenständli-

---

[38] Vgl. Mat VIII, S. 27.

[39] Vgl. Mat VIII, S. 27.

[40] „In der Tat ist es ein Grundgesetz, dass ⟨das⟩, was wir in der Einheit eines Lebens in irgendwelchen positionalen Akten (in erfahrenden, urteilenden, wertenden, wollenden u. dgl.) ‚erstmalig' in Geltung gesetzt haben – in urstiftenden Akten, wie wir auch sagen –, bis auf weiteres in Geltung verbleibt." Hua XXXIX, S. 47.

chen Intention Erhaltene bezeichnet ist. „Das Noch-Gelten des Woraufhin des Aktes in der lebendigen strömenden Gegenwart“[41] veranlasst, dass die lebendige Gegenwart, welche die Einheit der breiten Gegenwart mit ihrer Dreigliedrigkeit in sich hat, auch zu einem Niederschlaglager wird, worin die hyletischen Daten sich assoziativ synthetisieren und in Fortgeltung bewahren.

Die erste Gezeitigte hat die Form der Einheit des Erlebnisstroms gegenüber der abstraktiv stehenden urimpressionalen reinen Gegenwart.

Im Sinne der frühen Analysen der immanenten Zeit spricht Husserl auch in diesen Abbau-Analysen gelegentlich von der ersten Stufe der Zeitigung als Erlebniszeitigung in der immanenten Zeit.[42] Wie es sich aus letzten Kapiteln erschließt, bedarf die Abhebung der Erlebnisse in dem Erlebnisstrom jedoch einer Reflexion, genauer gesagt einer Wiedererinnerung, und kann nicht geradehin vollgezogen werden. Daher kann hier von einer nicht intern explizierten Einheitsbildung des Erlebnisstroms die Rede sein, aber nicht von der expliziten Einheit und Meinigkeit der Erlebnisse. Der Zeitigung des Erlebnisses geht die Zeitigung des Erlebnisstroms als originäres Zeitfeld voraus und die Zeitigung der Erlebnisse als meine kann nur zugleich mit der Selbstzeitigung stattfinden.

Hier sei abermals auf die subtile Unterscheidung zwischen der invarianten Form der lebendigen Gegenwart und ihrem lebendigen Geschehen hingewiesen. Die erste Zeitigung ist die Zeitigung der Transzendenz des Währens als die invariante Urform des Strömens gegenüber seinem ständigen Urgeschehen als Strömen.[43]

Die Zeit des Strömens schlechthin ist Vor-Zeit; und bloßes Strömen ist die Vor-Zeitigung. Wenn das Sein die Bedeutung der Erfahrbarkeit hat, dann ist Vor-Zeit, Vor-Sein „unerfahrbar, unsagbar“.[44] Um diese Behauptung zu erklären, ist darauf hinzudeuten, dass Husserl in einem anderen Versuch regressiv die Schichten der objektiven Konstitution abzubauen versucht. Statt von der ideell abstrahierten urimpressionalen Gegenwart auszugehen und ihre Weite (den Innenhorizont) und Erweiterung (den Außenhorizont) zu enthüllen, führt Husserl eine tiefgenetische Betrachtung durch und stößt infolgedessen auf die allgemeinste Struktur der „urimpressionale[n] strömende[n] Gegenwart der konkreten Urpräsenz“[45], d. h. auf das Ur-Ich und die Ur-Hyle als notwendige Voraussetzungen jeder Zeitigung.[46] Als Strukturen der strömenden Gegenwart werden die zwei Urquellen jeder Zeitigung selbst als ichliche und nicht-ichliche Ströme beschrieben.[47] Alle Vor- und Ur-Bezeichnungen entsprechen dieser

---

41 Mat VIII, S. 306.
42 Mat VIII, S. 197.
43 Vgl. Held (2005).
44 Mat VIII, S. 269.
45 Mat VIII, S. 110.
46 Vgl. Mat VIII, S. 110.
47 „Konstitution von Seienden verschiedener Stufen, von Welten, von Zeiten, hat zwei Urvoraussetzungen, zwei Urquellen, die zeitlich gesprochen (in jeder dieser Zeitlichkei-

urpassiven Sphäre mit seinem Ur-Ich und der Ur-Hyle, woran die auf Sein und Seinskonstitution gerichtete Sprache nicht einfach heranzukommen vermag. Sobald das Unsagbare in der phänomenologischen Reflexion aufgewiesen wird, „also doch erfahren und zum Thema einer Aussage wird, ist es eben ontifiziert".[48] Die Ontifikation als Akt des phänomenologisierenden Ich wurde schon bei der Problematisierung der immanenten Zeit in dieser Arbeit aufgegriffen. Dass ihm das richtige Ausdrücken schwerfällt, zeigt sich an ständigen Reformulierungen und den immer wieder aufkommenden Andeutungen der eventuellen Missverständnisse. Husserl schreibt, „‚Selbstzeitigung' als Leistung des urtümlichen Strömens ist ein gefährliches Wort. Das Strömen als solches zeitigt nicht."[49] Und Husserl setzt fort: „Als transzendentaler Zuschauer kann ich mich auf das pure Strömen einstellen, auf das stetige Abklingen der Urimpressionen."[50] Sollte die Zeitigung die Bedeutung der Ontifikation haben, dann ist die Ontifikation des unsagbaren vorbewussten vorontischen Zeitstroms Leistung des phänomenologisierenden Ich. Die passive Zeitigung hat aber keinen ontifizierenden Charakter, sondern ist als Bedingung der Möglichkeit jeder Zeitigung zu betrachten.

Angesichts des mit der lebendigen Gegenwart gleichgestellten Primordiums ist die erste Zeitigung „als invariante Seinsform des Primordiums"[51] zu betrachten. Die transzendente Einheitsbildung im Primordium, in der aktuellen lebendigen Gegenwart, hört jedoch nicht bei der kontinuierlichen Anschließung der Retention und Protention am abstrakten urmodalen Kern der Gegenwart auf. Daher ist es wohl möglich, dass in der lebendigen Gegenwart eine Wiedererinnerung auftaucht. Die Wiedererinnerung stattet die abstrakt als eine atomare Einheit betrachtete jeweilige lebendige Gegenwart mit einer weiteren Transzendenz, nämlich mit ihrem Vergangenheitshorizont aus.

Während in der rein perzeptiven Sphäre der hyletischen Daten die Retention als Transzendenz zu erweisen ist, enthüllt die in der vergangenen Retentionalisierung fundierte Wiedererinnerung in einer höheren Schicht den abgelaufenen Akt als konstituierte Transzendenz. Die Wiedererinnerung transzendiert die lebendige Gegenwart,[52] insofern sie „auf das Urwerden der Vergangenheit durch Retentionalisierung zurück[weist]".[53]

---

ten) immerfort ihr ‚zugrundeliegen': 1) mein Ich als fungierendes, als Ur-Ich in seinen Affektionen und Aktionen, mit allen Wesensgestalten an zugehörigen Modis, 2) mein urtümliches Nicht-Ich als urtümlicher Strom der Zeitigung und selbst als Urform der Zeitigung, ein Zeitfeld, das der Ur-Sachlichkeit, konstituierend. Aber beide Urgründe sind einig, untrennbar und so für sich betrachtet abstrakt." Mat VIII, S. 199.

48 Mat VIII, S. 269.
49 Mat VIII, S. 118.
50 Mat VIII, S. 118.
51 Mat VIII, S. 131.
52 Mat VIII, S. 132.
53 Mat VIII, S. 132.

Trotz der radikalisierten Reduktion der aktuellen lebendigen Gegenwart erschließt sich ein Motivationsweg in ihr, der zur Konstitution der Vergangenheit führt. Die Wiedererinnerung ist das Bahnbrechende dieser Konstitution. Anders als Retention ist die Wiedererinnerung keine in den originären Strömen abgeleitete Abwandlung. Während die Retention ein Bewusstseinsmoment des originären konstituierenden Zeitbewusstseins ist, ist die Wiedererinnerung die Reproduktion eines vergangenen Bewusstseinsganzen. Wie schon erwähnt: Erst dank der Wiedererinnerung und Erschließung des dunklen Horizonts des Erlebnisstroms setzt die Erlebniszeitigung ein. Die Reproduktion der Retentionalisierung der Gesamteinheit eines ursprünglich passiv versunkenen Aktes findet die Bedeutung der „seinsmäßigen Ontifikation“[54] der immanenten Erlebnisse in der Ganzheit des Erlebnisstroms. Die Wiedererinnerung, die kein ursprünglich konstituierender Akt ist, die nur Reproduktion eines verströmten konstituierenden Akts ist, legt eine höhere Stufe der Zeitigung frei, welche in der Passivität fundiert ist.

Die Behauptung, dass in der lebendigen Gegenwart die Widererinnerung auftauchen kann, scheint beim ersten Blick widersprüchlich zu sein, insofern die lebendige Gegenwart als die durchaus wahrnehmungsmäßige Gegenwart durch die Abstraktion von der Vergegenwärtigung nach der vorgeschriebenen Regel dieser Abstraktion zu gewinnen ist.[55] Der Widersinn zeigt sich jedoch als bloß scheinbar, insofern: „[w]enn eine Vergegenwärtigung jetzt eintritt, so ist sie selbst gegenwärtig, als das ein Wahrnehmungsmäßiges“.[56] Dass sie in wahrnehmungsmäßigen Erlebnissen bewusst ist, gilt phänomenologisch schlicht für alles und in jedem Sinne Transzendente.

„Aber in ihr als Vergegenwärtigung-von ist etwas vergegenwärtigt.“[57] Darüber hinaus ist darauf zu achten, dass ich durch die Abstraktion nicht meine allererste lebendige Gegenwart und mithin die allererste Wahrnehmung gewinne, wenn überhaupt von so einer allerersten gesprochen werden darf. Die unbemerkte, jedoch unumgängliche Tatsache, dass der Vollzieher dieser abstraktiven Reduktion das faktisch bestimmt entwickelte Subjekt mit einer bestimmten Geschichte ist, fällt wieder auf. Die Vorgängigkeit der Faktizität drängt sich wieder auf. Die Vorgängigkeit der Faktizität des transzendentalen Ich als absolute Faktizität ist eine von den Grundelementen, die zur Ausbildung einer transzendentalen Intersubjektivitätstheorie sowie einer Theorie der Geschichtlichkeit gehört.[58]

---

54 Mat VIII, S. 186.

55 „Wie ist das zu verstehen, da doch die gesamte strömende Gegenwart wahrnehmungsmäßige ist, dass wir nun abermals in einem offenbar besonderen Sinne von Wahrnehmungen und Nicht-Wahrnehmungen sprechen müssen?“ Mat VIII, S. 25.

56 Mat VIII, S. 25.

57 Mat VIII, S. 25.

58 Zum Thema von Husserls Theorie der Geschichte und der Tragweite der absoluten Faktizität ist auf den Beitrag von Landgrebe zu verweisen: Landgrebe, L.: *Die Phänomenologie*

Die Möglichkeit der Wiedererinnerung ist keineswegs eine wesentliche Möglichkeit des Bewusstseins schlechthin; ein tierisches Bewusstsein verfügt nicht über das ausgebildete Vermögen der Wiedererinnerung und lebt deshalb in der konkreten Gegenwart.[59] Auch aus diesen Zusammenhängen lässt sich ein Verständnis dafür gewinnen, dass Husserl behauptet, „dass durch die Verzeitigung der Ichakte“[60]– welche auf Basis der Wiedererinnerung und schließlich des Vergangenheitshorizonts vollgezogen wird – „und des Ich selbst die Vermenschlichung zustande kommt“.[61] Dabei wird das strikte Scheiden zwischen dem transzendentalen und dem empirischen Ich relativiert, wenn die Verzeitigung zugleich die Vermenschlichung des Ich in den Vordergrund rückt. Dies ist allerdings eine zu schnelle Auslegung der Vermenschlichung. Auf diesen Punkt wird diese Arbeit wieder zurückkommen.

An Phänomen der Wiedererinnerung enthüllt das transzendentale Ich ein vergangenes Ich jener vergangenen Gegenwart, welche ihm selbst identisch ist bzw. ein Abwandlungsmodus seiner selbst ist und worin die Motivation zu seiner Selbstzeitigung liegt.[62] In diesem Sinne ist die Selbstzeitigung im Prinzip „die Aktivität des sich-entdeckens-als-Zeitliches“,[63] d. h., die Wiedererinnerung ist nicht der genetische Ursprung der Selbstzeitigung, sondern expliziert Husserls Leitidee dergestalt, „dass in der Tat der Urstrom meines Ich-bin selbstzeitigend ist, aber nur durch Erinnerungsbewusstsein als Bewusstsein-von, als Intentionalität, eigenes Sein als zeitlich existierend zustandekommt“.[64]

Wie Husserl an einer anderen Stelle schreibt,

---

als transzendentale Theorie der Geschichte, in: Phänomenologische Forschungen 3, 1976, S. 17-47; Vgl. auch den Beitrag von Meist: Meist, K. R.: *Die Zeit der Geschichte. Probleme in Husserls transzendentaler Begründung einer Theorie der Ges*chichte, in: Zeitschrift für philosophische Forschung 14, 1983. S. 58-110. Auch Lembeck widmet sich diesem Thema in seinem Buch. Vgl. Lembeck, K. H.: Gegenstand Geschichte. Geschichtswissenschaftstheorie in Husserls Phänomenologie, Dordrecht u. a.: Kluwer Academic, 1988.

59 Vgl. Hua XXIX, S. 4. Da Husserl der Meinung ist, „dass Tiere nur in der konkreten Gegenwart leben, nämlich, dass sie kein konkretes Zeitwissen, keinen geschichtlichen Horizont haben, kein ausgebildetes Vermögen, eigene Vergangenheit durch Erinnerung als Bereich ihres gewesenen Seins und Lebens in Verfügung zu brauchen und von da aus künftiges Sein explizit induzieren und wiederholend bewahren zu können“. Es könnte nun im ersten Blick erstaunen, wenn er schreibt: „Das Tier, umherschweifend: Es kommt nach längerer Zeit, und nicht bloß im Hin und Her etwa des Tages, auf den alten Jagdplatz zurück. Es erkennt ihn, die alte Umgebung, wieder als die unveränderte mit den unveränderten Dingen. Die Zugvögel, die wiederkehren, die alten Nester beziehen.“ Mat VIII, S. 212. Die strikte Unterscheidung zwischen der Wiedererinnerung als aktivem Abrufen und Wiedergewinnen der Vergangenheit als etwa ein Eigentum und dem bloßen Wiedererkennen ohne irgendeine Zeitbestimmung darf aber nicht unbeachtet bleiben.

60 Mat VIII, S. 345.

61 Mat VIII, S. 345.

62 Hua VI, S. 189.

63 Brand (1969), S. 71.

64 Mat VIII, S. 119.

„[d]as Ich ‚selbst' in seiner kontinuierlichen Aktion ist behaltendes Ich, hat in sich also doch eine Art Zeitigung. Es lässt den Einsatzmodus nicht einfach fahren, aber es behält, was er in den Urgriff bringt, ‚fortdauernd' noch im Griff, so wie es andererseits kontinuierlich gewandelt Neues ergreift."[65]

In der Wiedererinnerung wird nun die passive Zeitigung der gewahrenden Wahrnehmung, die Zeitigung des in der Aktion selbst behaltenden Ich erfasst. Solche aktive Zeitigung hat einen Identifikations- und Erkenntnischarakter. Die Wiedererinnerung hat bezüglich der Akten des Ich die ausweisende Rolle, d. h., sie übernimmt die Ontifizierung der Erlebnisse in ihrer bestimmten, voneinander differenzierten Einheit bzw. in ihrer Individuation. Das Ich zeitigt sich dann aktiv „durch die[se] immanente Zeitigung des aus ihm entquellenden Aktes".[66]

Es ist hier auch darauf hinzuweisen, dass die aktive Zeitigung durch die Wiedererinnerung als ein Stadium in der Genesis der objektiven Zeit nicht mit der aktiven Ontifikation als Akt der unbeteiligten Zuschauer als Enthüllungsakt des Phänomenologen vermengt werden darf.

Auf die Frage, wie die Umstellung von der passiven Zeitigung zur aktiven Zeitigung zu erklären ist, antwortet Husserl, dass dies „ein Grundfaktum [ist], über das wir nicht hinwegkommen".[67] Auch den ursprünglichen Übergang von Affektivität zur Aktivität können wir nur rekonstruieren; eine ursprüngliche Erinnerung an einen solchen Moment des Übergangs haben wir nicht. Das Übergangsmoment als Anfang gehört zum Bereich der Grenzprobleme der Phänomenologie.

Nicht eine gezielt gerichtete Ichreflexion auf das Ich und sein Bewusstseinsleben, das das anonyme Ich zu thematisieren vorhat, sondern eine schlichte einfallende Wiedererinnerung gilt als der die zeitliche Existenz des Ich ursprünglich entdeckende Akt, der in der regressiv-progressiven Enthüllung ans Licht kommt. Die auftauchende Wiedererinnerung in der abstraktiven lebendigen Gegenwart ist der ursprüngliche Gang der Konkretisierung des Ich als Gezeitigtes für sich. In der natürlichen Einstellung und mit der Selbstvergessenheit erschließt die Wiedererinnerung den Vergangenheitshorizont, allerdings nur für die gegenständliche Seite der universalen Korrelation.

Während bei der thematischen Reflexion mehr die Anonymität des fungierenden Ich, die Spaltung, trotz der Identifikation zwischen dem reflektierten und reflektierenden Ich, in den Vordergrund rückt, sodass wir weiterhin mit dem unbestimmten Ur-Ich konfrontiert sind, wird bei der Analyse der geweckten Wiedererinnerung in der abstraktiven lebendigen Gegenwart die Verdeckung der ichlichen Vergangenheit als solche aufgehoben. Daher tritt das transzendentale Ich als zeitliches und welterfahrendes Ich auf, als das welt-

---

65 Mat VIII, S. 198.
66 Mat VIII, S. 198.
67 Mat VIII, S. 344.

erfahrende Leben. M. E. ist auch die Tatsache, dass die Wiedererinnerung ein ausgebildetes Vermögen des Ich in seinem natürlichen Erwachsen ist und nicht ein bloßes Mittel des phänomenologisierenden Ich, ein Grund, die Wiedererinnerung gegenüber der phänomenologischen Reflexion vorzuziehen.

Dass bei dem Überbrücken der Spannung zwischen dem aktuell vollziehenden Ich der Wiedererinnerung und dem Wiedererinnerten mit keinem kontinuierlichen Zurückströmen in die Vergangenheit zu rechnen ist, gründet Husserl zufolge in dem Entstehungsgrund der Wiedererinnerung:

> „Dadurch, dass die Wiedererinnerung auf Ähnlichkeitsassoziation und Weckung von der aktuellen Gegenwart (oder schon aktuellen Wiedererinnerung) aus beruht, erklärt sich das Zurückspringen-Müssen in die Vergangenheit und nicht kontinuierlich in die Vergangenheit ‚Zurückströmen'-Können."[68]

Die Wiedererinnerungen aus der Affektivität von Verdecktem der Vergangenheit sollen in dem synthetisch überschneidend-verbindenden Aneinanderschließen sukzessive Lebenszeit des welterfahrenden Ich reproduzieren. Diese Erweiterung in dem abstraktiven Primordium verfolgend, stoßen wir jedoch auf die dunklen Zwischenstrecken der Vergessenheit und sogar der Schlafpausen, deren Erhellung einige Brückenglieder fordert, die als transzendental konstitutive Momente die Konkretion des Ich weiter entfalten können. Versäumen wir nicht die am Anfang des regressiv-progressiven Gangs als Leitfaden gestellte Weltkonstitution, ziehen wir „[d]as Primordium als Stätte der Konstitution der weltlichen Zeitmodalitäten"[69] in Betracht, dann verweisen sich die Brückenglieder der Lebenszeit zugleich als konstitutiv für die Weltzeit.

Da die Intentionalität der Wiedererinnerung angesichts der dreifachen Struktur des Bewusstseins, Apriori ego – cogito – cogitatum, dreifach gerichtet ist: auf das vergangene Wahrgenommenen, auf die vergangene Wahrnehmung und auch auf die Vergangenheit des Wahrnehmenden, besteht in der Wiedererinnerung und Konstitution der Vergangenheit nicht nur das Selbsttranszendieren der Gegenwart, sondern Husserl zufolge beginnt damit „ein neues Kapitel des Themas Selbstzeitigung und durch Selbstzeitigung Weltzeitigung".[70]

Bei der Weckung des Versunkenen und Erschließung des dunklen Horizonts hatte Husserl früher mit idealer Möglichkeit des Immer-wieder der Vergegenwärtigung *in infinitum* gerechnet und die Schranken der Wiedererinnerung für zufällig gehalten. Dass das iterative Vermögen für die Konstitution der unendlichen Zeit und nur rückwärts betrachtet für eine konkret anschauliche noetisch-weltliche Vergangenheit aufkommen kann und dass hinter jeder Vergangenheit eine frühere *in Infinitum* durch Ketten von Wiedererinnerung reproduzierbar ist, kann Husserl doch nicht weiter gutheißen, insofern die Grenzen und Brü-

---

68 Mat VIII, S. 265.
69 Mat VIII, S. 127.
70 Mat VIII, S. 131.

che der eigenen Vergangenheit selbst sich dem abstraktiv idealisierten Primordium aufdrängen. Husserl sieht sich konfrontiert mit gewissen Indizien dafür, dass die Phänomene Geburt und Schlaf und in der Gegenrichtung bzw. in der Vorerwartung das Phänomen Tod als die Hauptschranken der egologischen Iteration und Erweiterung der Zeitkonstitution nicht weiter als zufällige Vorkommnisse zu verschweigen sind.

Die Wiedererinnerungsmöglichkeit fordert immer die auf frühere Phasen zurückweisenden Merkmale in jeweils späteren Phasen des erfahrenden Lebens. Die Erfahrung hat Sedimentierung und das erfahrende Leben hat einen „gewissen Vererbungsstil; [71]das Leben ist ein erwerbendes und stets sich bereicherndes erfahrendes Leben. Die Tatsache, „dass jede vergangene Gegenwart, welche uns Erinnerung aufweckt, eine sinn-ärmere ist“[72] im Vergleich der näheren Vergangenheit und der Gegenwart, lässt sich auf Grund dieses gewissen erwerbenden Stils des Lebens erklären. In diesem Sinne ist die Geburt das Paradebeispiel der Schranken der Wiedererinnerung. Geburt wird als der Limespunkt der Armut des welterfahrenden Lebens betrachtet, dessen Spurlosigkeit in den späteren Zügen des Lebens gerade sein Wesen als ein noch nicht von Sedimentierung beschichtetes ausmacht. Die Gedanken, dass das merkwürdige Faktum der Geburt vielleicht nicht ein zufälliges Vorkommnis der Welt, sondern etwas Notwendiges sei, drückt Husserl im folgenden Einwand aus:

> „dass vielleicht meine Geburt nicht etwas Zufälliges sei und dass dem sich steigernden Reichtum des Lebens an ‚Erfahrungen‘, an konstitutiven Bildungen, an unausgelegten Sinnkomponenten, die in sich auf vergangenes Leben als erwerbendes zurückweisen, in umgekehrter Richtung und nicht zufällig eine Verarmung entspricht“.[73]

Die transzendentale Genesis des Leibes macht diese Limespunkte der Armut der Erfahrung zu den unvermeidlichen Schranken der Wiedererinnerung, insofern die Erfahrung überhaupt leiblich fundiert ist.

Das natürliche Verständnis der Genesis des Leibs ist, angesichts des Betrachtens des Leibkörpers als Organismus eine biophysische Genesis. Von einer psychologischen Genesis kann aber auch insofern die Rede sein, dass Erkennen des Leibs und dessen Walten und Beherrschen eine psychologische Entwicklung im Erwachsen des Kindes ist. Aus der psychologischen Sicht verweist das Verfahren der Beherrschung des Leibes und der Ausbildung der geistigen Kräfte auf die Armut in der Vergangenheit.[74]

Die transzendentale Genesis des Leibes liegt aber im Prozess seiner Wahrnehmbarkeit und Verfügbarkeit für das primordiale Ego. Bevor diese Arbeit auf diese transzendentale Genesis des Leibes als Verleiblichung des primordialen

---

[71] Mat VIII, S. 423.
[72] Mat VIII, S. 154.
[73] Mat VIII, S. 423.
[74] Mat VIII, S. 156.

Egos eingeht, sind die Möglichkeiten für das Überwinden der Grenzen der egologischen Wiedererinnerung zu untersuchen.

§ 5. *Die Schranken der Wiedererinnerung und die Notwendigkeit des appräsentativen Übernehmens der fremden Erfahrung*

Die Schranken der Wiedererinnerung sind nicht oder nicht nur die in der tiefen Vergessenheit geratenen Lebensmomente, sondern die Endlichkeit des primordialen Ego, zumindest dem Anfang nach. Sein Anfang als Anfang der Lebenszeit schildert eine Hauptschranke der Widererinnerung.[75] Das Ich kann sich an die eigene Geburt nicht nur nicht erinnern. Die Geburt überhaupt gilt als Grenze der egologischen Erweiterung der Ketten der Wiedererinnerungen. Gerade die Tatsache, dass sich das Ich nicht an die eigene Geburt erinnert, kann zu einer iterativen Erweiterung der Primordialität durch die ideale Möglichkeit der Wiedererinnerung führen. Aber auch wenn in der Primordialität und bevor ich über Andere von meiner Geburt erfahre, die Endlichkeit des Primordium verborgen bleibt,[76] hat das Ich nicht die Erinnerungen an alle Momente und für die Erweiterung der Primordialität braucht es den Erinnerungsschatz der Anderen. Nicht nur die Natalität, sondern vor allem die Diskontinuität der wachen Lebensmomente, die Tatsache der Schlafpausen hindert die Widererinnerungsmöglichkeit. Diesbezüglich stellen sich diese Fragen unvermeidbar:

> „wie eine Schlafpause als eine Pause des Erfahrens, in der doch nicht das durch Erfahrungen zu erfahrende Objektive fortfällt – oder wie die Schlafpause zunächst für mich dazu kommt, eine raumzeitlich reale Strecke, einen Bereich der Welt zu bedeuten, der nur nicht im Schlaf erfahren sein konnte. Ähnlich ist Geburt, wie wir glauben annehmen zu dürfen, ein Anfang eines Lebens (eines Bewusstseinslebens), das aber ein Vorher, eine frühere Zeit haben soll, nur einer vom erst mit der Geburt seienden Menschen nicht zu erfahrenden, nicht erfahren gewesenen, nicht erinnerten. Ähnlich mit dem Tode. “[77]

Die Schalfpause als Bruch der Wahrnehmung und im Endeffekt Bruch der Retentionalisierung verdient in früheren Zeitanalysen überhaupt keine Erwähnung, als wäre der Schlaf durch die *gekonnte Erfahrung*, durch den Irrealis „Ich hätte wachbleiben, ich hätte weitererfahren können“[78] zu überwinden. Das für die Raumkonstitution förderliche Mitgemeinte als zwar nicht Selbstgegebenes,

---

[75] In seinen Überlegungen zu den Grenzproblemen der Phänomenologie in diesen Manuskripten schildert Husserl diese Sachlage wie folgt: „Meine Erinnerungsvergangenheit ist zwar ohne Ende, aber sie ist Erinnerung an Weltliches. Mein Leben ist Weltleben, gegenwärtiges und erinnerungsmäßiges. Wie komme ich dazu, die unbestimmte, weltleere Vergangenheit, die nicht durch Erinnerung besetzt ist, auch ohne meine Erinnerung zu besetzen?“ Mat VIII, S. 168.

[76] Mat VIII, S. 393.

[77] Mat VIII, S. 424.

[78] Mat VIII, S. 417.

jedoch mir prinzipiell Zugängliches hat Husserl früher gleichermaßen für die egologische Zeitkonstitution über alle auftretenden Schranken als annehmbare und überbrückende Möglichkeit gesehen.

Husserl stellt nun jedoch einen subtilen Unterschied fest: „Ich hätte wachbleiben [...] können" ist anders als die Möglichkeit „Ich hätte mich bewegen können" – die Möglichkeit des Wachbleibens ist keine Potentialität während der in der Tat stattgefundenen Aktualität des Bruchs, d. h. während des Schlafs. „Wenn ich schlafe, schlafen meine Vermögen; im Schlaf kann ich ‚eigentlich' nicht."[79] Man könnte sagen, dass die einzige Möglichkeit, die für den Schlafenden weiterbesteht, die Möglichkeit des Erwachens ist bzw. des sich wecken Lassens. Somit sind die wesentlichen Schranken der Wiedererinnerung überhaupt die Grenzen des Könnens. In diesem Sinne stellt die Konstitution der merkwürdigen Fakta Geburt, Tod und Schlaf in Husserls Zeitanalysen einen neuen Problembereich bereit.

Der Grund, dass die Schlafpause als Erste zu behandeln ist, liegt darin, dass dies eigentlich nicht ein Limes am Anfang oder Ende, sondern der ständig vorkommende Bruch der noetischen Gegenwart ist. Ein möglicher Einwand zur Einbeziehung des Schlafs in Auslegung des Bereichs des Eigenen lautet, dass der Schlaf als nicht direkt und unmittelbar Vorstellbares, als überhaupt transzendental Unvorstellbares, nicht als Eigenes in diesem Bereich vorkommen kann. Husserls Antwort darauf ist, dass die Übergangsphänomene des Einschlafens und Erwachens doch im Bereich des Eigenen vorkommen und aus guten Gründen auf eigenen Schlaf hindeuten.[80]

Die nicht unterbrochene Einheit des Weltlaufs trotz meines Schlafs und folglich Unterbrechung der Aktivität und Affektivität des Interessen-Ich, d. h. Unterbrechung meiner Welterfahrung, kann nicht ohne weiteres als Einheit eigener möglicher Erfahrung betrachtet werden.[81] Zwar kann vorübergehendes Verlieren der Vermögen und des Interessenhorizonts in Schlafpausen beim Erwachen durch das Wiedererkennen derselben Umgebung oder zumindest desselben Kerns der Umgebung, d. h. desselben Leibes, und die verfügbaren Erinnerungsvermögen und folglich durch die Identifikation der „lebendig wahrnehmungsmäßigen sich ursprünglich fortkonstituierenden raumzeitlichen Gegenwart und einer wiedererinnerungsmäßig vergegenwärtigten Vergangenheit"[82] überwunden werden, führt jedoch bestenfalls in Form von Überbrückung zur Erweiterung der Wachheitsstrecke und reicht keineswegs für die Einheitskonstitution der Weltzeit aus. Die ideale Konstruktion der endlos ununterbrochenen Wachheit durch die Ausschaltung der Diskontinuität der

79 Mat VIII, S. 429.

80 Vgl. Mat VIII, S. 418 ff.

81 Vgl. Mat VIII, S. 417.

82 Mat VIII, S. 420.

Schlafpausen kann nicht für die weltliche Zeitlichkeit der Dinge aufkommen. Husserl schildert diese neue Problemlage folgendermaßen:

> „Die Erkenntnis, dass hier ein Problem vorliegt, liegt darin, dass wir plötzlich merken, dass wir auf einen Punkt des Unverständnisses gekommen sind und genötigt waren, ohne weiteres diejenige ‚selbstverständliche' Identität des weltlich Individuellen einspringen zu lassen, die noch gar nicht verständlich sein konnte – innerhalb der Motivationssphäre, die wir in Rechnung gezogen hatten."[83]

Bezüglich der Schlafpause stehen wir vor einem Dilemma. Entweder ist die Schlafpause bloß ein Vorkommnis in der immanenten Gegenwart und somit die Zwischenzeit des Schlafs eine Traumzeit, die lediglich in Deckung mit der Ernstzeit steht, dann hat sie jedoch keine Weltbezogenheit und die in Deckung stehende Ernstzeit bleibt weiter ein Rätsel. Oder die Zeit der Schlafpause hat doch die Weltbezogenheit, dann ist sie aber keine rein egologische, da das schlafende Ich über keine ernsten Vermögen und deshalb keine noetisch-weltliche Konstitutionsmöglichkeit verfügt.[84]

Mitleistung der Mitsubjekte für die Überbrückung der Brüche sind bezüglich der vergessenen sowie der fernen Vergangenheit bis zur frühen Kindheit und Geburt als die Sphäre, worauf ich nicht den Zugriff habe, bereits in *den Vorlesungen* und den *Bernauer Manuskripten* erwähnt. Die Tatsache, dass das Ich der primordialen Sphäre sogar für die Konstitution der universalen primordialen Immanenz, für die Konstitution des immanenten Zeitfelds über das Wachfeld hinaus auf Grund der ständig wiederkehrenden Pausen des Schlafs in der immanenten Gegenwart und weiter für die Konstitution des Schlafs „als eines auf die Welt bezogenen Lebensmodus"[85] außer Stande ist, ist einer der neuen Aspekte der späten Texte zur Zeitkonstitution.

Die Brüche der Lebenszeit sind phänomenologisch betrachtet die Brüche der anschaulichen Gegebenheit. Die Überbrückung dieser Brüche nimmt ihren Weg über die Erfahrung der Fremde als indirekte Gegebenheit, als einfühlende Vergegenwärtigung.

§ 6. Übernahme der Erfahrung von Anderen als Brückenglied. Die Theorie der transzendentalen Intersubjektivität

Husserls Lehre der Intersubjektivität ist für seine Zeitanalysen von enormer Bedeutung. Schon beim ersten Einführen der transzendentalen Theorie der Fremderfahrung, Theorie der Einfühlung in V. Meditation der *Cartesianischen Meditationen*, deutet Husserl darauf hin,

---

83 Mat VIII, S. 421.
84 Vgl. Mat VIII, S. 425.
85 Mat VIII, S. 425.

> „dass die Tragweite einer solchen Theorie [scil. Theorie der Fremderfahrung] sehr viel größer ist als es zunächst scheint, dass sie nämlich auch mit fundiert eine transzendentale Theorie der objektiven Welt, und zwar ganz und gar, insbesondere auch hinsichtlich der objektiven Natur“.[86]

Die Übernahme der fremden Erfahrung für die Verknüpfung der getrennten Wachheiten im Primordium deutet auf die fundierende Rolle der Intersubjektivität in untersten Schichten der Zeitkonstitution.

Zurückblickend auf den ersten Schritt in der regressiv-progressiven Methode wird bemerkt, dass die radikale Reduktion auf meine aktuelle lebendige Gegenwart im Prinzip die Reduktion auf meine einheitliche Wachheit ist, die beliebig weit gedacht wird. Der Grad der Aufmerksamkeit bestimmt die Weite der lebendigen Gegenwart. Dies ist schon in den *Bernauer Manuskripten* vermerkt. Die Tatsache ist aber nicht zu verschweigen, „dass ich gebunden bin durch meine Aktualität, meine Wachheit, und dadurch vielleicht konstitutiv beengt“.[87] Sollte die Grundidee der transzendentalen Phänomenologie nicht preisgegeben werden, sollte die transzendentale Subjektivität weiterhin als konstituierende für die ganze Welt für mich gelten und ihren Universalitätsanspruch aufrecht erhalten, dann muss die Aufhebung ihrer Einengung in ihr selbst zu finden sein. Die Entfaltung der transzendentalen Subjektivität zur transzendentalen Intersubjektivität ist weiterhin die Ausdehnung des transzendentalen Anspruchs auf Konstitution. Wie bereits bei der Einführung der regressiv-progressiven Methode der Auslegung der Konkretheit des Ich erwähnt, ist bei jedem Beengen im regressiven Abbau mit einer Erweiterung im progressiven Aufbau zu rechnen.

Husserl beschreibt dieses erweiterte Primordium auf Grund der konkreten Fremdimmanenz mit folgenden Worten:

> „Die erweiterte primordiale Erfahrung ist diejenige, die die geschlossene ursprünglich eigene, einstimmige Einheit der eigenen Wachheit durch einfühlende Vergegenwärtigungen überschreitet, als Vergegenwärtigungen zweiter Stufe, eine zweite und mehrere Primordialitäten eröffnend.“[88]

---

[86] Hua I, S. 124. Der wichtige Hinweis darauf, dass bei Husserl das andere nicht bloß ein spezielles Problem oder ein besonderes Thema der Wahrnehmungsanalysen ist, das bloß durch die phänomenologisch-transzendentale Beschreibung der Fremderfahrung behandeln werden muss, sondern die Erklärung der unabdingbaren notwendigen konstitutiven Rolle des *Alter Ego* für die Objektivität der Außenwelt für Husserls transzendentale Phänomenologie von äußerster grundlegender Bedeutung ist, hat in der Husserl-Forschung besonders dank des einschlägigen Werks von Dan Zahavi seine Betonung gewonnen. Vgl. Zahavi (1996). Die Tragweite der Intersubjektivitätslehre für die Zeit und Zeitkonstitutionsanalyse forscht Rodemeyer in ihrer Dissertation. Rodemeyer argumentiert: „that Husserl's notion of subjective temporalizing consciousness includes a necessary link to intersubjectivity“. Rodemeyer (2006), S. 2.

[87] Mat VIII, S. 426.

[88] Mat VIII, S. 425.

An einer Stelle sich sprachlich korrigierend schreibt Husserl allerdings, dass es besser wäre, anstelle der Erweiterung von einem besseren Selbstverständnis der transzendentalen Subjektivität zu sprechen.[89]

Die Suche nach der konstituierenden Instanz für die Konstitution der Zeit während der Schlafpausen, d. h., wenn ich durch die aktuelle konkrete Konstitution außer Stande bin, findet ihre Antwort bei einem anderen wachen Ich,[90] das allerdings in so einer fundamentalen transzendentalen Verbindung mit mir steht, dass die innerlich intentionale Vermittlung weiterhin als Leistung des gelegentlich schlafenden Ich betrachtet werden darf.

Die Motivation zur Enthüllung des anderen wachen Ich ist selbst im Primordium vorhanden. Die Eröffnung der anderen Primordialitäten begreift Husserl als die Monadisierung des ego oder die monadische Pluralisierung.[91] Die Pluralisierung darf nicht aus einer metaphysischen oder natürlichen Sicht als Schöpfung oder reale Vervielfachung interpretiert werden. Die monadische Pluralisierung hat nur die Bedeutung des sich in mir als einzige Urmonade Bekundens der anderen Monaden. Auf Grund absoluter Selbstgegebenheit bin ich im Vergleich der bekundenden Monaden die einzige Urmonade. Jede Monade ist aber für sich die einzige Urmonade.[92]

Ohne detailliert auf die Konstitution des Anderen einzugehen,[93] sind die Stufen der Intersubjektivität bis zu derjenigen, die die volle Weltkonstitution im Stande ist, zu nennen. Die Beschreibung der Schichten der Intersubjektivität ist zugleich die Explikation der Stufen der Konkretisierung des transzendentalen Ich und zugleich der Stufen der Zeitkonstitution.

In meiner primordialen Sphäre mit meinem primordialen Leib habe ich trotz der Ausschaltung des Weltlichen und des von der Leistung der Anderen für mich Geltenden eine Art von Erlebnis, die sogenannte Einfühlung, die auf das andere Subjekt verweist. Die erste Einfühlung besteht auf Basis der Wahrnehmung der Fremdleiber.[94] So eine wirkliche Einfühlung verweist auf

[89] „So erweitert sich die transzendentale Subjektivität zur Intersubjektivität oder vielmehr, eigentlich gesprochen, erweitert sie sich nicht, sondern es versteht sich selbst nur die transzendentale Subjektivität besser." Hua XV, S. 17.

[90] In diesem Sinne lässt sich auch Blumenbergs Behauptung verstehen, wenn er in seinem Werk *Lebenszeit und Weltzeit* im Kapitel zur „genetischen Phänomenologie der Weltzeit" schreibt: „Der andere ist immer der, der mich für meine Welt ersetzt, überflüssig macht, potentiell ausschaltet." Blumenberg (2001), S. 300.

[91] Vgl. Hua VI, 417.

[92] Vgl. Hua XV S. 17.

[93] Die Fremderfahrung als Konstitution der anderen Subjekte wird sowohl durch die Einfühlung und Paarung sowie auf Grund des kausalen Wirkens der Triebe und Instinkte in Husserls Überlegungen dargestellt.

[94] Die ausgehend von der Anwesenheit der Fremdleiber in der primordialen Sphäre ausgelegte Theorie der Fremderfahrung in den *Cartesianischen Meditationen* kritisiert Fink als *präsenzialistisch*. Vgl. Fink, E. & Bruzina, R.: *Phänomenologische Werkstatt*, Freiburg: Karl Alber, 2006. S. 256.

„ein zweites waches Ich, und zwar in der Form der Mitgegenwart".[95] Dies ist die erste Stufe der Intersubjektivität im Primordium, die Erweiterung der egologischen Primordialität zu der intersubjektiven Primordialität.[96] Diese egologische Intersubjektivität ist Husserl zufolge eine apodiktische Universalstruktur in jedem Ego überhaupt.[97] Diese Entfaltung hat auch die Bedeutung der Erweiterung meiner immanenten Gegenwart, dank der eingefühlten Gegenwart zu unserer Gegenwart. Die lebendige Gegenwart ist nach dieser Auslegung grundsätzlich intentional mit dem Bewusstseinsleben des *Alter Ego* verbunden. Übersetzt man diese Behauptung in die Terminologie der früheren Analysen, dann heißt es: Das innere Zeitbewusstsein ist kein isoliertes, sondern im Tiefsten ein verbundenes Zeitbewusstsein.

Im Sinne dieser passiven Verbundenheit ist die Einfühlung, wie die Wiedererinnerung, keine ursprüngliche Konstitution, sondern Enthüllung des bereits Konstituierten. In der Einfühlung erfahre ich meine bereits vorhandene Gemeinschaft mit dem Anderen.

Meine Gegenwart und die Gegenwart der in mir sich bekundenden Anderen sind identisch und stehen in Deckung, insofern die Anderen mitgegenwärtig sind. Was trennt uns Mitgegenwärtige aber dann voneinander? Allem Anschein nach ist das der primordiale Leib. Das *Trennende* meiner Gegenwart von deren in mir sich bekundenden Anderen ist das leibliche Zentrum meiner lebendigen Gegenwart. Der Leib, allerdings in seinem primordialen Sinne, ist das, was die lebendige Gegenwart der Urmonade pluralisiert.

In der gemeinsamen Gegenwart konstituiert sich – insofern ich das Ich meines Wir bin – für uns „das von der Welt, was aus unseren gemeinsamen noetischen Quellen, den im Einfühlungskonnex sich indirekt anschaulich erschließenden, für uns alle seinen Sinn bezieht".[98] In unserer Gegenwart haben wir das gemeinsam für uns Gegebene. Nun hat aber jede monadische Gegenwart seine egologische Sphäre als Bereich des Eigenen, als Bereich des jeweils nur für sie Zugänglichen und in gewissem Sinne gehört hierzu auch der Bereich der öffentlichen Zugänglichkeiten.

Die Schwierigkeiten der phänomenologischen Explikation der grundlegenden Intersubjektivität trotz und in der Primordialität hat Husserl durch Ausführen der transzendentalen Monadologie zu überstehen versucht. Auf die komplizierte und zum Teil als metaphysisch missinterpretierte transzendentale Monadologie wird diese Arbeit nicht im Detail eingehen. Es ist lediglich darauf hinzuweisen, dass die in den *Cartesianischen Meditationen* eingeführte transzendentale Monadologie, die auch zu Husserls systematischem Programm seines letzten Versuchs für die Darstellung der transzendentalen Phänomenologie

95 Mat VIII, S. 426.
96 Vgl. Mat VIII, S. 123.
97 Vgl. Hua XV, S. 192.
98 Mat VIII, S. 426.

gehört, ursprünglich vorhat, die Verbindung der transzendentalen Subjekte hervorzuheben,[99] und keineswegs das transzendentale Feld mit den metaphysischen Sinnen beladen will. Das Programm der Monadologie ist nichts anderes als Enthüllung der Konkretion des transzendentalen Ich als Monade. Die Verbindung der transzendentalen Subjekte kann aus gutem Grund auf die Konkretion des Ich hindeuten. Es ist interessant, wie Husserl, rückblickend seine alten Überlegungen korrigierend, etwa 20 Jahre danach schreibt, „dass man den Begriff des Selbständigen nicht mit dem des Konkreten identifizieren kann wie ich in den Logischen Untersuchungen".[100]

Die Verbindung der Monaden, insofern sie Verbindung der Ichsubjekte ist, muss zur gemeinsamen *objektiven* Konstitution führen. Die erste Stufe der intersubjektiven Konstitution auf Grund der direkten intersubjektiven Primordialität, basierend auf dem direkt konstituierten Wir, erreicht jedoch Husserl zufolge noch nicht die volle Weltkonstitution, sondern, wie es heißt: „Die intersubjektive Wachkonstitution liefert wieder nur eine Art unterer, primordialer Welt."[101]

In den *Cartesianischen Meditationen* behauptet Husserl, dass für ihn keine Monadenmehrheit denkbar ist „denn als eine explicite oder implicite vergemeinschaftete"[102] und setzt fort: „Darin liegt: eine objektive Welt in sich konstituierende und in ihr sich selbst – als animalische und im besonderen menschliche Wesen – verräumlichende, verzeitlichende, realisierende."[103] Auch in den 1930er-Jahren beruft Husserl sich rückblickend auf seine alte „Überzeugung, dass Koexistenz von Monaden nur möglich ist vermöge einer konstituierten Welt".[104] Wie kann Husserl trotzdem behaupten, dass die direkte Gemeinschaft der wachen Monaden in dieser Stufe nur eine Art primordiale Welt konstituiert? Die Unterscheidung zwischen objektiver und voller Welt sowie die Unterscheidung zwischen *einer* objektiven Welt und *der* objektiven Welt scheint für das Verstehen dieser angeblichen Divergenz bedeutend zu sein. Zum Ersten kann Husserl sagen, dass, insofern diese Gemeinschaft von Kopräsenz der Monaden ausgeht, ihre konstituierte Welt nichts anderes als eine sinnliche Welt sein kann und sie für die Konstitution einer persönlichen Welt nicht im Stande ist. Die Form dieser Welt ist bloß eine Präsenzzeit. In diesem Sinne wird das

[99] Die Monaden sind verbunden, wie schon zum Teil hier erläutert ist, sowohl durch die passive unbemerkte Unterlage als auch durch die Fenster der Einfühlung, aber auch durch die direkte und aktive Wirkung ihrer Ichsubjekte aufeinander und durch aktive Vergemeinschaftung und Zweckideen. Zu den verschiedenen Weisen der Verbindung von Monaden vgl. Hua XIV, S. 270.

[100] Hua XIV, S. 37.

[101] Mat VIII, S. 427.

[102] Hua I, S. 166.

[103] Hua I, S. 166.

[104] Mat VIII, S. 175.

Primat einer intersubjektiv geteilten Gegenwart, die noch nicht als weltliche konstituiert ist, angekündigt:

> „Sein von Anderen ist als Sein einer anderen lebendigen Gegenwart bezogen auf meine Gegenwart. Mitsein von Anderen ist untrennbar von mir in meinem lebendigen Sich-selbst-Gegenwärtigen, und diese Mitgegenwart von Anderen ist fundierend für die weltliche Gegenwart.“[105]

Die Notwendigkeit, dass es eine intersubjektive Zeit erster Stufe in Form einer passiven Synthesis der Monaden gibt – was Husserl gelegentlich intermonadische Zeitlichkeit[106] nennt –, bevor wir eine für uns weltliche Zeit konstituieren, besagt, dass der Träger des Zeitmodus Gegenwart nicht ein solitäres Ich, sondern ein in einer innerlichen intentionalen Vermittlung verbundenes Ich sein muss, damit dessen Leistung als eine gemeinsame objektive für *alle* gelten kann. Das Alle oder der Jedermann als Referenz der objektiven Gültigkeit fordert, dass bereits „ein Sinn von ‚Jedermann‘ konstituiert sein [muss], damit in Beziehung darauf eine objektive Welt es sein kann“.[107] Zu bemerken ist in diesem Sinn von jedermann, der passiv und nicht durch eine aktive Stiftung konstituiert ist, dass er sich zuerst auf das faktische Gegenwärtige beschränkt und die Erweiterung auf das *Alle überhaupt* wahrhaft erst in einem teleologischen Streben zu erreichen ist.

Diese Primordialitäten erreichen in höheren Stufen weiterhin nicht die volle Weltkonstitution. In einem weitesten Sinne könnte bei allem von bloßer Heimwelt gesprochen werden, die nur ein Einstimmigkeitssystem für ein bestimmtes Wir ist und stets als widerstreitendes Pendant eine Fremdwelt impliziert. Erst wenn die indirekte Vergegenwärtigung, die vermögliche Einfühlung rück- und vorwärts, die möglichen Anderen und folglich die volle transzendentale Intersubjektivität zu konstituieren vermag, erlangt die Weltkonstitution ihren vollen Sinn und ihre volle Geltung. Bei der Konstitution des indirekten Wir sind die Geburt und der Tod von konstitutiver Bedeutung und erst im Bereich, in dem diese merkwürdigen Vorkommnisse ihren Spielraum zurückerhalten können, kann von dem Menschen im vollen Sinne die Rede sein.

Entscheidend bei dem Begriff volle Welt ist es, dass seine Gegenstellung zur primordialen Welt als eine perspektivische Welt darauf hindeutet, dass die volle Welt stets entziehende und unverfügbare Dimensionen haben muss, die nie unmittelbar konstituiert werden können. Mit dem Adjektiv voll ist die Transzendenz der Welt gemeint. Während der transzendente Sinn der Welt nicht bloß als eine in räumlicher Hinsicht perspektivische Erscheinung interpretiert werden darf, sondern

---

105 Mat VIII, S. 57.
106 Mat VIII, S. 173.
107 Hua XVII, S. 247.

„[besteht d]ie Transzendenz, in der die Welt konstituiert ist, [...] darin, dass sie sich mittels der Anderen und der generativ konstituierten Mitsubjektivität konstituiert und ihren Seinssinn als unendliche Welt dadurch gewinnt".[108]

Husserl merkt *das Merkwürdige*, das ihn davon abhält, wie früher bezüglich der ideellen Möglichkeit der Wiedererinnerung aus dem Horizont der Wirklichkeit der Einfühlung ohne Bedenken die ideale Möglichkeit der Iteration *in infinitum* zu induzieren. Husserl hält fest:

„Ich kann aber nicht etwa gleich einspringen mit der Bemerkung: „Mit den Anderen habe ich offene Horizonte für weitere Andere usw. und in dieser Mittelbarkeit kann ich Möglichkeiten zur Geltung bringen, die nicht mehr meine eigenen Möglichkeiten, auch nicht die meiner möglichen Einfühlung sind."[109]

Das Merkwürdige liegt darin, dass ich die wirklichen und möglichen Erfahrungen von Anderen stets nach der Regel „Als-ob-ich-selbst-könnte" übernehme. Aber würde das Ich die vermögliche Einfühlung von Anderen nach derselben Regel übernehmen, deutet diese dann an, dass ich die Unendlichkeit meiner Wachheit für möglich halte. Wäre ich aber unendlich wach, müsste ich überhaupt keine mögliche und indirekte Einfühlung haben können:

„Denn wenn meine Wachsphäre unendlich wäre, so könnte ich immer selbst, und zwar in meiner primordialen Welt, in infinitum fortgehen, und vermöge der Identität, meiner und jeder anderen (die in allen Mittelbarkeiten verbleibt), müsste ich auf alle Leiber überhaupt stoßen können, also direkte Einfühlung vollziehen können."[110]

Entscheidend ist, dass die Unendlichkeit der Wachheit keine unverfügbare, unzugängliche Dimension, welche ich mir nur indirekt als mittelbare Möglichkeit aneignen könnte, überlässt. Das Korrelat solches unendlich wachen monadischen Commerciums wäre eine durchaus anschauliche Welt.[111]

Die Tatsache, dass alle möglichen Anderen nicht im Fortgang der Wachheit von mir selbst erfahren werden, sondern ich die wirklichen und möglichen Einfühlungen von Anderen übernehmen muss, welche überhaupt die Sphäre meiner Möglichkeiten überschreiten, braucht eine phänomenologische Erklärung. Bei der phänomenologischen Erklärung des Übernehmens des Horizonts der Anderen von Anderen für die „Iteration der Alteration, Andere der Anderen"[112] zeigen sich die Natalität und Mortalität als notwendige Brüche, deren Überbrückung das Generative ins Spiel setzt.[113]

---

108 Mat VIII, S. 393.
109 Mat VIII, S. 426.
110 Mat VIII, S. 427.
111 Vgl. Mat VIII, S. 427.
112 Mat VIII, S. 374.
113 Vgl. Mat VIII, S. 427.

§ 7. *Verleiblichung, Vermenschlichung*

Bei der Ausstattung der urtümlichen Gegenwart mit dem Vergangenheitshorizont durch die Wiedererinnerung werden die Akte verzeitlicht und in einer Vorher-Nachher-Relation registriert. In den frühen Zeitanalysen hat diese Relation in der sogenannten immanenten Zeit Schwierigkeiten breitet, insofern die gesamte Ordnung sowie das beständige Zentrum, wodurch diese Relation sich festigen könnte, nicht genügend und angemessen bestimmt worden sind (s. Kap. III & IV).

In den späten Analysen, in denen die systematische Rekonstruktion die Stufen der Zeitigung entfalten muss, geht Husserl wie bereits erwähnt von dem Primordium aus. Das Primordium als abstraktiv von der Welt gewonnene Eigensphäre zeigt sich als ein orientiertes Feld um ein Zentrum, nämlich um meinen Leib.

> „In aller Erfahrung und bei allem Erfahren bin ich dabei, leiblich, *mein Leib* ist durch diese Zeit und Welt [scil. die primordiale Welt] hindurch immer *Zentrum.* Mein Leib, mein waltendes Ich ist im Leibe und dadurch in der Welt, die ich erfahre, und die ich hier rein als erfahrene (wahrnehmungsmäßige) betrachte."[114]

Dass Husserl den Leib als Zentrum der Zeit der primordialen Welt vorstellt, hat m. E. in den Husserl-Forschungen nicht genügend Betrachtung erfahren. Bezüglich Husserls früherer Zeitanalysen spricht Bernet von der ontologischen Apartheidpolitik gegenüber der räumlichen Bestimmungen, dergemäß Husserl die Verflechtung der Räumlichkeit mit den zeitlichen Bestimmungen als eine Art Mischehe betrachtet.[115] Bernet ist der Meinung, dass Husserl sich durch diese ontologische Apartheidpolitik „die Möglichkeit, die raum-zeitliche ‚Weltzeit' der Naturwissenschaft phänomenologisch angemessen zu fundieren"[116], versperrt.

Sollte der Leib mit seiner absoluten Nähe als *jetzt* aber auch *hier* für das Zentrum der Zeit gehalten werden, dann hat Husserl eigentlich die Apartheidpolitik widerlegt. Ludwig Landgrebes Interpretation der lebendigen Gegenwart als kinästhetisches Bewusstsein war eine der ersten Auslegungen der Zeit in direkter Beziehung zum Leib.[117] Nach Landgrebe sind die kinästhetischen Funktionen,

> „ohne die es keine Zeitkonstitution gibt, die tiefstliegende Dimension der transzendentalen Subjektivität, die eigentliche Ursprungsphäre, so dass auch der Leib als

114 Mat VIII, S. 153. (Hervorh. durch d. Verf.)

115 Vgl. Bernet (1987/88), S. 91.

116 Bernet (1987/88), S. 91.

117 Diese Interpretation schreibt Claesges ausdrücklich Landgrebe zu und widmet der Darlegung der Entwicklung dieser These bei Landgrebe einen Aufsatz. Vgl. Claesges, U.: *Zeit und kinästhetisches Bewusstsein. Bemerkungen zu einer These Ludwig Landgrebes*, in: Phänomenologische Forschungen 14, 1983. S. 138–151.

fungierender Leib nicht ein bloß Konstituiertes, sondern selbst konstituierend ist als transzendentale Bedingung der Möglichkeit jeder höheren Stufe des Bewusstseins und seines reflexiven Charakters".[118]

Landgrebes Interpretation findet Indizien in gewissen Stellen in den späten Manuskripten zur Zeitkonstitution:

> „In der strömenden Urpräsenz haben wir unabänderlich immer schon Leibwahrnehmung, in der Zeitigung der immanenten Zeit geht durch diese ganze Zeit kontinuierlich hindurch mein Leibwahrnehmen, [...] allzeitlich konstituierend."[119]

Der Eigenleib spielt für die Zeitigung der primordialen Natur eine ausgezeichnete Rolle.[120] Anstelle der *immanenten Welt* der frühen Analysen, die eine räumliche Dimension verfehlt, ist jetzt von einer primordialen raumzeitlichen Welt die Rede, die sich nur „durch eine Erfahrung, in der das Erfahren in leiblichem Tun vonstattengeht",[121] konstituiert. In Orientierung um den Leib und dessen Zugriff definiert sich die primordiale Welt als die Nahwelt um den Leib, insofern die Abstraktion die Ausschaltung der Fernsphären als nur mittelbar zugänglich bedeuten sollte.[122]

Diese Verleiblichung bezeichnet Husserl als „die Selbstvermenschlichung erster Gestalt",[123] da das Menschen-Ich, der primordiale Mensch, noch nicht im vollen Sinne Mensch ist.[124] Der Mensch im vollen Sinne ist nach Husserl „eine menschliche Person, die als das nur in dem sozial-personalen Zusammenhang beständig durch die Mitmenschen in seinem eigenen personalen Sein mitkonstituiert wird."[125] Anhand dieser Definition lässt sich auch eine andere Ansicht zur vollen Welt gewinnen: Die Welt in ihrer vollen Konkretion ist die personale Welt der allgemeinen kommunikativen Menschengemeinschaft, die Menschenwelt überhaupt.

Durch diese Verleiblichung habe ich „[m]ein an sich erstes psychophysisches Ich"[126] und als psychophysisches Ich ist es in einer an sich ersten Natur.[127] Dass diese an sich erste Natur und ihre Raumzeitlichkeit nur für mich die

---

118 Landgrebe (1976), S. 35.

119 Mat VIII, S. 112.

120 „Er ist ausgezeichnet dadurch, dass er in besonderer Weise konstituiert ist, bei allem anderen Objektiven mitfungiert und dadurch natürlich, dass das Ich eben im eigentlichen Sinne das Fungierende ist und im konstituierten Leib das erfahrend Fungierende." Mat VIII, S. 338.

121 Mat VIII, S. 345.

122 Wie Landgrebe zu Recht bemerkt, „als erstes für Beschreibung unserer unmittelbaren Weisen Welt zu haben [ergibt sich] der Unterschied von Nähe und Ferne, von Nahwelt und Fernwelt – Begriffe, die aber sogleich mehr in sich schließen als bloß räumliche Bezeichnungen." Landgrebe (1963), S. 48-49.

123 Mat VIII, S. 345.

124 Mat VIII, S. 345.

125 Mat VIII, S. 345.

126 Hua XVII, S. 247.

127 Vgl. Hua XVII, S. 247.

Geltung hat und keinen objektiven Sinn behält, liegt darin, dass ich zu meinem Leib in der Primordialität nur in einer inneren Beziehung stehe und stehen kann, als waltendes Ich im Leib. Wird der Eigenleib von mir nicht nur in der Inneneinstellung und als „empfindend“[128] oder als „Willensleib“[129] *empfunden*, sondern auch wie ein Außending in sinnlicher Wahrnehmung als Leibkörper *erfahren*, dann wird die Natur zu der objektiven, allzugänglichen, homogenen Natur, deren Seinssinn und Seinsgeltung nicht bloß von mir, sondern von und für meinen Anderen und im Endeffekt für uns hat.[130] Die Vergegenständlichung des Eigenleibes kann aber erst über die Konstitution des Anderen vonstattengehen.[131] Husserl hat wiederholt darauf insistiert, dass der erste Mensch der Andere ist. So heißt es auch in diesen Manuskripten: „Transzendental gehe ich den Anderen vorher, für die empirische Konstitution gehen die anderen Menschen meinem Sein als Menschen vorher.“[132] Meine Selbstobjektivierung wird „auf den Umweg über den Andern“,[133] in Analogie zu dem anderen Menschen vollgezogen. In der Wahrnehmung meines Leibes als ein Außending stelle ich mich als ein Anderer und statt hier da vor, um die für jede äußere Wahrnehmung notwendige Entfernung in diesem Fall von der absoluten Nähe meines Leibes zu erlangen. Somit geht die Fremderfahrung der Selbstentfremdung voraus, während anderseits die Selbstzeitigung als mein an sich erstes psychophysisches Ich fundierend für die Fremderfahrung ist.[134] In diesem verflochtenen Zusammenhang wird die Konstitution der objektiven Welt als Leistung der konstituierenden Intersubjektivität begriffen, während weiterhin aus erkenntniskritischer Sicht „das Als-Geltungsphänomen-fassen der Welt“[135] auf das absolut einzige transzendentale Ich zurückzuführen ist.

Aus dieser Ausführung kann man auch eine Ansicht hinsichtlich des Paradoxes des Subjekts gewinnen. Insofern die Fremderfahrung für die Selbstentfremdung fundierend ist, sollte der Widerspruch des Ich als ein Objekt in der Welt und des Ich als Subjekt für die Welt als die Spannung aus Inneneinstellung zu sich selbst gegenüber der Außeneinstellung betrachtet werden. Die Rede von

---

128 Hua IV, S. 285.

129 Hua IV, S. 285.

130 Vgl. Hua XIV, S. 413. Für einen prägnanten Kommentar zu dieser These vgl. Meist (1980).

131 „Wie konstituiert sich mein psychophysisches Dasein als örtlich im Raum unter den Dingen, unter den Realitäten? Offenbar nachdem Andere schon konstituiert sind.“ Vgl. Mat VIII, S. 236.

132 Mat VIII, S. 236. Auch in Hua XV gibt es zu lesen: „Das erste *animal* in der konstitutiven Ordnung, oder vielmehr, der erste Mensch ist der Andere, und erst von daher erhalte ich selbst den Sinn Mensch.“ Hua XV, S. 19.

133 Hua XIV, S. 63.

134 „Der "Andere" der konstitutiven Unterstufe weist nun seinem Sinne gemäß auf mich selbst zurück, aber [...] auf mich nicht als transzendentales Ego, sondern als mein psychophysisches Ich.“ Hua XVII, S. 247.

135 Hua VI, S. 417.

der Ersten-Person-Perspektive gegenüber der Dritten-Person-Perspektive geht in diese Richtung der Lösung des Rätsels der Subjektivität.

In der Psychologisierung des Subjektiven im Rahmen der transzendentalen Phänomenologie und nicht aus naiv und naturalistisch verhüllender Einstellung sieht Husserl sogar die Aufhebung des Gegenübers von Konstituierendem und Konstituiertem. So schreibt Husserl:

> „Eben diese Psychologisierung des Subjektiven hebt das Gegenüber von konstituierender Subjektivität und Konstituiertem auf und schafft die Möglichkeit, alles Anonyme in dem schon geschaffenen Rahmen der Menschlichkeit einzufügen und so der Welt."[136]

[136] Mat VIII, S. 240.

Kapitel VI: Bewältigung des alten Problems der Zeitanalysen

Bevor auf die Weltzeit und ihre Thematisierung in der letzten Phase der Zeitanalysen eingegangen wird, beschäftigt sich dieses Kapitel mit dem in den letzten Kapiteln angedeuteten Problem in den zwei vorausgehenden Phasen der Zeitanalysen bezüglich der Innerlichkeit und ihrer Form. Es wird hier versucht, Husserls Lösungsansatz in seinen späten Überlegungen darzustellen. Die immanente Zeit und die sogenannten immanenten Zeitgegenstände sind im Kontext der Phänomenologie der vollen Weltkonstitution zu untersuchen (§ 1). Anschließend ist die Vorgegebenheit der Welt zu thematisieren (§ 2).

§ 1. Revision der Gegenständlichkeit in der Immanenz und neue Bestimmung der immanenten Zeit

Die immanenten Gegenstände und ihre Ordnung in der immanenten Zeit wurden im letzten Kapitel als problematische Aspekte der zwei Phasen der Zeitanalysen registriert. Die Schwierigkeit lag darin, dass die Erlebnisse als individuelle Gegenstände nur unmittelbar objektiv konstituiert sein können, wenn sie sich voneinander sowie von dem Bewusstseinsstrom geradehin und von der Reflexion unterscheiden bzw. von diesen abgehoben werden können, was nicht ohne weiteres möglich ist. Nicht nur in den urpassiven, sondern auch in passiven Strömen zeigt sich die Individualität der immanenten Daten sowie ihre Gegenständlichkeit als problematisch, wenn die, allerdings spätere, Bemerkung nicht außer Acht gelassen wird, dass „[d]as Vergegenständlichen, als Gegenstand-Meinen, zum Gegenstand-Machen […] schon in seiner schlichtesten Form eine Funktion der Spontaneität des ‚Denkens‘“[1] ist.[2]

Die Gegenstandskonstitution ist stets eine aktive Konstitution. Husserl erweitert diese Bemerkung dadurch, dass er die Geltung der aktiven Konstitution auch für die Gegenstände der Ursinnlichkeit verkündet: „Die Naturgegenstände (und vorher schon die ichfremden Gegenstände der Ursinnlichkeit), das Reich der absoluten personalen Fremdheit, sind nicht ‚passiv konstituiert‘.“[3] Diese aus den 1920er-Jahren stammende Einbeziehung scheint Husserls Position allerdings in den ebenso aus dieser Zeit stammenden *Ideen II* entgegenzu-

---

1 Hua XXXIX, S. 114.

2 Husserl weist allerdings darauf hin, dass damit nicht das Denken im Sinne des prädikativen-logischen Denkens gemeint ist: „Ein Begriff von Denken und Verstand, der also vor dem Logos, vor den Funktionen des Begreifens des Allgemeinheitsbewusstseins, des prädikativen Denkens in allen seinen in den Urteilsformen sich spiegelnden Formen ist.“ Hua XXXIX, S. 40.

3 Hua XXXIX, S. 34. (Hervorh. durch d. Verf.)

stehen. An dieser Stelle hebt sich die Ursinnlichkeit,[4] die Urhabe des Ich, als primäre Passivität von der sekundären Passivität – die sedimentierte Aktivität – ab. Sieht man sich aber die Sache genauer an, wird klar, dass die Ursinnlichkeit schon im Vornherein nicht als gegenständlicher Hintergrund, sondern als passiver Untergrund, als ungegenständlicher Zusammenhang betrachtet wird, auch wenn zu diesem Zeitpunkt die genetische Phänomenologie noch nicht im Vordergrund steht und aus diesem Grund für die Urpassivität von einem *Ich* die Rede ist.

Die frühere Unterscheidung zwischen sinnlichen Gegenständen und kategorialen Gegenständen wird später insofern gemildert, dass alles, was uns als Gegenstand affiziert, „eine Sinnesstruktur, die aus Aktivität stammt“[5], besitzt. Eine Sinnesstruktur aus Aktivität, behauptet Husserl, gelte „ebenso wohl für sinnliche wie für kategoriale Gegenstände.“[6] Diese Sinnesstruktur als das Etwas-Sein ist die Kategorie des Gegenstandes.

Die Apperzeption ist die Als-Struktur, die zu jeder Gegenstandkonstitution gehört. Apperzeption stammt aus einer theoretischen Aktivität, wenn auch in einem primitiven, vorprädikativen Sinne von Theorie und Denken.[7] Jedes Gegenständliche besagt einen urstiftenden Akt, sowohl im genetischen Sinne als auch im Sinne erster Kenntnisnahme.

Somit tritt auch die Abweichung der früheren Differenzierung der Gegenstände der aktiven Konstitution und der passiven insofern hervor, dass „[a]lle Gegenstände als Gegenstände [...] aktiv konstituiert [sind]“.[8]

Nach dieser neuen Konzeption der Gegenständlichkeit scheint eine Revidierung der früheren Überlegungen zu immanenten Gegenständen und die neue Bestimmung der immanenten Sphäre oder zumindest eine Ergänzung unumgänglich zu sein.

Die immanenten Daten können in der passiv-assoziativen Zeitigung nicht als Gegenstände konstituiert werden, sondern als bloße *Zusammenhänge*. Die Assoziation, die passive Synthesis, „stiftet freilich vor und neben aller (nicht durch sie) Aktivität (die freilich nie ganz fehlt) Zusammenhänge, aber eigentlich doch nicht Gegenstände“. [9]

---

[4] Hua IV, S. 335.

[5] Hua XXXIX, S. 36.

[6] Hua XXXIX, S. 36.

[7] „Ein Begriff von Denken und Verstand, der also vor dem Logos, vor den Funktionen des Begreifens des Allgemeinheitsbewusstseins, des prädikativen Denkens in allen seinen in den Urteilsformen sich spiegelnden Formen ist.“ Hua XXXIX, S. 40, Fußnote.

[8] Hua XXXIX, S. 34.

[9] Hua XXXIX, S. 34. Husserl setzt fort und mit einem autobiografischen, ideengeschichtlichen Klang schreibt er über diese späte Revision: „Die Art, wie Assoziation universale konstitutive Bedeutung hat, habe ich sehr spät durchschaut, obschon ich sie schon in den ersten Göttinger Jahren als einen Titel für eine universale und immer mitfungierende Gesetzlichkeit der Genesis erkannte. Sie stiftet freilich vor und neben aller (nicht durch

In den Husserl-Forschungen ergeben sich Versuche, das Problem der gegenständlichen Immanenz durch die Bemerkung zu umgehen, indem in der immanenten Zeit nicht von den immanenten Gegenständen, sondern von den immanenten Einheiten die Rede ist.[10] Das ist in der Tat eine Abweichung, für die in Husserls Zeitmanuskripten genügende Hinweise vorliegen. Nichtsdestotrotz wäre diese Korrektur unzureichend und sogar eine Art Vermengen, wenn weiterhin die immanente Zeit als die *objektive* Zeit dieser Einheiten betrachtet wird.[11]

In der Tat und aus genetischer Hinsicht schlägt Husserl gegenüber dem Begriff Endgegenstand, der den fundierten Gegenstände entspricht, die Bezeichnung *Durchgangseinheit* vor.[12] Die Durchgangseinheiten haben Dienlichkeitsfunktion.[13] Insofern „[j]edes Sehen als Auf-etwas-Hinsehen [...] den Modus der Endgeltung [hat]",[14] werden die fundierenden Schichten im geradehin Zusehen übersehen. Sie sind nicht *terminus ad quem* für die Wahrnehmung. Als Gegenstand werden sie nur reflexiv gegeben, aber auch ihr Durchgang-Sein ist nur in einer eigenartigen Reflexion zu rekonstruieren.

Die Empfindungsdaten sind solche Durchgangseinheiten, fundierend für die Gegenstandskonstitution. Die Hyle als geschlossene Einheit der Abhebung ist eine Durchgangseinheit, die im Durchgang eine Dienlichkeit für die Endleistung erfüllt. Auch die kinästhetischen Daten sind die Durchgangseinheiten der Dienlichkeit. Sogar die Bewusstseinsakte sind im normalen, nicht gestörten Lebensinteresse keine Endgegenstände.[15]

Die immanenten Abgehobenheiten werden in den späten Texten als die Ereignisse bzw. als die Vorkommnisse bezeichnet. Mit der wachsenden Bedeutung des Ich in der späten Zeitlehre werden die immanenten Daten allgemein in zwei Klassen eingeteilt: die ichlichen Vorkommnisse und die nicht-ichlichen.[16] Die Abgehobenheiten des passiven Felds als die nicht-ichlichen Vorkommnisse sind die hyletische Daten. Die ichlichen, „obschon nicht vom Ich ‚dirigiert[en]'"[17] Vorkommnisse sind die Ichakte, „die sich alsbald als Erlebnisse

---

sie) Aktivität (die freilich nie ganz fehlt) Zusammenhänge, aber eigentlich doch nicht Gegenstände." Hua XXXIX, S. 34.

10 Vgl. Brough, J.: *Notes on the Absolute Time-Constituting Flow of Consciousness*, in: On Time. New Contributions to the Husserlian Phenomenology of Time. Hgg. Lohmar, D. & Yamaguchi, I., Dordrecht u. a.: Springer, 2010. S. 21-49.

11 Vgl. Zahavi (2011). S. 13-25.

12 Vgl. Hua XXXIX, S. 13.

13 Übernimmt ein selbst fundierter Gegenstand die Dienlichkeitsfunktion, dann könnte man auch von einem Durchgangsgegenstand sprechen. Ein Medium, das einmal als Endgegenstand und einmal als Mittel im Durchgang dient, während es als Endgegenstand übersehen werden muss.

14 Mat VIII, S. 5.

15 Vgl. Hua XXXIX, S. 13 ff.

16 Vgl. Mat VIII, S. 52 ff.

17 Mat VIII, S. 52.

verzeitigen"[18] und die Kinästhesen als „unwillkürlich eintretende[s] Affiziertwerden".[19] Gerade bei dieser Entgegensetzung muss eine Reflexion sowie eine Abstraktion vollgezogen werden. Die Objektivierung der Ereignisse der immanenten Sphäre findet durch die Reflektion statt. Sie werden unter besonderen Motivationen objektiviert. Es darf nicht unerwähnt bleiben, dass Husserl trotz allem weiterhin der Meinung ist, dass alles in der Immanenz vor der Thematisierung originär bewusst ist. Dann darf dem Gesagten nach aber das originäre Bewusstsein kein objektivierendes sein.[20] Das nicht objektivierende Bewusstsein bezüglich des Hintergrunds ist ferner auch von dem Untergrund des Bewusstseins, wo sich die Protagonisten Urhyle, Urkinästhese und die Urinstinkte befinden, zu unterscheiden. Die Zusammenhänge in dieser urpassiven Sphäre als urassoziative Einheiten sind noch nicht Seinseinheiten und ihre Konstitution ist eine Konstitution ohne Apperzeption.[21] In der Terminologie der 1930er-Jahre ist die Vorkonstitution auch als die Urzeitigung bezeichnet und der Strom der Urzeitigung als der urphänomenale Strom. Anders als die Abgehobenheiten des Erlebnisstroms, die unbeachtet, aber merklich und erfassbar sind, ist für die in der genetischen Betrachtung vorausgesetzten Grundstrukturen des urphänomenalen Stroms „kein Gang der Rückfrage gezeichnet".[22]

Bei der Unterscheidung der Konstitution der Endgegenstände von den Durchgangseinheiten macht Husserl die interessante Bemerkung, dass, während der Endgegenstand nur als Endgegenstand konstituiert, aber nie voll konstituiert ist und eine ständige Horizonthaftigkeit zuweist, wir bei den Durchgangseinheiten und sogar bei den Durchgangsgegenständen, insofern sie ihre Dienst ausüben, fertig sind, d. h., sie haben keine weitere Intentionalität: „In gewisser Weise kehrt sich da das ‚Ende'-Sein und das Durchgang-Sein um. Bei dem, was bloß vermittelt, kommen wir zum Ende"[23], während wir bei einem Endgegenstand eine „Intentionalität, die eine Endlosigkeit offener, vorgezeichneter ⟨Intentionalität⟩ in sich trägt und die entfaltet werden soll"[24], erkennen.

Die immanenten Daten weisen auch, insofern sie ihre Funktion als „Repräsentanten" der transzendenten Objekte erfüllen, keine Abschattungen auf, sind also nicht perspektivisch gegeben, haben keinen Innenhorizont; dies alles läuft auf die Feststellung hinaus, dass sie noch nicht objektiv, noch nicht gegenständlich konstituiert sind.

Die Einheiten der objektivierenden Konstitution sind von bleibendem Interesse[25]; die immanenten Daten sind aber nur insofern von Interesse, dass sie

---

18 Mat VIII, S. 52.
19 Mat VIII, S. 52.
20 Zu dem nicht objektivierenden Bewusstsein vgl. Zahavi (2010).
21 Vgl. XXXIX, S. 11 f.
22 Mat VIII, S. 197.
23 Hua XXXIX, S. 18.
24 Hua XXXIX, S. 18.
25 Mat VIII, S. 335.

die Endgegenstände darstellen können. Insofern der immanenten Sphäre in der Präreflexivität des Lebensstroms die Gegenständlichkeit abzuweisen ist, wird auch die immanente Zeit als gegenständliche Form dieser Sphäre gefährdet. Somit soll anstelle der immanenten Zeit von der Urzeit die Rede sein, die „noch nicht ernstlich Zeit, sondern nur Vorstufe der Zeit als Koexistenzform“[26] ist. Die assoziativ zusammenhängenden Abgehobenheiten weisen eine Koexistenzform als Feld auf und haben keine Folgeform, genauer ausgedrückt keine Sukzessionsform.

Die Unterscheidung von Lebensstrom und Lebensmomente oder, wenn man der Terminologie von früheren Phasen treu bleiben will, die Unterscheidung der Erlebnisse vom Erlebnisstrom geschieht nur nachträglich und in Reflexion. Die bereits in den *Bernauer Manuskripten* verwendete Metapher der Welle kann am besten das Verhältnis von den Erlebnissen zueinander und zum Erlebnisstrom vor der Reflexion beschreiben.[27] Eine andere Bezeichnung, die sich, wie die Wellenmetapher, für diese Beschreibung eignet, ist die *Selbstdeckung*. In diesem Sinne heißt es, dass „das Milieu aller Konstitution“,[28] die immanente Sphäre, all ihr Material in passiver Einheit enthält,[29] „d. h. als bloße Einheit der *Selbstdeckung* in der konkreten Gegenwart“.[30]

Dann ist in diesem Zusammenhang, wenn auch weiter von der immanenten Zeit die Rede ist, die phänomenologische Zeit der sekundären Gegenstände der Phänomenologie gemeint. Allerdings darf die Tatsache nicht unerwähnt bleiben, dass Husserl bezüglich der immanenten Zeit nicht konsequent bleibt, und selbst in den späten Zeitanalysen sind solche Passagen zu lesen, die die immanente Zeit mit der Urzeit vermengen und ihr in ihre Objektivität im Endeffekt eine Priorität zur objektiven transzendenten Zeit zuschreiben.

Neben der Differenzierung von Endgegenstand und Durchgangseinheit unterscheidet Husserl zwischen den primären Gegenständen, „als für sich einheitlich abgehobenen und schon in aktiver Identifizierung konstituierten“[31] und den „impliziten Gegenständlichkeiten, die nicht von vornherein eine Abhebung aufweisen, aber Potenzialitäten der Abhebung mit sich führen“.[32] Die immanenten Daten sind sekundäre Gegenstände als Forschungsgegenstände der Phänomenologie, die erst durch die aktive Beteiligung des psychologisierenden oder phänomenologisierenden Ich, d. h. natürlichen oder phänomenologisch

---

26 Mat VIII, S. 117.

27 Auf die Prägnanz dieser Metapher weist Dan Zahavi hin und deutet sie mit diesen Worten: „The relation between two consecutive experiences must rather be likened to the relation between two waves in the same stream than to two wagons in the same train.“ Zahavi (2010), S. 337.

28 Hua XXXIX, S. 19.

29 Vgl. Hua XXXIX, S. 19.

30 Hua XXXIX, S. 19.

31 Hua XXXIX, S. 8.

32 Hua XXXIX, S. 8.

reflektierenden Ich, abgehoben und als Gegenstand konstituiert werden.[33] Phänomenologisch auslegend erfassen wir hinterher die immanente Sphäre als eine „Zeitwelt“ und die Erlebnisse als Gegenstände in der Sukzession und der Koexistenz in *der gegenständlich immanenten Zeit*. Auf diese Weise ist nicht weiter zu verschweigen, dass „[die] Naturzeit bzw. Gegenstand der Naturzeit der immanenten Zeit bzw. dem Gegenstande der immanenten Zeit, die äußere Welt dem Erlebnisstrom vorher [geht]“.[34]

Die Welt muss bereits konstituiert sein, wenn die immanente Sphäre mit ihren potentiellen Abhebungen durch den motivierten Akt und aufgrund der bestimmten Interessen des Phänomenologen objektiviert wird. Da die potentiellen Abhebungen, um als Gegenstände konstituiert zu werden, „einer freien Identifizierung in ihrem frei durchlaufenen Milieu bedürfen“[35] und die freie Identifizierung ein ausgebildetes Vermögen, einen „Habitus der freien Verfügbarkeit der Existenz im freien Zugriff“[36] fordert. Nur ein konkretes weltliches Subjekt, das über diesen Habitus verfügt und das erworbene, ausgebildete Vermögen der Identifizierung in Wiederholung besitzt, ist zur Konstitution einer gegenständlichen Immanenz imstande. Somit scheint die ganze Debatte um das reine Ich in den statischen Analysen der Zeit eine Revision oder zumindest eine angemessene Ergänzung zu fordern.[37]

Dass das konstituierende Subjekt der immanenten Sphäre ein konkretes weltliches Subjekt ist, hat für die Phänomenologie die Bedeutung, dass die Möglichkeit des Einstellungswechsels zur einen phänomenologischen Einstel-

---

33 In einem Text aus dem Jahr 1932 schreibt Husserl: „Nach den späteren Klärungen (1932) bin ich zur Überzeugung gekommen, dass es nicht zweierlei Intentionalität im eigentlichen Sinn gibt und somit im eigentlichen Sinn keine Vorzeitigung. Die wirkliche Zeitigung, die in der evidenten zeitlichen Gegebenheit des Stromes der Erlebnisse vorausgesetzt und getätigt ist, ist die *des transzendental-phänomenologisierenden Ich*.“ Hua XXXIV, S. 181. (Hervorh. durch d. Verf.) Allerdings wie Klaus Held zu Recht bemerkt: „Wenn nur aktive, reflexive Selbstzeitigung als ‚eigentliche‘ und ‚wirkliche‘ Zeitigung aufweisbar und damit nachweisbar ist und wenn andererseits der urimpressional-retentionale Wandel und die Zeitlichkeit der Noesen (‚Erlebniszeitlichkeit‘) jederzeit angetroffen wird, dann liegt der Schluss nahe, dass der transzendentale Lebensstrom immer schon aus reflexiver Aktivität gezeitigt wird. Aber diese Aktivität wüsste sich selbst schon als zeitlich ablaufend und würde also ihrerseits eine konstituierende reflexive Aktivität verlangen, in der sie gezeitigt wäre.“ Held (1966), S. 101. Wie Held zu Recht bemerkt; aus diesem Grund benutzt Husserl „trotz der ‚späteren Klärungen‘ von 1932 erneut die Ausdrücke Vor-Intentionalität und Vor-Zeitigung. Seine Ausführungen, die ihrer ersten Absicht nach darauf abzielen, den Begriff der Vor-Konstitution zu überwinden, lassen zugleich deutlich werden, dass es ein urpassives Strömen gibt. Sie verwehren aber die Möglichkeit, die Bewegung dieses Strömens von einer ichlichen Aktivität her und seine Phasenmannigfaltigkeit als eine gezeitigte Stellenabfolge zu denken.“ Held (1966), S. 102.

34 Hua XXXIX, S. 19.

35 Hua XXXIX, S. 19.

36 Hua XXXIX, S. 19.

37 Somit schreibt Husserl zurückblickend: „Wie steht es nun aber mit dem ‚reinen Ich‘ (in meinem Sinn), bleibt nach Reduktion von aller Transzendenz, auch den Vermögen, dieses nicht als reiner Ich-Punkt übrig?“ Hua XXXIX, S. 422.

lung mit ihrer korrelativen Welt (immanenten Zeitwelt) eine Möglichkeit „von der konstituierten objektiven Welt her“[38] ist, dass der Phänomenologie „die ‚Welt‘ der transzendentalen Fragen als Horizont“[39] vorausliegt.

Wenn Husserl weiterhin die transzendentale Reflexion und nicht die natürliche Reflexion als den vergegenständlichenden Zugang zum Bewusstseinsstrom sieht, ist einzuräumen, dass die transzendentale Reflexion ein Akt des apperzipierenden, welthabenden Ich ist, welches freien Zugriff zu dem zu vergegenständlichenden Strom hat und über die Vermöglichkeit der Identifizierung und Wiederholung verfügt.

Behauptet Husserl in den 1930er-Jahren, dass die reine Reflexion „[d]as Vor-Sein des strömenden Seins [...] ‚jederzeit‘ gegenständlich“[40] machen kann, steht die Jederzeit in Anführungszeichen, da sie bedeutet, dass wir erstens „nur als Phänomenologen und Psychologen, und selbst dann nur, sofern wir uns das Immanente als Seiendes nachträglich tätig konstituiert haben,“[41] die immanente Sphäre *jederzeit* gegenständlich konstituieren und im Besitz nehmen können. Nur wenn das phänomenologische Interesse erweckt und als mein permanentes Interesse etabliert ist, wird die immanente Sphäre gegenständlich und zum permanenten Reich des eigenen Interesses. Zweitens besagt dieses *Jederzeit-Können* nicht „Verfügung geradehin über Realisierung eines Besitzes”,[42] sondern erst auf dem Boden der Welt und von der konstituierten Welt her besteht die Möglichkeit der phänomenologischen Reflexion und von daher die Möglichkeit der Vergegenständlichung der immanenten Sphäre.

> „Die immanente Sphäre, der reine Erlebnisstrom, wird gegenständlich erst konstituiert durch die Methode der phänomenologischen Reduktion und die von da ausgehenden besonderen Schritte einer Reduktion auf eine immanente Zeitsphäre. Dabei ist Welt und objektive Zeit vorausgesetzt, liegt als das der Reduktion zugrunde und beständig.“[43]

Ist damit der Traum ausgeträumt?[44] Oder kann die Reduktion seine ursprünglich enorme Bedeutung trotzdem behalten? Kann trotz der Voraussetzung der Welt und der objektiven Zeit weiterhin die radikale Rückführung auf die Leistungen der transzendentalen Subjektivität behauptet werden? Solche Fra-

---

38 Hua XXXIX, S. 20.

39 Hua XXXIX, S. 25.

40 Mat VIII, S. 342.

41 Hua XXXIX, S. 20. Vgl. auch Mat VIII, S. 118.

42 Hua XXXIX, S. 20.

43 Hua XXXIX, S. 20. Fußnote.

44 Dieser von Merleau-Ponty als Aufgeben des Ideals der Philosophie als strenge Wissenschaft interpretierte Ausdruck kommt in Beilage XXVIII, zu § 73 der Krisis vor. Merleau-Ponty legt diesen mit folgenden Worten aus: „Der Philosoph kann sich nicht mehr bewusst auf ein absolut radikales Denken berufen oder sich den intellektuellen Besitz der Welt und die Strenge des Begriffs anmaßen.“ Merleau-Ponty, M.: Zeichen, Hamburg: Meiner, 2013. S. 199-200. Die These, Husserl habe die Idee der Philosophie als strenge Wissenschaft endlich aufgegeben, wurde bereits mehrmals widerlegt.

gen können nur unter der Berücksichtigung eines zentralen Begriffs der genetischen Phänomenologie, namentlich der Vorgegebenheit, beantwortet werden.

§ 2. Die Vorgegebenheit

Schließt man sich dem Prinzip aller Prinzipien an, scheint der Hauptansatz der Phänomenologie zur Vorgegebenheit von der Reduktion und der erwünschten Radikalität betroffen zu sein. Im Gegensatz zu den positiven Wissenschaften, die sowohl ihre Themenbereiche als auch ihre Methoden als vorgegeben und vorhanden vor sich haben, darf die Phänomenologie keinen Vorgegebenheiten Vertrauen schenken. Vielmehr ist bei ihr „mit einer Grundstimmung der Skepsis zu rechnen“.[45]

Weder die Gegenständlichkeiten der natürlich-naturalistischen Einstellung noch die Wissenschaften dieser Einstellung und ihre Erkenntnisbestände dürfen als sichere Grundlage für die Phänomenologie gelten. Die Einklammerung der Seinssetzung durch die phänomenologische Epoché macht die Vorgegebenheit in dem Sinne der Vorgesetzten für die Phänomenologie unbrauchbar. Abgesehen vom naiven Hinnehmen gibt es jedoch auch die Möglichkeit der eidetischen Thematisierung der von der Epoché betroffenen Vorgesetzten.[46] In diesem Sinne ist die Vorgegebenheit der Leitfaden der intentional-phänomenologischen Untersuchung. So wie die Intentionsanalyse der konstitutiven Phänomenologie am Leitfaden der drei Seinsregionen vollgezogen wird, wird auch die Region aller Regionen, die Welt, zum Leitfaden der transzendentalen Phänomenologie als universale eidetische Ontologie. Der angekündigte Vorrang der Welt und der objektiven Zeit lässt sich durch diese Auslegung der Vorgegebenheit verstehen.

So weit bereiten die statisch eingeführten Gedanken der Vorgegebenheit keine besondere Schwierigkeit, da die Welt als Weltphänomen sogar bei der cartesianischen Reduktion gerettet wird und das Subjekt, das die Reduktion vollzieht, als intentionales Korrelat übrigbleibt. In diesem statischen Sinne besagt die Vorgegebenheit nichts anderes als die Korrelation.

Die Vorgegebenheit lässt sich auch im Gegenzug oder, genauer gesagt, in Begleitung der Gegebenheit auslegen. In diesem Sinne ist auf die Horizonthaftigkeit jeder Gegebenheit zu verweisen.[47]

„Das transzendental-phänomenologisch eingestellte Ich ist ein Ich höherer Stufe, das vorgegeben hat *als das zu Betrachtende* das natürliche Ich und das

---

[45] Hua III/1, S. 136.

[46] „Nicht die vorgegebene Welt nehme ich hin in ihrem Vorgegebensein und Sosein, sondern ich mache das Vorgegebensein von Welt und von dieser Welt als seiender und soseiender zum Thema.“ Mat VIII, S. 4.

[47] Vgl. Luft, S.: Faktizität und Geschichtlichkeit als Konstituentien der Lebenswelt in Husserls Spätphilosophie, in: Phänomenologische Forschungen, 2005. S. 13-40. Hier S. 22.

Weltphänomen."[48] Beim Auslegen dieses Sachverhalts wird die Vorgegebenheit in dem Sinne expliziert, dass die Leistung der konstituierenden Subjektivität immer schon vollzogen ist, wenn der Phänomenologe zu reflektieren beginnt. Dann liegen in dieser Vorrangigkeit des konstituierenden Subjekts vor dem transzendental phänomenologisierenden Subjekt Schwierigkeiten oder zumindest zu erklärende Angelegenheiten. Das phänomenologisierende Ich ist ein geschichtlich entwickeltes Subjekt und die Motivation zur Phänomenologie erwächst erst in dem hoch entwickelten Stadium in der Geschichte der Menschheit.[49] Ausgehend von der subtilen Unterscheidung zwischen dem transzendental-phänomenologisch eingestellten Ich, d. h. dem phänomenologisierenden Ich und dem transzendentalen Ich als Fungierendem überhaupt, drängt sich die Frage auf, wie das transzendentale Ich überhaupt zu der vorgegebenen Welt steht. Sollte die Phänomenologie die Auslegung der Genesis der stummen und unausgesprochenen Welt[50] bzw. die Explikation der thematischen Vorgegebenheit unternehmen, dann wird die *selbstverständliche* Tatsache in ihrer entscheidenden Tragweite enthüllt, dass die Welt nicht nur das phänomenologisierende Subjekt, sondern auch das absolut fungierende Subjekt verschlingt und dass die Welt in einem besonderen Sinne *einem* transzendentalen Subjekt vorausgeht.

Aus dieser Sicht wird die Erklärung der Vorgegebenheit auf zwei sich überschneidenden Wegen ausgeführt. Einerseits wird die Vorgegebenheit durch die urpassive Zeitigung als eine *nicht ichliche Leistung* durch das Vor-Sein des urphänomenalen Stroms erläutert. Diese Aufgabe hat die genetische Phänomenologie erfüllt. Anderseits sollen die Intersubjektivität und die Generativität die Erklärung der Vorgegebenheit der Welt übernehmen. Dass die Welt „die faktische Subjektrelativität transzendiert und auf die Intersubjektivität verweist",[51] wird in der phänomenologischen Explikation der Vorgegebenheit der Welt entfaltet. Die Vorgängigkeit der Intersubjektivität ist eine Seite der Medaille, wobei die Vorgegebenheit der Welt die andere Seite darstellt.

Beide diese Erklärungswege geben den Zeitanalysen neue Dimensionen. Anhand dieser zwei Aspekte der Vorgegebenheit sind die vielfältigen Themen in den *späten Texten über die Zeitkonstitution* in zwei Hauptrichtungen einzuordnen: die Themen, die die Genesis der Zeitlichkeit berühren, und diejenigen, die die intersubjektive Konstitution der Zeitlichkeit in allen Stufen zu erfassen erzielen.

48 Mat VIII, S. 59. (Hervorh. durch d. Verf.)
49 Vgl. Hua XXXIX, S. 22.
50 Zu diesem Thema vgl. Hua XXXIX, S. 445 ff.
51 Meist (1980), S. 564.

Kapitel VII: Die Weltzeit

„Die vulgäre Interpretation der Weltzeit als Jetzt-Zeit verfügt gar nicht über den Horizont, um so etwas wie Welt, Bedeutsamkeit, Datierbarkeit sich zugänglich machen zu können."[1] So schreibt Heidegger in Paragraf § 81 in *Sein und Zeit* und Husserl, der sich als Adressat der Kritik sieht, schreibt am Rande seines Exemplars „Was ist das für ein Einwand? Führt die konstitutive Analyse nicht auf all das?"[2] Scheinbar leugnet Husserl nicht die vorgeworfene Auslegung der Weltzeit als pure Jetztfolge und weist nur auf die Adresse hin, wo der Horizont für die Thematisierung der von Heidegger vermissten Themen zu finden sei, nämlich die konstitutive Analyse, wahrscheinlich anstelle der Wahrnehmungsanalyse. Er bemerkt jedoch an einer anderen Stelle ausdrücklich, „der Weltzeit? Nennen wir dasselbe so wie Heidegger."[3]

Einen Begriff Weltzeit, mit einem „*Charakter der Bedeutsamkeit*",[4] was Heidegger sich wünscht, scheint Husserl nicht zu befremden. Husserl weist zwar das ursprüngliche Recht der *vulgären* Zeitauffassung nicht ab.[5] Husserl sieht die Weltzeit in diesem Sinne aber nicht erschöpft. Dazu bestreitet er Heideggers Behauptung, dass die vulgäre Zeitauslegung die Wesensstruktur der Weltzeit, nämlich die Datierbarkeit und die Bedeutsamkeit, versteckt und dass sie schließlich den Ursprung der Zeit nivelliert.

Anschließend an Husserls Behauptung unternimmt dieses Kapitel den Versuch, den von Husserl mit Heideggers Begriff der Weltzeit gleichgesetzt erklärten Weltzeitbegriff zu thematisieren, trotz der dominanten Feststellungen, die in der Weltzeit den schärfsten Trennpunkt in Husserls und Heideggers Phänomenologie der Zeit sehen und sogar eine Suche nach einem Heideggerschen Begriff der Weltzeit bei Husserl als aussichtslos erklären.[6]

---

1 Heidegger (1986), S. 423.

2 Breeur, R.: Randbemerkungen Husserls zu Heideggers Sein und Zeit und Kant und das Problem der Metaphysik, in: Husserl Studies 11, 1994. S. 3-63. Hier S. 47.

3 Breeur (1994), S. 47. Diese Bemerkung macht Husserl an der Stelle, wo Heidegger schreibt: „Dabei muss die spezifische Struktur der Weltzeit, da sie in eins mit der ekstatisch fundierten Datierbarkeit *gespannt* ist, *verdeckt* bleiben." Heidegger (1986), S. 423.

4 Heidegger, M.: *Die Grundprobleme der Phänomenologie*. Hg. Herrmann, F. W. v., 3. Aufl., Frankfurt am Main: Vittorio Klostermann, 1997. S. 370.

5 Husserl bemerkt kritisierend am Rande der Seite 425 seines Exemplars von *Sein und Zeit*: „Als ob die ‚vulgäre' Zeitauffassung nicht ihr ursprüngliches Recht hätte, das durch die konstitutive Analyse nicht im mindesten verschwindet." Breeur (1994), S. 47.

6 Bernet vertritt die These, dass es hoffnungslos wäre, „für diesen Begriff der Weltzeit, der Heideggers ganzer Analyse der ekstatisch-horizontalen Zeitlichkeit als Fluchtpunkt dient, ein Husserlsches Äquivalent zu finden". Bernet (1987/88), S. 103. Dass Bernet sich bei diesem Beitrag ausschließlich mit den frühen Zeitanalysen begnügt, darf nicht außer Acht gelassen werden.

Es darf allerdings nicht vernachlässigt werden, dass solche Feststellungen oft ihren Bezug zu früheren Phasen von Husserls Phänomenologie und hauptsächlich die frühen Vorlesungen *Zur Phänomenologie des inneren Zeitbewusstseins* haben, und es gibt weiterhin wenige Studien, die im Hinblick auf Husserls späteren Weltbegriff die Suche nach dem Weltzeitbegriff aufgenommen haben.

Da eine unmittelbare selbständige Ausführung Heideggers Zeittheorie aufgrund ihrer besonderen fundamentalontologischen Grundlage kaum möglich scheint und, auch wenn möglich, sie den Rahmen dieser Arbeit überschreiten würde, geht diese Arbeit nur auf den Weltzeitbegriff Heideggers ein und sogar nur insofern, dass er als leitend für die Thematisierung von Husserls Weltzeit dienen kann. Somit wird auch auf die Zeitlichkeit nur im Hinblick auf ihre Ursprungsrolle für die Zeit, als zeitigend für die Weltzeit, eingegangen und auf Heideggers Analyse der Zeitlichkeit in ihren unterschiedlichen Modi verzichtet (§ 1). Anschließend werden am Leitfaden der Kritiken die möglichen Richtungen für die Thematisierung der Weltzeit bei Husserl verfolgt (§ 2).

Bevor die Welt angesichts ihrer geschichtlichen Fassung und ihrer Zeit als in einiger Hinsicht gleichgestellt zu Heideggers Weltzeit thematisiert wird, ist es angebracht, die mit der Weltzeit oft gleichgestellte Naturzeit in den späten Texten zu betrachten (§ 3, § 4). Dabei erhofft diese Arbeit aufzuweisen, dass die Gleichstellung der Naturzeit mit der Weltzeit eine grobe Fahrlässigkeit von Husserl ist, die ihm nicht immer verborgen bleibt. Der Hauptunterschied zwischen der Weltzeit in ihrem besonderen Sinne und der Naturzeit liegt in der Konkretion. Die Konkretion für die Zeit, die im Prinzip stets als die formale Dimension konstatiert wird, hat zwar etwas Befremdliches. Die Enthüllung der Aktionen wie die Abstraktion und die Idealisierung, die schließlich zur Befestigung der Zeit als eines formalen Stellensystem führen, soll jedoch dieses Befremdliche aufklären. Die Erläuterung der konstituierenden Dimension der Weltzeit, die mit der Erhellung der grundlegenden konstituierenden Intersubjektivität Hand in Hand geht, soll eine tiefliegende Differenzierung zwischen der Weltzeit und der Naturzeit erhellen (§ 5). Auch die Erklärung der ursprünglichen Idealisierung soll zur Unterscheidung der Weltzeit und der Naturzeit beitragen (§ 6). Nach diesen Erläuterungen wird, Bezug nehmend auf die besonderen Eigenschaften der Weltzeit in Heidegger'schen Sinne, die Zeit im Rahmen von Husserls Lebensweltlehre untersucht, wobei die Datierbarkeit und Bedeutsamkeit im Zweckleben und die Tragweite der Natur für die Zeitbestimmung im menschlichen Zweckleben in den Vordergrund treten (§ 7, § 8). Mit der Bemerkung des Unterschieds zwischen lebensweltlichen und wissenschaftlichen Bestimmungen sowie der offenkundigen Subjektrelativität der ungefähren lebensweltlichen Zeitbestimmung soll die Kritik der Nivellierung der ursprünglichen Zeit bei Husserls Weltzeitauffassung zurückgewiesen werden (§ 9). Schließlich wird Husserls roher Ansatz zur Phänomenologie der historischen Zeit dargestellt, die auch die Aussicht der möglichen Fortsetzung der vorliegenden Studie schildern kann (§ 10).

§ 1. *Exkurs: Heideggers Weltzeitbegriff und seine Kritik an Husserls Zeitverständnis*

Obwohl Husserl Heideggers Kritik am vulgären Zeitverständnis als Kritik an seiner eigenen Zeitinterpretation wahrnimmt, ist Heideggers Kritik an die gesamten philosophischen Zeittheorien gerichtet, welche Heidegger als das Fortbestehen der Aristotelischen Tradition betrachtet,[7] die, mit dem vulgären Zeitverständnis Hand in Hand, das Verfallen des Daseins inszenieren kann.

Vor der Darstellung dieser Zeitverständnisse, die uns zu Heideggers Weltzeitbegriff führen soll, ist es in erster Linie angebracht, die von Heidegger zusammengefasste These zur ursprünglichen Zeitlichkeit zu nennen:

> „Zeit ist ursprünglich als Zeitigung der Zeitlichkeit, als welche sie die Konstitution der Sorgestruktur ermöglicht. Die Zeitlichkeit ist wesenhaft ekstatisch. Zeitlichkeit zeitigt sich ursprünglich aus der Zukunft. Die ursprüngliche Zeit ist endlich."[8]

Die ursprüngliche Zeit ist die zeitliche Verfasstheit des Daseins, dessen Grund- und Ganzheitsverfassung die Sorge ist. Die Zeitlichkeit als Einigungsgrund der in Entwurf, Geworfenheit und Sein-bei gegliederten Sorge ist selbst die Einheit von drei Momenten, namentlich Zukunft, Gewesenheit und Gegenwart, die sowohl einzeln als auch in der Einheit der Zeitlichkeit von sich heraustreten und außer sich sind, so dass sie Ekstasen genannt werden.

Weder ist die Einheit der Ekstasen eine Zusammensetzung noch darf die ekstatische Einheit als ein Seiendes verstanden werden. Um diese Missverständnisse zu vermeiden, benutzt Heidegger die Formulierung, dass die Zeitlichkeit sich zeitigt. Die Zeitlichkeit hat nicht nur den wesentlichen Charakter Außer-sich zu sein, sondern auch den Charakter des Offenseins, den Horizont in

---

7 „Alle nachkommende Erörterung des Begriffes der Zeit hält sich *grundsätzlich* an die *Aristotelische* Definition." Heidegger (1986), S. 421. Und in den *Grundproblemen der Phänomenologie* schreibt Heidegger: „Wir betonten schon, dass in den beiden antiken Zeitinterpretationen von Aristoteles und Augustinus das Wesentliche gesagt ist, was innerhalb des vulgären Zeitverständnisses zunächst über die Zeit gesagt werden kann." Heidegger (1997), S. 329. Unter den Zeittheorien findet Heidegger die von Bergson als die weitaus selbstständigste, obwohl schließlich „[g]erade Bergsons Lehre von der Dauer [...] aus einer direkten Auseinandersetzung mit dem Aristotelischen Zeitbegriff erwachsen [ist]" und somit „nicht haltbar". „Dennoch sind die Untersuchungen Bergsons wertvoll, weil sie eine philosophische Anstrengung bekunden, über den traditionellen Zeitbegriff hinauszukommen." Heidegger (1997), S. 328.

8 Heidegger (1986), S. 331.

der Erschlossenheit, und deshalb kann die Zeitlichkeit als ekstatisch-horizontal bezeichnet werden.[9]

Die Ursprünglichkeit hat die Bedeutung, dass alle andere Zeitauffassungen mittelbar oder unmittelbar in der Zeitlichkeit fundieren bzw. davon abgeleitet sind.

Zwar schreibt Heidegger der Zukunft unter den Ekstasen den Vorrang zu, jedoch sind die drei Ekstasen gleichursprünglich, d. h., sie kommen weder auseinander noch nacheinander, sondern zugleich. Damit kann Heidegger dieser Zeit die *Stätigkeit* zuschreiben.[10]

Diese Stätigkeit ist aber keine Aneinanderfügung der Augenblicke, sondern eine geschichtliche Erstrecktheit zwischen Geburt und Tod. Die Endlichkeit der horizontal-ekstatischen Zeitlichkeit ist der wichtigste Charakter der Zeitlichkeit des Daseins. Im Vorlaufen der Entschlossenheit zum Tode versteht sich das Dasein aus Zukunft und dem Zu-Kommenden. Beim In-sich-Verlieren an geschäftliche Beschäftigung mit den Innerzeitigen (den Besorgten) zeigt das Dasein ein anderes Verhalten zur Zeit und seiner Zeitlichkeit.

Heidegger registriert, entsprechend der Seinsmodi des Daseins, drei Zeitverständnisse: das eigentliche Zeitverständnis, welches existenzial-ontologisch den Ursprung der Zeit aus dem Dasein und seinem eigenen ekstatischem Charakter erschließt; das alltägliche, besorgte Zeitvertrauen, welches die Zeit im praktischen Umgang mit dem innerweltlichen Seienden, aus besorgendem Sein-bei, dem Innerzeitigen vorthematisch kennt,[11] und schließlich das uneigentliche Zeitverständnis des verfallenden rechnerischen Denkens, worunter sowohl die traditionellen philosophischen Zeittheorien als auch das vulgäre moderne Zeitverständnis fallen.

Da nur das Dasein zeitlich ist und das nicht daseinsmäßige Seiende nach Heidegger nicht zeitlich, sondern nur in der Zeit, also innerzeitig, ist, ist der Grundmaßstab dieser Gliederung der Zeitverständnisse der Bezug zum daseins- oder nicht daseinsmäßigen Seienden. Unter den Seienden ist das Zuhandene von dem Vorhandenen zu unterscheiden; bei der theoretischen Beobachtung des Letzteren ist das vulgäre Zeitverständnis gemeint, während für die besorgte Beschäftigung mit dem ersteren das alltägliche besorgte Zeitvertrauen steht.

Ausgehend von dem alltäglichen praktischen Umgang mit der Zeit, weist Heidegger auf die Neigung zum Verfall hin, die sich in den aus diesem Zeitverständnis abgeleiteten Zeitauffassungen erfüllt, die zur Verdeckung der

---

[9] Vgl. Herrmann, F. W. v.: *Der Zeitbegriff Heideggers*, in: Mesotes. Supplementband. Martin Heidegger, 1991. S. 22–34. Hier S. 23.

[10] Vgl. Heidegger (1986), S. 391.

[11] Von Herrmann unterscheidet zwischen zwei Weisen des natürlichen Zeitverständnisses, ein ausdrücklich-thematisches Verständnis der Zeit als Zeitfluss und Jetztfolge (philosophisch, aber auch unser modernes Zeitverständnis) vs. die nicht-ausdrückliche, vorthematische Weise, wie wir uns in unserem Verhalten zum Seienden zur Zeit verhalten, was als Vollzugsverständnis bezeichnet wird. Vgl. Herrmann (1991), S. 24-25.

eigentlichen Zeitlichkeit und Nivellierung ihres ekstatischen Charakters führt. Heidegger stellt fest, dass, während die Wesensstrukturen der alltäglichen Zeit deren Bezug zur eigentlichen Zeitlichkeit und deren Fundierung in ihr immer noch verstehen lassen, die vulgäre Zeit solcher enthüllenden Charakteristika entbehrt. Im Folgenden gilt, zuerst jene Wesensstrukturen der Zeit der Sorge in ihrem Modus der Alltäglichkeit darzustellen.

Im alltäglichen Umgang mit der Zeit ist sie, womit wir rechnen und worauf wir uns richten. Dieses Damit-Rechnen, Darauf-Richten hat einen Vertrauenscharakter und ist deshalb grundsätzlicher als die Zeitauffassung der distanzierten theoretischen Einstellung auf das Vorhandene.

Die im alltäglichen praktischen „Verrechnen, Planen, Vorsorgen und Verhüten“[12] ausgelegte Zeit wird, „ob lautlich vernehmbar oder nicht“,[13] in Zeitprädikate *jetzt, damals* und *dann* ausgesprochen. Die ausgesprochenen Bestimmungen *dann, damals* und *jetzt* sind nicht bloße Zeitpunkte, als Jetztpunkt und um den Jetztpunkt herum als Noch-nicht-jetzt und Nicht-mehr-jetzt, sondern haben ihren Bezug zum Tun und Lassen des mit dem Zuhandenen beschäftigten Daseins.[14] Im Hinblick auf ihren Bezug zum Verhalten des besorgenden Daseins bezeichnet Heidegger die Pendenten der dreifachen Ekstasen der Zeitlichkeit (Gegenwart, Vergangenheit und Zukunft) für Zeit der Innerzeitigen als Gewärtige, Behaltene und Gegenwärtige.

Während das Gewärtige die Ausgelegtheit der Ekstase Zukunft ist, ist das Behaltene die Ausgelegtheit der Gewesenheit und ebenso ist das Gegenwärtige die Ausgelegtheit der Ekstase der Gegenwart.

„Jedes ‚dann‘ aber ist *als solches* ein ‚dann, wann ...‘, jedes ‚damals‘ ein ‚damals, als ...‘, jedes ‚jetzt‘ ein ‚jetzt, da ...‘.“[15] Mit dieser Erklärung beginnt Heidegger, eine Hauptstruktur der ausgesprochenen Zeit zu erläutern. Dann, Damals und Jetzt sind nicht nur pure Zeitpunkte bzw. punktuelle Angaben einer bezugslosen Zeit, sondern Zeitangaben in Bezug auf das jeweilige Seiende, zu dem das Dasein sich jeweils beschäftigen wird, beschäftigte und beschäftigt.[16] In diesen ursprünglichsten Zeitangaben und ihrer selbstverständlichen Bezugsstruktur sieht Heidegger die vorkalendarische Datierbarkeit der ausgelegten Zeit und erkennt in dieser wesenhaften Struktur der Datierbarkeit den „elementarsten Beweis für die Herkunft des Ausgelegten aus der sich auslegenden Zeitlichkeit“.[17]

Die Datierung findet aufgrund des In-der-Welt-Seins des Daseins, der Erschlossenheit der Welt, aus umweltlichem begegnenden Seienden statt. Inso-

12 Heidegger (1986), S. 406.
13 Heidegger (1986), S. 406.
14 Vgl. Herrmann (1991), S. 27.
15 Heidegger (1986), S. 407.
16 Vgl. Herrmann (1991), S. 27.
17 Heidegger (1986), S. 408.

fern die Natur die Bühne der Tätigkeiten und Geschäfte des In-Seins des Daseins ist und da das Dasein in seiner geschäftlichen Beschäftigung mit dem Innerzeitigen an *Sichtmöglichkeit* gebunden ist, findet die Datierung ihr Zeitmaß in den Naturphänomenen *Tag* und *Tageslicht*. Die Sonne wird demgemäß zu der Zeitdatierenden, die durch unmittelbare Beobachtung ihres Standes im Himmel das umsichtige Dasein allmählich als eine astronomisch-kalendarische Zeitrechnung in Gang bringt. Die kalendarische Zeitrechnung wurde daher nicht durch Zufall und Glück entdeckt, „sondern hat ihre existenzial-ontologische Notwendigkeit in der Grundverfassung des Daseins als Sorge".[18] Die umsichtige Sorge drückt sich in der Zeitrechnung aus.

Aufgrund der Datierbarkeitsstruktur kann eine andere Wesensstruktur der besorgten Zeit beleuchtet werden. In der Zeitverteilung nach Tag und Nacht tritt die Um-zu-Struktur der besorgten Zeit hervor, insofern, dass es heißt: „Dann, wenn es tagt, ist es Zeit zum Tagwerk."[19]

Die Zeitverteilung nach Tag und Nacht impliziert ein Wozu. Dass „[d]as gewärtigend-behaltende Gegenwärtigen des Besorgens [...] Zeit in einem Bezug auf ein Wozu [versteht]",[20] macht ihre Bedeutsamkeitsstruktur aus. Die Bedeutsamkeit konstituiert „die Weltlichkeit der Welt" als „Ganzheit der Bezüge",[21] als Verweisungszusammenhang. Daher hat die besorgte Zeit als Zeit-zu „wesenhaft Weltcharakter"[22] und kann somit nach Heideggers Weltbegriff diese besorgte Zeit als Weltzeit benannt werden.

Besonders die oben genannten Wesensstrukturen, die die wesenhafte Weltbezogenheit der Zeit erhellen, fehlen Heidegger bei dem traditionellen und vulgären Zeitverständnis.

Dass in der besorgten Zeit dem Jetzt der Vorrang beigemessen wird, zeigt sich in der Tatsache, dass *dann* und *damals* sich durch Orientierung an dem Jetzt definieren lassen. Das Gegenwärtige ist auch entscheidend für die Erläuterung der dritten Struktur: die Gespanntheit der datierbaren Zeit.

Das Zeitprädikat *dann* ist für alltägliches Dasein vom Jetzt her als noch nicht jetzt ausgelegt, und noch nicht jetzt deutet von der gegenwärtigen Situation des Daseins her auf ein bis dahin. Inzwischen währt und dauert die Zeit, die selbst wieder datierbar ist. Das Inzwischen lässt sich auch an von damals bis hierher zeigen. Die Zeitangabe jetzt weist auch selbst auf das Währen: jetzt, während der Arbeit; jetzt, während der Nacht. Und dieses Währen ist „die im sich Auslegen der Zeitlichkeit offenbare Zeit, die so jeweilig als ‚Spanne' athematisch im Besorgen verstanden wird".[23]

---

[18] Heidegger (1986), S. 411.
[19] Heidegger (1986), S. 414.
[20] Heidegger (1986), S. 414.
[21] Heidegger (1986), S. 414.
[22] Heidegger (1986), S. 414.
[23] Heidegger (1986), S. 409.

Auf Grund der faktischen Existenz des Daseins in Mitsein, des Mit-dasein-in-der-Welt, stößt die ausgesprochene Zeit auf die öffentliche Verständlichkeit. Die Öffentlichkeit nennt Heidegger als letzte Struktur der besorgten Zeit. Diese Struktur der veröffentlichten Zeit hat allerdings eine starke verdeckende Seite für die ekstatisch-horizontale Zeitlichkeit Heideggers zur Folge, da somit die Zeit nicht als je eigene verstanden wird, sondern als das, was es gibt und für jedermann gleichermaßen vorfindlich ist und zum Nehmen und sogar zum Messen steht.

Während die Datierbarkeit und die Bedeutsamkeit der datierten Zeit auf das In-der-Welt-Sein des Daseins hinzudeuten vermögen und die Öffentlichkeit der ausgesprochenen Zeit das Mitsein zu illustrieren imstande ist, kann sich „die ekstatische Erstrecktheit der geschichtlichen Zeitlichkeit, wenngleich als solche unerkannt“,[24] aus der Gespanntheit der besorgten Zeit erschließen. Somit können das Existenzial Sorge in der Bezeichnung der besorgten Zeit, die Existenzialen Verstehen und Rede in ihrem Aussprechen und ihrer Auslegung und das Existential Mitsein in der Bezeichnung veröffentlichter Zeit zum Vorschein kommen. Die vorthematische Zeit der praktischen Alltäglichkeit wird auf diese Weise thematisiert, um zu illustrieren, wie unser zuerst und zunächst häusliches Vertrauen mit der Zeit, zwar unbemerkt und unerkannt, ihre ontologische Gründung in der ursprünglichen Zeitlichkeit erkennen lässt. Die Wesensstrukturen der Zeit des Besorgens haben das Potenzial, auf die ursprüngliche Zeitlichkeit zu verweisen, und somit kann diese ontische Zeit eine ontologische Erörterung erhalten.

Aus diesem alltäglichen Zeitvertrauen entspringt sowohl das vulgäre Zeitverständnis als auch die philosophische Zeittheorie von Aristoteles, die anstelle der aus dem Verhalten des mit der Zeit rechnenden besorgenden Daseins zahlenmäßige Bestimmungen für die Zeit gängig macht und die Zeit als „Gezählte an der Bewegung“[25] auffasst. Im modernen Uhrgebrauch kulminiert diese Art der Zeitauffassung als Gezählte-Zählende. Die Auffassung der Zeit in Assoziation mit dem Raum ist derart, dass eine räumliche Bewegung gemessen und gezählt als die Zeit verstanden wird. Anstelle des unmittelbaren Blicks auf die Sonne und ihren Stand am Himmel, der eine Bedeutung für die Sorgen des umsichtigen Daseins hat, wird die Zeit im Absehen von dieser Bedeutung an der Uhr im Verfolgen des bedeutungslosen Wanderns der Zeiger abgelesen.

Die Homogenität der Jetztpunkte disqualifiziert sie für die bedeutsamen Zeitangaben. Die homogenen gleichbedeutenden Jetztpunkte sind gleichgültig und lassen sich nicht als geeignet oder ungeeignet prädizieren und damit kann Heidegger behaupten, dass die vulgäre Zeitauslegung die Datierbarkeit und Bedeutsamkeit *verdeckt* und durch die Verdeckung die Weltzeit nivelliert ist.[26]

---

[24] Heidegger (1986), S. 409.
[25] Heidegger (1997), S. 335.
[26] Vgl. Heidegger (1986), S. 422.

Auch anstelle der Gespanntheit ist bei der vulgären Zeit von der lückenlosen Kontinuität die Rede. Diese Zeit betrachtet Heidegger als eine abkünftige Abstraktion aus der selbst sekundären besorgten Zeit und deshalb zweimal entfernt von dem eigentlichen Ursprung. Heidegger legt daher oft die vulgäre „Zeit" in Anführungszeichen.[27]

Die auf Zusammenhalt der Zeit gerichtete Interpretation der Zeit als das Jetzt, auch wenn als das fließende Jetzt oder sogar als Übergang, veranlasst, dass die Zeit als Vorhandenes verstanden wird, als das, was nur anerkannt werden muss. An der Orientierung an der Jetztfolge als pure und lückenlose Reihe von Jetztpunkten in der vulgären und traditionellen Zeitinterpretation erkennt Heidegger das natürliche Seinsverständnis[28] der antiken Philosophie bzw. der ganzen abendländischen Metaphysik als das Sein als Anwesenheit oder, in Terminologie von Heidegger ausgedrückt, als Vorhandensein.

Das Hauptcharakteristikum der vulgären Zeit ist somit die Jetztzentrierung und das Jetztverständnis als Vorhandenes. In diesem Sinne wird das Jetzt selbst zu einem Innerzeitigen. „Die Jetztfolge wird als ein irgendwie Vorhandenes aufgefasst; denn sie rückt selbst ‚in die Zeit'."[29]

So wie alle anderen Wesensstrukturen der besorgten Zeit dem datierten Jetzt entspringen, ist bei der vulgären Zeit das pure Jetzt entscheidend für ihre anderen Charakteristika. Aus dem isolierten Begriff des Jetzt wird rein deduktiv die Endlosigkeit der vulgären Zeit erschlossen.[30] Diese deduktive Unendlichkeit impliziert aber, dass „die Zeitlichkeit selbst in sich ihre eigene wesenhafte Endlichkeit vergisst".[31] Heidegger zufolge kristallisiert die vulgäre These der Unendlichkeit der Zeit die Nivellierung und Verdeckung der Weltzeit.

Die vulgäre unendliche Zeit vergeht und ist nicht umkehrbar. Dass die Zeit in ihr Vergehen und nicht in ihr Entstehen vulgär begriffen wird, hat allerdings „ihren Grund in der Herkunft der öffentlichen Zeit aus der Zeitlichkeit, deren Zeitigung, primär zukünftig, ekstatisch zu ihrem Ende ‚geht..."[32] Die Vergänglichkeit der Zeit kennt das Dasein „aus dem ‚flüchtigen' Wissen um seinen Tod".[33]

Das vulgäre und das traditionelle Zeitverständnis fassen die Zeit als eine vorhandene nicht umkehrbare, unendliche Folge der Jetztmannigfaltigkeit auf, deren Homogenität die Zählung zulässt.

---

[27] Vgl. Heidegger (1997), S. 329.
[28] Vgl. Heidegger (1986), S. 421.
[29] Heidegger (1986), S. 423.
[30] Vgl. Heidegger (1997), S. 386.
[31] Heidegger (1997), S. 386.
[32] Heidegger (1986), S. 426.
[33] Heidegger (1986), S. 425.

Indem Heidegger die Weltzeit weder als objektiv noch als subjektiv, sondern für „‚früher‘ als jede Subjektivität und Objektivität“[34] erklärt, als die Bedingung der Möglichkeit jeder zeitlichen Bestimmung, wird ihr Sein zu einem Grenzproblem. Für Heidegger ist dennoch wichtig, darauf zu insistieren,

> „dass die Zeitlichkeit als ekstatisch-horizontale so etwas wie *Weltzeit* zeitigt, die eine Innerzeitigkeit des Zuhandenen und Vorhandenen konstituiert. Dieses Seiende kann dann aber im strengen Sinne nie ‚zeitlich‘ genannt werden. Es ist wie jedes nichtdaseinsmäßige Seiende unzeitlich, mag es real vorkommen, entstehen und vergehen oder ‚ideal‘ bestehen.“[35]

Soweit Heideggers Weltzeitkonzeption in seinen Zeitanalysen.

§ 2. *Die zwei Zielscheiben der Kritiken*

Heideggers Kritik an Husserls Auffassung der Zeit ist letztendlich Kritik am Primat der theoretischen Einstellung in Husserls Beziehung zur Welt. Heideggers Auffassung von dem Vorhandenen als Gegenstand der Theorie ist allerdings nicht mit dem Wahrnehmungsding Husserls identisch, insofern für Heidegger das Vorhandene ein isoliertes Ding ist, welches sich nicht in der Werkstatt Welt befindet, als weltlos und beziehungslos betrachtet wird. Während dagegen bei Husserl die Wahrnehmungswelt selbst der Verweisungs- und Bedeutungszusammenhang ist. Bereits Anfang der 1920er-schreibt Husserl:

> „Sobald ein ‚Seiendes‘ einen Außenhorizont hat, ist es nicht allein gesetzt, sondern anderes Seiendes ist mitgesetzt. Hat es notwendig einen Außenhorizont, so ist es unselbständig; es trägt Mitbestimmungen in Bezug auf solches, was es nicht selbst ist. Man kann dann auch sagen: Alles Seiende ist relativ, es ist nur in Beziehung zu anderem. Oder von Seiten der Setzung: Alle Seinssetzung ist zugleich ‚In-Beziehung-Setzung‘.“[36]

„Die Sinneskonstitution der Welt“ nach Husserl

> „ist so, dass sie keine selbständige Sinnbildung kennt, dass alles je Erfahrbare seinen Beziehungshorizont mit sich trägt, durch den es immerfort Beziehungscharaktere hat, die in Beziehungssetzungen und ausdrückliche Beziehungsprädikationen zu verwandeln sind.“[37]

Husserl zufolge, „[beruht a]uf der Erkenntnis [...] alle spezifisch menschliche Praxis, die in Konzeption von Zwecken und in Zwecktätigkeiten verlaufende“.[38] Allerdings ist zu bemerken, dass bei der Welt der Erkenntnis „noch nicht an so etwas wie wissenschaftliche Wahrheit und an die wahre Welt als

[34] Heidegger (1986), S. 419.
[35] Heidegger (1986), S. 422.
[36] Hua XXXIX, S. 5.
[37] Hua XXXIX, S. 5.
[38] Mat VIII, S. 210.

Zwecksinn einer universalen Welterkenntnis zu denken [ist]",[39] sondern die Lebenswelt und die lebensweltliche Erfahrung und Erkenntnis damit gemeint ist. Heideggers Kritik ist insofern nicht treffend, dass auch für Husserl das Primat bei der Welt steht, in der wir leben, dass nach Husserl „zunächst wohl Umwelt möglicher Praxis, als praktisch nach Zwecken gestaltete und zu gestaltende, und Welt der Erkenntnis sich deckt".[40]

Husserl lehnt auch ausdrücklich Heideggers Einwand zu seiner Zeitauffassung ab und dementiert die Verdeckung und Nivellierung der ursprünglichen Zeitlichkeit bei seinem Zeitverständnis.[41] Indem Heidegger das vulgäre Zeitverständnis anlässlich seines Mangels an Datierbarkeits- und Bedeutsamkeitsstruktur kritisiert und darin die Nivellierung der ursprünglichen Zeitlichkeit bekundet, hat er dieser Zeitauffassung sowohl Daseins- als auch Weltbeziehungslosigkeit vorgeworfen. Richtet er diese Kritik an Husserl, ist dann die Zielscheibe einerseits distanziertes, die Welt bloß hinsehendes, weltloses transzendentales Subjekt, anderseits der formale Begriff der Welt.

Auch die sonstigen, vorwiegend an Heidegger angeschlossenen und von ihm inspirierten Kritiken an Husserls Weltzeit gehen stets auf diese zwei Richtungen hinaus (s. Einleitung). Einerseits greifen die Kritiker die Weltzeit in ihrem minimalen Sinn als Naturzeit an, anderseits halten sie die Konstitutionsweise der Weltzeit für problematisch. Die erste Kritikrichtung gründet sich in der Kritik an der Verdinglichung der Welt, während die Kritik an der Fundierung der Zeit in dem absoluten inneren Zeitbewusstsein der Kritik dem weltlos-zeitlosen transzendentalen Subjekt nahesteht. Sowohl die Seinsweise der transzendenten Welt als auch die Seinsweise des transzendentalen Subjekts stehen bei den Debatten um die Weltzeit unter Kritik.

Mit der Seinsweise des transzendentalen Subjekts und seiner notwendigen Faktizität, ihrer absoluten Weltlichkeit, haben sich die letzten Abschnitte dieser Arbeit befasst. Zu dem vieldeutigen Weltbegriff Husserls stellt sich nun die Frage, ob nach der Auseinandersetzung mit dem Weltproblem anhand der Intentionsanalysen mit der Betonung der Notwendigkeit der Welt auf Grund der Wechselseitigkeit der universalen Korrelation (s. Kap. I und II) sowie aus der Sicht der statisch-konstitutiven Phänomenologie der 1920er- und der mundanen Phänomenologie der 1930er-Jahre unter Betrachtung der morphologischen Totalität der Welt (s. Kap. II), bei welchen Analysen und aus welchen Blickwinkeln nun die Wiederaufnahme des Problems des Weltbegriffs so erfolgen könnte, dementsprechend die Thematisierung der Weltzeit in ihrem vollen Sinne vollgezogen werden kann.

Für den von Heidegger vermissten Horizont der Bedeutsamkeit und der Weltlichkeit verweist Husserl zwar auf die konstitutive Analyse. Bei den sta-

---

39 Mat VIII, S. 210.

40 Mat VIII, S. 210.

41 Vgl. Breeur (1994), S. 47.

tisch auf die regionalen Ontologien sowie bei den auf die eidetische Ontologie der Welt und ihre Wesensform gerichteten Analysen der konstitutiven Phänomenologie gelingt Husserl jedoch nicht mehr als ein Konstatieren der Welt als die Natur und die Deskription ihrer durchdringenden Form aller erdenklichen Welten als die Raumzeitlichkeit, die anscheinend zu Recht für die von Heidegger vermisste Datierbarkeit und Weltlichkeit als disqualifiziert zu erklären ist. Die Zeit als die homogene Jetztfolge entbehrt solcher bedeutsamen und einschneidenden Punkte, die als die epochalen Punkte bei der Datierung dienen. Die Homogenität stempelt alle Stellen der Naturzeit gleich, sodass die Naturzeit zur Zeitmessung fähig, aber zur Zeitanagabe und Zeitordnung keineswegs imstande ist.

Sollte beim Ausschließen der Datierbarkeit und Bedeutsamkeit bei der Weltzeit Husserls die Vernachlässigung der Freilegung der geschichtlichen Bestimmung der Welt unterstrichen werden, gilt es, eine Suche nach einer wesentlich geschichtlich bestimmten Welt bei Husserl zu unternehmen. Dieser Einwand hebt nicht nur den Mangel an Thematisierung der Zeit der Geschichte bei Husserl hervor als die Form der höheren Schicht der Welt, sondern ist gerade die kritische Bemerkung darauf, dass in dem Schichtensystem die wesentliche grundlegende Form der Welt von Husserl nicht als die Geschichtszeit, sondern als die Naturzeit freigelegt wird, dass sogar Husserls Begriff von der Lebenswelt primär der Natur und nicht dem kulturellen Gesicht von der Welt entspricht. Dass Husserl mit unterschiedlichen Weltbegriffen umgeht, wurde in vorliegender Arbeit mehrmals hervorgehoben. Wenn es um die allumfassende oder, wie Husserl selbst es bezeichnet, volle Welt geht, gehören für Husserl Natur und Geschichte zusammen und sind nicht zu unterscheiden. Dies sollte bereits verdeutlicht geworden sein. Insofern die Welt für mich stets die Menschenwelt ist, sei sie immer als geschichtliche zu sehen.

Die Thematisierung der Geschichte hängt nicht nur mit der Lebensweltlehre in Husserls systematischem Programm und dem generativen Aspekt der Phänomenologie zusammen, sondern ebnet zugleich der genetischen Dimension der Zeitanalysen den Weg zur Konzeptionierung der Welt als geschichtliche. Indem Husserl die Genesis der Form und des Inhalts der Welt in der Konstitution ihres Seinssinnes beschreibt und die Erweiterungsmöglichkeiten für diesen Seinssinn im reduzierten Primordium erforscht, tritt die Verflechtung der Natur und der Geschichte zutage.

§ 3. Die Ordnung der primordialen Welt als abstraktive Naturzeit

Auch wenn „die Natur als objektiv-intersubjektive von jedermann in Konnex mit jedermann erkennbare und aussagemäßig, urteilsmäßig bestimmbare

Welt“[42] nach der primordialen Reduktion verschwindet, ist Husserl zufolge auch in der primordialen Einsamkeit weiterhin ein Universum der bloßen Körper gegeben, das eine gewisse Ordnung hat, worin die Körper in Vor-, Nach- und Zugleich-Verhältnisse zueinander stehen. Anders als die Quasi-Zeitlichkeit der immanenten Einheiten der lebendigen Gegenwart deuten diese Verhältnisse auf eine Zeit hin; sie deuten auf die abstraktive Naturzeit.

Stellt man die Frage, ob die Stellen in dieser abstraktiven Zeit derart zu einer Zeitbestimmung der Seienden führen können, dass von der festen Datierung der Seienden die Rede sein kann, dann wäre die vorausgeschickte Antwort negativ. Die Ordnung dieser abstraktiven Natur ist gar keine eigene selbständige Ordnung neben der Weltzeit, sondern wie die primordiale Welt eine abstraktiv herzustellende Schicht der Welt ist, so ist diese Ordnung eine ideell zu betrachtende Zeit. Die Zeit und Zeitbestimmungen in der Primordialität sind

> „nicht etwas in der Welterfahrung für sich je Geltendes, sondern nur künstlich hinterher wiederum Abzuschichtendes. Was ich wahrnehme, und seine Dauer, seine Zeitordnung, wie ich sie erfahre, ist vorweg weltlich und weltzeitliche Dauer.“[43]

Husserl setzt fort: „Ich habe nur eine Zeit, die Weltzeit.“[44]

Die Verhältnisse innerhalb eines aktuellen Erfahrungsfelds in der primordialen Sphäre können erst und nur eventuell in der Totalerfahrung zu den Zeitbestimmungen führen. Daher ist die Frage nach der Zeitbestimmung in der reduktiven primordialen Natur mit der Frage nach der Möglichkeit der Totalerfahrung im Primordium verbunden. Die Totalerfahrung hat die Gestalt der Erweiterung der primordialen Sphäre rück- und vorwärts, zeitlich und räumlich. Bei der Abwesenheit der Perspektiven des Anderen und der Absenz des Wiedererinnerungsschatzes des Anderen im Primordium rechnet Husserl für die Erweiterung des primordialen strömenden naturalen Wahrnehmungsfeldes hinsichtlich des Raumes mit den kinästhetischen Vermögen und dem iterativen Stil des Raumes.[45] Und für die Erweiterung der Zeit in der primordialen Sphäre in Richtung der Vergangenheit bemerkt er außer den eigenen Erinnerungen die Möglichkeit der in der reduzierten Natur vorgezeichneten Naturhistorie. Wo mein Erinnerungsschatz aufhört und nicht weiter konstituieren vermag, übt „[d]ie historische Struktur der physischen und organischen Natur“[46] ihre Funktion als Erzähler der verpassten Erinnerungen und Zeiten aus: „Ich hätte keine wirkliche Erinnerung mehr, aber das Naturhistorische erzählte mir sozusagen, was ich damals gesehen hatte oder hätte sehen können.“[47]

---

[42] Mat VIII, S. 204.
[43] Mat VIII, S. 382.
[44] Mat VIII, S. 382.
[45] Vgl. Mat VIII, S. 179.
[46] Mat VIII, S. 161.
[47] Mat VIII, S. 167.

Ich gewinne aus meinen gegenwärtigen Erfahrungen Erfahrungsmotive, wodurch das Ich die Geschichte der typisch Gleichen vor- und rückwärts nicht nur vermuten, sondern in der Gewissheit erraten kann.[48] Anders als der Erweiterungsaspekt des Raumes, dessen iterativer Stil zu einer bloß formalen Erweiterung der primordialen Welt imstande ist, zeichnet die in der Primordialität Zeiterweiternde die vergangene und künftige Welt auch inhaltlich und in typischer Hinsicht vor. Husserl schreibt: „Im induktiven Stil liegt eo ipso ein Allgemein-Historisches."[49] Aus diesem Grund sind aus jedem Verharrenden sowie aus dem Wandelnden die historischen Erzählungen abzulesen:

> „Jeder Fluss ist in der Erfahrung historisch. Ihn sehend erfasse ich ihn als fließend aus einem Geflossensein von irgendwoher – zuletzt werde ich auf eine Quelle verwiesen, aber von da aus doch wieder weiter verwiesen."[50]

Dieselbe naturhistorische Rück- und Vorweisung gilt auch für den raumzeitlich Verharrenden: So weisen „der Baum auf Samen, die Samen auf frühere Bäume"[51] sowie die versteinerten Knochen auf das vergangene animalische Leben hin.[52]

Wenn Husserl diese vorzeichnende Struktur bezüglich der Zukunft illustriert, erörtert er sie anhand der praktischen Möglichkeiten und bemerkt, dass dadurch „eine praktische Zukunft möglich"[53] wird. Damit tritt die Vertrautheitsstruktur der Natur in den Vordergrund.

Diese Betrachtung läuft auf die Feststellung hinaus, dass die Stellen in der naturhistorisch weitreichenden Zeit keineswegs ganz zufällig belegt werden, insofern der induktive Stil der Natur, genauer gesagt der Welt,[54] worauf die Naturhistorie sich aufbaut, die Zeit mit der Kausalität verflicht. Ein Stellensystem, deren Stellen von der Kausalität markiert sind, ist nicht bloß eine formale Ordnung ohne irgendeine Vorzeichnung. In Anbetracht der verflochtenen Kausalität sind die Verhältnisse der Stellen der Naturdinge zueinander in typischer Hinsicht vorbestimmt.

Diese Feststellung kann allerdings zu der Ansicht führen, dass Husserls Analyse der naturalen Zeitigung bei der Erschließung der primordialen Welt und Erweiterung ihrer Zeit anhand des induktiven Stils der Welt auf der Ebene des Wesens bleibt. Die Naturhistorie, die man aus der induktiven Erfahrung an den gegenwärtigen Naturdingen abliest, rekonstruiert auf Grund der Kausalität als Grundsatz der Natur nur die typischen Vorgänge und ihre Bestandteile und

48 Vgl. Mat VIII, S. 162.
49 Mat VIII, S. 162.
50 Mat VIII, S. 162.
51 Mat VIII, S. 167.
52 Mat VIII, S. 167.
53 Mat VIII, S. 162.
54 „Die Welt hat einen induktiven Stil, nicht nur im Besonderen biologisch oder geologisch als ‚naturhistorische' Welt, in den ich eingreifen kann." Mat VIII, S. 162.

nicht die individuellen Ereignisse. Nichtsdestotrotz schreibt Husserl sogar den primordialen Dingen Diesheit und sogar die konkrete Diesheit zu. Jedoch stellt er selbst die Frage: „Was ist das für ein Dieses, was für eine Unbestimmtheit hat es nach Ort und Zeit, wo es doch in dieser Hinsicht vollbestimmt zu sein scheint?“[55] Die Antwort scheint zu lauten, dass die raumzeitliche Stelle des primordialen Wahrgenommenen oder Erinnerten im Gesamtfeld der Erfahrung unbestimmt bleibt: „Das Dieses ist Eines, Konkretes, in seinem, diesem Erinnerungsfeld, aber Erinnerung ist schwankend, unklar, und Dieses ist schwankend, unbestimmt nach dem Feld.“[56]

Somit unterscheidet Husserl zwischen einer anschaulichen, in erster Identifizierung gegebenen Diesheit und der Diesheit, die das Ergebnis der in der meinigen Orientierung konkreten raumzeitlichen Stelle ist, welche die Anschauung überschreitet.[57] Als die Überschreitung der Anschauung erwähnt Husserl das erforderliche „Aufeinanderfolgen des Wiedererkennens, Durchlaufen der Wiedererkennten“[58] und dadurch die Gesamtfolge der erfahrenen Zeitstellen d. h., die erlebte sukzessive Zeit zu konstituieren, welche egologisch gar nicht erreichbar ist.

Anders als die frühen Analysen, worin Husserl die ideelle Möglichkeit der unendlichen Fortsetzung der Wiedererinnerung und der Erwartung für die Konstitution der unendlichen Zeit ausreichend sieht, bemerkt Husserl in seinen späteren Überlegungen einen subtilen Unterschied, der die Suche nach anderen möglichen Erweiterungsoptionen erforderlich macht:

> „Es ist ein Unterschied, ob etwas Unerfahrenes für mich ist als etwas, das ich ausweisen ‚könnte‘, oder ob Unerfahrenes überhaupt noch nicht für mich ist, in präsumtiver Gewissheit, und stattdessen die bedingte Gewissheit.“[59]

Die Gewissheit der Erweiterung ist bedingt von meinen Kräften und meiner Lebenszeit. Trotz der Erweiterungsmöglichkeiten bleibt die egologisch gezeitigte Welt und ihre Zeit immer eine endliche, auf Grund der „Endlichkeit des Lebens und Kräfte“.[60] Die Reichweite der induktiven Erfahrung ist „begrenzt durch den Umfang meines ‚Ich kann‘“.[61] Wieder an dieser Revision lässt sich die entscheidende Wirkung der Hervorhebung der Faktizität des Egos und seiner Vermögen bemerken. Die idealen Möglichkeiten, die mit ihren scheinbar unbegrenzten Reichweiten in frühen Phasen der Phänomenologie bei vielen Grenzproblemen als die Lösungsidee dienten, sind nun an die Grenzen des Ich gebunden. Wie Husserl bemerkt: „Ja, wenn wir die menschliche Primordialität

[55] Mat VIII, S. 218.
[56] Mat VIII, S. 218.
[57] Vgl. Mat VIII, S. 219.
[58] Vgl. Mat VIII, S. 219.
[59] Mat VIII, 165.
[60] Mat VIII, 164.
[61] Mat VIII, 164.

idealisieren, also das Sein in der Endlichkeit mit Geburt und Tod, so binden wir uns eben."[62] Die Endlichkeit der Primordialität kann nur dank des anderen Subjekts und zuerst dank eines anderen primordialen *alter ego* überschritten werden:

> „Durch die Intersubjektivität des Daseins erhält die Endlichkeit der primordialen Welt mit ihrer primordialen Raumzeitlichkeit eine Erweiterung in der Rückerstreckbarkeit und Vorerstreckbarkeit."[63]

Dass diese in der primordialen Einsamkeit gezeitigte Naturzeit mit der Weltzeit nicht identisch ist, sollte keine weitere Bemerkung brauchen. Hier geht es um die abstrakte Raumzeitlichkeit, welche in der Einsamkeit konstituiert wird. Dagegen weist Husserl bereits in den frühen Zeitanalysen darauf hin, dass die Weltzeit nur intersubjektiv konstituiert werden kann.

§ 4. Die Weltzeit und die Naturzeit in ihrem weitesten Sinne

Die Kritik an der mit der Naturzeit gleichgestellten Weltzeit besagt, dass zu der vollen Welt nicht nur die realen Gegenstände der Natur gehören, deren Setzung in einer homogenen Zeit für ihre Zeitbestimmungen ausreicht, sondern auch die idealen Gegenständlichkeiten zu der Welt gehören, welche, anders als die realen Gegenstände, nicht an die Naturzeit und ihre homogenen Zeitstellen gebunden sind. Wichtig ist hier, die Allzeitlichkeit der idealen Gegenstände angemessen auszulegen. Unter den idealen Gegenständen sind die historisch-kulturellen Gegenständlichkeiten zu nennen, deren Zeitstellen zu ihrem Wesen gehört. Dazu zeichnen sie eine qualitative Differenzierung in der Struktur der Zeit als solche. Die Zeit selbst wird gekennzeichnet als die Zeit vor und nach dem Entstehen oder dem Entdecken dieser Gegenstände. Bei den historisch-kulturellen Gegenständen erhebt ihr erstes Auftauchen bzw. ihr Entdeckungsmoment den Anspruch an der besonderen Datierung und Zeitangabe in einer anders strukturierten Zeit.

Die Kritik an der homogenen Zeit wird weiter verknüpft mit der Kritik an das Verhältnis der Zeit der Natur und der anders strukturierten Zeit der Geschichte.[64]

Begreift Husserl die Weltzeit als umgreifend für die Naturzeit, für die personalmenschheitshistorische Zeit sowie für die kulturhistorische Zeit,[65] dann könnte sie nicht in dem Sinne zu verstehen sein, dass sich alle entsprechenden

62 Hua XXXIX, S. 500.

63 Hua XXXIX, S. 501.

64 Vgl. Meist (1983). Vgl. auch Ströker, E.: *Zeit und Geschichte in Husserls Phänomenologie. Zur Frage ihres Zusammenhangs*, in: Phänomenologische Forschungen 14, 1983. S. 111-137.

65 Vgl. Hua XLII, S. 115.

Zeitwelten auf die erste gemeinsame Unterstufe, d. h. auf die Natur, derart reduzieren, dass ihre Zeiten sich ebenso in der eindimensionalen Punktmannigfaltigkeit der Naturzeit einordnen lassen. Die Sache wird noch komplizierter, wenn auch das Verhältnis aller dieser Zeiten zu der egologischen Zeit, d. h. zu dem inneren Zeitbewusstsein, in Betrachtung gezogen wird.

Kein einseitiges Fundierungsverhältnis zwischen der Natur und dem Geist kann das Verhältnis der Naturzeit zu den anderen höherstufigen Zeiten erleuchten. Husserl zufolge ist die nur abstraktive, als grundlegende Schicht der Welt zu betrachtende Natur selbst angewiesen auf die transzendentale Intersubjektivität: „Natur als Struktur der Welt in allen Dingen setzt voraus die Intersubjektivität und die Konstitution der allsubjektiven Zeit mit allem Subjektivem.“[66]

Das Verhältnis der *unterschiedlichen Zeiten* zu der Naturzeit kann nur angesichts des Verhältnisses der Natur zu der transzendentalen Intersubjektivität veranschaulicht werden.

§ 5. Die Weltzeit als intersubjektiv konstituierte Zeit vs. die Weltzeit als intersubjektiv konstituierende Struktur

Die Grundbestimmung der Weltzeit ist bei Heidegger ihre Bedeutsamkeit, während bei Husserl der intersubjektive oder, wenn man will, der öffentliche Charakter als wichtigstes Charakteristikum der Weltzeit zu unterstreichen ist. Der intersubjektive Charakter der Weltzeit besagt nicht bloß, dass mit der Aufhebung der primordialen Abstraktion wir die Weltzeit zu Gesicht bekommen werden, vielmehr sind die Weltzeit als Schnittstelle der Zeitanalysen und die Analysen der Intersubjektivität bei Husserl eine fundierende intersubjektive Struktur der Zeitigung, die vor dem intersubjektiven Produkt steht.[67] Nicht als intersubjektives Produkt, sondern als grundlegende Struktur der intersubjektiven Konstitution wird die Weltzeit zu einem wichtigen Begriff der *späten Texte über Zeitkonstitution*.

Husserl sieht das Mitsein als Bedingung der Möglichkeit der weltlichen Gegenwart, die selbst ein subjektiver Modus der Weltzeit ist:

> „Mitsein von Anderen ist untrennbar von mir in meinem lebendigen Sich-selbst-Gegenwärtigen, und diese Mitgegenwart von Anderen ist fundierend für weltliche Gegenwart, die ihrerseits Voraussetzung ist für den Sinn aller Weltzeitlichkeit mit Weltkoexistenz (Raum) und zeitlicher Folge.“[68]

---

66 Hua XXXIX, S. 568.

67 Eine der ersten Studien zu Husserls Weltzeitbegriff, die fast gleichzeitig mit der Veröffentlichung der *C-Manuskripte* publiziert worden ist, ist von Lanei Rodemeyer vorgelegt worden. In *Intersubjective Temporality* führt sie den Weltzeitbegriff als Schnittpunkt von Husserls Zeitanalysen und seiner Intersubjektivitätslehre ein. Vgl. Rodemeyer (2006).

68 Mat VIII, S. 57.

Auf den fahrlässigen Gebrauch der Bezeichnung Weltzeit bei Husserl wurde bereits mehrmals hingewiesen (s. Kap. II). Die Bezeichnung Weltzeit wird nicht nur für die objektive Zeit als Stellenzeit, die intersubjektiv konstituiert und bestimmt wird, verwendet, sondern auch und vor allem für das intersubjektive Strömen der Zeit.[69] Die Gemeinschaft meiner lebendigen Gegenwart und der lebendigen Gegenwart der Fremde ist die Weltgegenwart, die *unsere* lebendige Gegenwart ist. Die fremde Gegenwart impliziert die Weltgegenwart, deren Objektivierung die Zeit als Form der objektiven Welt bedeutet. Schließlich wird die grundlegende synthetische Verbindung von allen zeitigenden Strömen als Weltzeit bezeichnet. So wie die lebendige Gegenwart, die immanente Zeitlichkeit der Monade in ihrem Währen, durch den reflexiven Blick in der objektiven Ordnung, d. h. die immanente Zeit, übersetzt wird, wird auch die intermonadische Zeitlichkeit im Rahmen der Weltkonstitution als die Weltzeit begriffen. Es heißt:

> „Die Monaden einzeln haben ihre immanente Zeitlichkeit und ihr immanentes Sein, die Monaden zusammen haben eine intermonadische Zeitlichkeit, eine Form der Koexistenz, die im Rahmen der Weltkonstitution als ‚realisierte' Monaden ihre Weltzeit ist."[70]

Diese grundlegende intersubjektive Struktur steht vor der als objektive Zeit registrierten Naturzeit, gleichwie die Natur die transzendentale Intersubjektivität voraussetzt.

§ 6. *Idealisierung der Zeit vs. die zeitliche Orientierung*

Die Zweideutigkeit der Weltzeit kann auch aufgrund der Idealisierung der Zeit geschildert werden. Während Husserl früher die Grundbestimmung der Zeit in ihrer Starrheit sieht (s. Kap. IV), erkennt er nun eine Idealisierung in dem Konstatieren der Zeit als starres Stellensystem:

> „Nun gehört zur ont⟨ologischen⟩ Struktur der Lebenswelt die Struktur ‚Natur' und von da aus haben alle Dinge Stellung in der Zeit der Natur, der Raumzeit [...] Die ontologische ist schon idealisiert – nicht mathematisiert – als Stellensystem, und jede Stelle ist ein Zeitpunkt – nicht ein mathematischer Punkt –, aber durch eine Limesbetrachtung zu konstruieren."[71]

Wie schon aus diesen Zeilen hervorgeht, darf die ursprüngliche Idealisierung der Zeit nicht mit der Idealisierung und der Mathematisierung durch die Na-

---

[69] Rodemeyer weist auf die Ambiguität des Weltzeitbegriffs in Husserls Zeitanalysen hin und schreibt: „Husserl's multiple references to a ‚world-time' are not followed by any detailed analyses on his part of what this term might mean. Thus, we could easily interpret it as a term used loosely to refer to either the living present (concretely understood) or objective time –depending on the citation." Rodemeyer (2006), S. 70.

[70] Mat VIII, S. 173.

[71] Hua XXXIX, S. 576.

turwissenschaften gleichgesetzt werden. Husserl hat bereits bei dem Auslegen der Doppeldeutigkeit der lebendigen Gegenwart als strömend-stehend auf die Idealisierung, welche die Gegenwart als starre Form betrachten lässt, hingedeutet (s. Kap. IV).

Die Zeit wird durch die ursprüngliche Idealisierung als die stehende Form und nicht in ihren Strömen aufgefasst.[72] Die Konkretheit der Zeit, die schwer zu begreifen ist, liegt im Bewahren ihres stehenden Strömens und strömenden Stehens. Die Kritik, die Husserls Zeitauffassung auf die objektive Sukzessions- und Simultanzeitlichkeit reduziert und die die ganze subjektive Seite Husserls Zeitanalysen unbeachtet lässt, nimmt diese idealisierte unbewegte Zeit als ihr Ansatzpunkten zu Husserls Zeitverständnis. Somit verdient die gründliche Gespanntheit, die Husserl bei dem dreifach strukturierten inneren Zeitbewusstsein erkennt, dergemäß die Gegenwart nur als ein Inzwischen, als ein idealer Grenzpunkt der Ent- und Erfüllung zu begreifen ist, eine nicht angemessene Berücksichtigung. Diese Unterlassung hat allerdings ihren begreiflichen Grund. Die Schwierigkeit eines Ansatzes, der die Gegenwart als einen Limespunkt und folglich die Starrheit der Zeit als das Ergebnis der Idealisierung zu begreifen versucht, liegt darin, dass ihm Husserls stetiges Bestehen auf das Primat des Anschaulichen und sein Insistieren auf den fundierenden Charakter des anschaulich Gegebenen für die noch nicht und nicht mehr anschaulichen Gegebenheiten entgegensteht. Denn wie Klaus Held die Sachlage treffend beschreibt: „In diesem Sinne ist das unanschauliche Bewusstsein von der urimpressionalen Grenze im anschaulichen retentional-protentionalen Bewusstsein ‚fundiert'".[73] Sicherlich wäre eine solche Zeitauffassung, die den starren Kern der Zeit als idealisiert und deshalb nicht anschaulich betrachtet, mit der statischen Konstitution nicht verträglich, wobei das Fundierungsverhältnis als ein nahezu vertikales Aufbauen aufeinander aufgefasst wird. Die aus dem idealisierten Gegenwartskern als Spannungszentrum der Retention und der Protention ausgehende Zeitauffassung muss jedoch mit dem Einbruch der genetischen Phänomenologie in den *Bernauer Manuskripten* und nur anhand der Dynamik der genetischen Konstitution erfasst werden (s. Kap. IV). Die Verwobenheit der Anschaulichen und Unanschaulichen und ihr Fundierungsverhältnis wird dann anhand der Horizontintentionalität geschildert.

Der formale Aspekt der Zeit ist für Husserls Begriff des Weltalls als eine Idee, die die Offenheit für Allmenschheit beweist, von grundlegender Bedeutung. Die Raumzeitlichkeit gilt als invarianter, notwendig bindender Formstil der Welt, breitet dieser die formale Homogenität vor und veranlasst, wie Husserl schreibt, „dass sie nicht ein leeres Nacheinander und Zugleich ist, sondern eine Regel der Gestaltung und Gestaltwandlung".[74] Die Naturzeit ist zudem als die

---

[72] Vgl. Hua XXXIX, S. 575.

[73] Vgl. Held (2005), S. 259.

[74] Hua XXXIX, S. 124.

Raumzeitlichkeit nicht nur „die unendliche Totalform als die prinzipiell nur horizonthaft vorstellbare Form aller möglichen ‚endlichen' Formen"[75], sondern auch die Zugänglichkeitsform aller Sonderwelten. Die Naturzeit ist nicht nur das formale Stellensystem, sondern auch der Horizont aller möglichen Realitäten und möglichen Erfahrungen.

Jedes Reale ist immer perspektivisch mit bestimmten Erscheinungsweisen gegeben. Während die Zeit selbst als ein Grund für die Perspektivität der Erscheinungen in Betracht kommt, ist zu bemerken, dass die idealisierte Zeit selbst stets in der subjektiven Perspektivität gegeben ist: „Die Naturzeit ist in subjektiver Modalisierung – Orientierung – bewusst."[76]

In diesem Sinne unterscheidet Husserl zwischen der naturalen Gegenwart und der wirklich anschaulichen Gegenwart, „die naturale Gegenwart reicht weiter als die ‚wirklich anschauliche' Gegenwart"[77] und wird in der Perspektivität gesehen.

Die Orientierung der Zeit als gegenwärtig, vergangen und künftig ist allerdings, anders als die räumliche Orientierung, keine egologisch-subjektive, sondern eine intersubjektive, da „wir alle eine und dieselbe Gegenwart haben, während das Reale, das gegenwärtig ist, für jeden eine andere räumliche Orientierung hat".[78]

Die auf Grund des Unterschieds vom Da und Hier bzw. auf Grund des Leibes egologische Gegenwart – meine Gegenwart und die des Anderen – darf allerdings nicht so interpretiert werden, als ob es eine vor-egologische universelle absolute Zeit und damit eine absolute Ur-Subjektivität gäbe, die dann als egologische Zeit – meine und die fremde – pluralisiert bzw. individualisiert wird.[79] Die nicht verleiblichte Zeit ist nur die nicht ausgelegte bzw. noch nicht reflektierte, also anonyme.

Übersetzt im monadologischen Gedanken heißt dies:

> „Durch diese Monadisierung als Selbstauslegung des ego in eine monadische Vielheit, und zwar endlos offene Allheit in einer monadischen Zeiträumlichkeit, konstituiert das ego allererst die Welt der Natürlichkeit, und zwar so, dass in ihr eine neue Zeiträumlichkeit konstituiert ist, in der die Monaden mundanisiert sind."[80]

Entsprechend dieser Unterscheidung ist die Unterscheidung zwischen der Welt in der jetzigen bestimmten Orientierung und der Welt in der universalen Man-

---

75 Hua XXXIX, S. 122.
76 Mat VIII, S. 207.
77 Mat VIII, S. 207.
78 Hua XXXIX, 148.
79 Diese Interpretation geht auf Eugen Finks Standpunkt zurück, den Dan Zahavi in seiner Auslegung der transzendentalen Subjektivität m. E. zurecht zu widerlegen versucht. Vgl. dazu Zahavi (1994), vgl. auch Zahavi (1996), S. 55-63.
80 Hua XV, S. 589.

nigfaltigkeit ihrer möglichen Orientierung notwendig. Dies ist der Unterschied zwischen der Umwelt und dem Weltall.

§ 7. Datierbarkeit und Bedeutsamkeit: Zeitbestimmung und ihre Fixierung in der Einheit des menschlichen Zwecklebens

Wie bereits erwähnt leitet Heidegger aus der Bezugsstruktur der Datierbarkeit, die in den Beschäftigungen des Daseins gründet, die anderen Charakteristika der Weltzeit her. Hat Husserls Zeitauffassung überhaupt die Datierungsmöglichkeit?

Nicht die Datierbarkeit, sondern überhaupt die Bestimmbarkeit der Zeit bietet sich bei Husserls Analysen als Ansatzpunkt der Untersuchung an. Die Bestimmbarkeit der Raumzeitlichkeit in Husserls Terminologie entspricht zwar nicht der Datierbarkeit der Weltzeit in Wörtern der Kritiker. Die Bestimmbarkeit der Raumzeitlichkeit ist jedoch *conditio sine qua non* für die Datierbarkeit. Die Bestimmbarkeit der Raumzeitlichkeit, die von ihrer Funktion als Stellensystem abhängt, ermöglicht das Identifizieren und Unterscheiden der raumzeitlichen Dinge: „Bestimmtes Seiendes erfordert die Konstitution eben der Zeitlichkeit als des Stellensystems."[81]

Damit die Zeit die Individuation bis zu einem solchen Grad ermöglicht, „so dass Gleiches und ‚Identisches' sich trennt und ein Einziges konstituiert ist",[82] und somit von jedermann wiedererkennbar ist, ist es notwendig, die Zeit nicht solitär, sondern intersubjektiv zu konstituieren und deren Stellen auch intersubjektiv einzureihen. Wird das wieder aufgenommen, was in den vorhergehenden Kapiteln über die Unmöglichkeit der direkten Individuation in der Immanenz gesagt worden ist, lässt sich zeigen, dass der Zeit als Stellensystem eine höhere Stufe der Konstitution zugewiesen ist. Kehren wir zurück zur Heidegger'schen Terminologie, passt die Öffentlichkeit als Eigenschaft der Weltzeit auch für die Zeit als Stellensystem der Individuen.

Husserl verbindet die Datierung – in seiner Terminologie: die Zeitbestimmung – mit den kommunikativen Interessen und Bedürfnissen. Nach Offenlegen des sozialen Lebens des konstituierenden Subjekts begreift Husserl das Streben nach der prädikativen Wahrheit als motivierend für die Zeitbestimmung der Seienden,[83] dementsprechend das Wiedererkennen der Seienden für jedermann möglich wird und schließlich die Welt zu einer „von jedermann in Konnex mit jedermann erkennbare[n] und aussagemäßig[n], urteilsmäßig[n] bestimmbare[n] Welt"[84] zu werden vermag.

---

81 Mat VIII, S. 204, Fußnote.
82 Mat VIII, S. 204, Fußnote.
83 Vgl. Mat VIII, S. 217.
84 Mat VIII, S. 204.

Das Bedürfnis nach der Zeitbestimmung sowie der Ortsbestimmung ist nicht allen möglichen Subjekten gemeinsam, sondern nur den vernünftigen, nach vermittelbarer Wahrheit strebenden Subjekten, die dieses Bedürfnis verspüren. Daher ist die Zeit, worin die Zeitbestimmung durchgeführt wird, eine daseinsmäßige Zeit, so wie deren Welt die Menschenwelt ist.

Das Bedürfnis nach raumzeitlicher Bestimmung der realen Dinge zeigt sich dort, wo „die Unterschiede von Mein und Dein und Streit darüber“[85] auftauchen, d. h. in jeder kleinsten Gemeinschaft von Ich mit dem Anderen. Somit hängt die Individuation der Dinge mit dem menschlichen Streben nach Eigentum und Besitz im weitesten Sinne zusammen. Zur Konfliktlösung meiner und deiner Wahrheit, der Einstimmung meiner und deiner Welt tragen Zeit- und Ortsbestimmung bei. Die Zeitbestimmung verlangt somit die intersubjektive Anerkennung und damit spielen die gemeinsamen Referenzpunkte eine entscheidende Rolle.

Einige wichtige Referenzpunkte für die ungefähre Zeitbestimmung, die Husserl erwähnt, sind die soliden und zugleich wiederkehrenden Bedürfnisse, die uns „[i]n der periodischen Wiederholung gleichartiger Bedürfnisse und normalerweise erfolgender und entsprechender Erfüllung erwachsen“[86] als „die bewusstseinsmäßig bleibenden Bedürfnisse“.[87] Die elementaren biologischen Bedürfnisse, deren Erfüllung Zweck der elementaren Selbsterhaltung ist, sind solche Bedürfnisse. Sie können in ihrem periodischen Auftauchen als Referenzpunkte der ungefähren Zeitbestimmung dienen. Das Urbedürfnis nach Schlaf bringt die Schlaf- und Wachperioden hervor und das urinstinktive Nahrungsbedürfnis stellt die Mahlzeiten her, die jeweils zur ungefähren Zeitbestimmung beitragen.

Husserl behauptet, dass sogar die primordiale Welt eine Zeit mit solchen wiederkehrenden epochalen Punkten aufweist. Bezüglich der Periodizität in der primordialen Sphäre schreibt Husserl:

> „Innerhalb des eigentlich wachen Lebens in den Formen des Erwachens, Taglebens, Einschlafens [...] und ⟨in⟩ der Form der durch Pausen vermittelten Wiederholung der Wachperiode ⟨habe ich⟩ primordiale Zeit als quantifizierbar [...]“[88]

Darauf, dass sich in dem vorprädikativen Leben anlässlich der Instinkte und ihrer hyletischen Befriedigung eine Periodisierung meldet, ist bereits hingewiesen (s. Kap. III). Insofern die elementaren periodischen Bedürfnisse individuell auftauchen, können sie jedoch nicht für die intersubjektive Zeitbestimmung fungieren, auch wenn die auf Grund dieses Bedürfnisses entstehende Periodisierung als Quantifizierung der Zeit gesehen werden kann. Nur wenn die periodi-

---

85 Mat VIII, S. 214.
86 Hua XXXIX, S. 332.
87 Hua XXXIX, S. 332.
88 Hua XXXIX, S. 500-501.

schen Bedürfnisse sich wegen des gemeinsamen Zieles bei einer Gesellschaft melden, könnten sie als Referenzpunkt für eine gemeinsame Zeitbestimmung gelten.

In einer anderen Stufe des Lebens als Zweckleben lässt sich auf Grund „der periodischen Befriedigung dieser eben periodisch sich meldenden und zu erfüllenden Bedürfnisse“[89] die Periodisierung des Lebens und folglich der Lebenswelt erkennen. Schließlich deutet Husserl auf die periodisierte Welt in der höheren Stufe des sozialen Lebens mit den Arbeitszwecken hin. Durch das herrschende Interesse der Gesellschaft und die gemeinsamen Zwecke wird ein System von Zeitbestimmung entwickelt. Somit kann die elementarste Selbsterhaltung der Gesellschaft als herrschendes und einigendes Interesse fungieren und ist bedeutend für ein System der Zeitbestimmung.

Das herrschende Interesse kann auch evaluativ funktionieren und die *Bedeutsamkeit* der Dinge und Geschehnisse bestimmen. Somit wäre dann nicht nur die zeitliche, sondern auch die geschichtliche Bestimmung möglich. Dementsprechend tritt eine bestimmte Narrativität mit der Zeitbestimmung in Verbindung, die zu einem Selegieren führt und das Fallenlassen von Irrelevantem, dem Bedeutungslosen, unvermeidbar macht.[90]

Die Zeit, worin die Datierungen stattfinden, kann jedoch nur insofern Anspruch auf die Universalität erheben, dass das herrschende Interesse ein universales, gemeinsames Interesse ist. Nur wenn das herrschende Interesse von der Art wäre, dass es für das Monadenall, für die ganze Menschheit der herrschende Trieb und das Interesse wäre, kann die datierbare Zeit als die Weltzeit genannt werden. Solches universell einigende und herrschende Interesse kann nicht ein konventionell festgelegtes sein, wenn die Weltzeit nicht eine bloß okkasionelle gemeinsame Zeit, sondern eine universelle Zeit sein muss. Das herrschende Interesse muss in der tiefsten grundlegenden Verbindung aller Monaden am Werk sein.

Die Schwierigkeit eines herrschenden instinktiven Interesses des Monadenalls liegt aber darin, dass mit dem Monadenall nicht die Gesamtheit der aktuellen Monaden, sondern auch aller möglichen Monaden gemeint ist. Das Monadenall ist eine Idee, die das Korrelat der Idee der Welt ist. Eine universelle Zeit, die zur Datierung imstande ist, kann nur einen transzendental-teleologischen Grund haben.

Die Kritik an Husserls Zeitverständnis als die Abfolge der neutralen Gegenwarten wird allerdings an die periodisierte Zeit weitergeführt. Das Einstmal der zyklischen Zeit als das gleichgültige Wiederkehren der Periode „ist nicht

[89] Hua XXXIX, S. 330.
[90] Vgl. Meist (1983).

schlechthin Vergangenes".[91] Die zyklische Zeit hat keine Damals-Struktur, sondern kennt nur immer ein Nochmals.[92]

§ 8. Kosmische Zeit oder die durch die Naturabläufe markierte Zeit der Lebenswelt

Das Problem der gegenständlichen Relation, auf das bereits bei der Individuationsdebatte in der sogenannten immanenten Zeit hingewiesen ist (s. Kap. III & Kap. IV), lässt sich nun anhand des Kosmischen und der Relation zu diesen behandeln. Die gegenständliche Relation, die für die relative Zeitbestimmung von großer Bedeutung ist, beschreibt Husserl als „Relation zu Gegenständen, über die man schon in ihrer eigenen Identität einig ist".[93] Dass mit den Gegenständen, über deren Identität sich alle einig sind, die besonderen Himmelskörper gemeint sind, geht aus der folgenden Passage hervor, in der Husserl auch die Beobachtung der Natur als notwendiges Interesse des zwecktätigen Menschen kundgibt:

> „Der Mensch als zwecktätiger hat notwendig Interesse am ‚Kosmischen', nämlich an demjenigen, das sein territoriales Kulturleben bestimmt und von da aus in seine Erfahrung tritt: Wind und Wetter, Wolkenausbrüche, Erdbeben, Einbrüche von Flutwellen des Meeres etc. Diese ursprünglich mythisch apperzipierten Mächte fördern oder hemmen beständig mit Erfolg und Misserfolg seine Lebenspraxis. Außerordentliche Ereignisse prägen sich tief ein, das Typisch-Wiederkehrende und das immer wieder Gleiche und als identisch Erkannte und Festgehaltene – Sonne und Mond, Planeten, der Fixsternhimmel – daran sich knüpfend allgemeinsame Zeit- und Ortsbestimmung – andererseits die Ortsbestimmung bezogen auf die Einheit der allgemeinsamen Erde, des All-Territoriums, auf dem alle Menschen leben, in das sich ihre Kulturterritorien einordnen."[94]

Die Einstimmigkeit über die Identität des Bezugspunkts der Lagebestimmung ermöglicht die Öffentlichkeit der Zeit- und Ortbestimmung. Als typisch Wiederkehrende lassen diese Bezugspunkte die stellenmäßige Bestimmung in Relation zu ihrer wiederholenden Bewegung durchgeführt werden. Als eines der primitivsten und üblichsten, lebensweltlichen Zeitbestimmungssysteme gilt der Sonnenstand als Hauptreferenz – nach dem Sonnenaufgang, während des Sonnenuntergangs usw.

Die ungefähre Zeitbestimmung, die natürlich und geradehin durchgeführt wird, wird angesichts des Bedürfnisses nach Sicherung in der Reflexivität fixiert

---

91 Ströker, E.: *Geschichte und ihre Zeit. Erörterung einer offenen philosophischen Frage*, in: Perspektiven der Philosophie 11, 1985. S. 269-297. Hier S. 282.

92 Vgl. Ströker (1985), S. 282.

93 Mat VIII, S. 218.

94 Mat VIII, S. 214.

und nach der Geburt der Wissenschaft wissenschaftlich dokumentiert.[95] Auch die Motivation für die Zeitbestimmung und Fixierung der Zeitbestimmung ist nur im sozialen Leben der vernünftigen Subjekte zu finden. Daran schließt sich in den entwickelten Formen des sozialen Lebens die Historiographie an: „Historiographie ist Funktion für eine höhere menschliche Daseinsweise“[96] und damit ist die „Historiographie erster Stufe – vor der Wissenschaft“[97] gemeint.

§ 9. *Die ungefähre lebensweltliche Zeitbestimmung gegenüber der exakten wissenschaftlichen Zeitangabe*

Der Unterschied, den Husserl zwischen der lebensweltlichen Wahrheit als die ungefähre Wahrheit gegenüber der exakten objektivistischen Wahrheit macht, scheint neben den anderen auch in den Weisen der Ort- und Zeitbestimmung zu gründen. Wie Husserl bemerkt:

> „Methodische Herstellung von prädikativer, ‚objektiver‘ Wahrheit für Reales setzt voraus eine ‚Technik‘, Methodik der Ortsbestimmung – Ort in der Sukzessionszeit und Ort in der Räumlichkeit, in der Simultanform.“[98]

Der Unterschied zwischen der exakten Zeit der Naturwissenschaften und der ungefähren Zeit der Lebenswelt liegt nicht nur an der Methodik der Zeitbestimmung, sondern die Idealisierung prägt alle Aspekte der exakten Zeit der Naturwissenschaften. Der Vorwurf der Nivellierung kann auf die mathematisierte Naturzeit zurückgeführt werden, insofern in der exakten Zeitauffassung die subjektrelative Seite der Zeit gänzlich in Vergessenheit gerät. Der Preis der Exaktheit ist stets ein Ignorieren der relativierenden subjektiven Dimension. Dies ist Husserls Kritik an die Naturwissenschaften, die dafür blind seien, die objektive Welt als die gewordene Lebensgebilde einzusehen und ihre Zuständigkeit dafür als Subjekte anzuerkennen.[99]

§ 10. *Eine Aussicht auf den phänomenologischen Zugang zur geschichtlichen Zeit*

Es scheint aber in der Kritik an Husserls Zeitverständnis der Vorwurf erhoben zu werden, dass bei seinem Zeitverständnis, wenn nicht die Leistung des Subjekts als die Zeitigung, die besondere Zeitlichkeit des Subjekts verhüllt bleibt oder überhaupt keine Anerkennung gewinnt. Einige nicht geglückte Formulie-

---

95 Vgl. Mat VIII, S. 237. Vgl. auch Hua XXIX, S. 5.
96 Hua XXIX, S. 5.
97 Hua XXIX, S. 5.
98 Mat VIII, S. 217.
99 Hua VI, S. 99.

rungen führen sogar zu der Kritik, dass nach Husserl die Zeitlichkeit des transzendentalen Ego *erst* aus dem „Anteil an dem Formensystem der universalen Zeitlichkeit, mit dem sich jedes erdenkliche Ego für sich selbst konstituiert",[100] hervorgeht. Ist aber diese aus *den Cartesianischen Meditationen* entnommene Bestimmung der Zeitlichkeit des transzendentalen Ego in dem Sinne auszulegen, dass die einzige Zeitlichkeit, die für das transzendentale Ego vorstellbar ist, eine objektive Zeitlichkeit aus einer sinnlosen bzw. sinnneutralen Stelle in der objektiven Zeit ist? Ist das transzendentale Ich eine unzeitliche Instanz, die nachträglich zeitlich bzw. innerzeitig wird? Ist die Objektivierung des transzendentalen Subjekts seine nachträgliche Verzeitigung? Auf diese Fragen ist diese Arbeit bereits in Kapitel V eingegangen. Von großer Bedeutung ist an dieser Stelle der Unterschied zwischen faktischer Verfassung des transzendentalen Ich als Monade und seiner abstraktiven Form in der Polarisierung als reines Ich.

Es wurde gezeigt, dass sich Husserl zufolge für die Konstitution der Welt eine grundlegende Intersubjektivität mit ihrer besonderen Zeitlichkeit als die Bedingung der Möglichkeit der Objektivität erweist. Die mit dem Ur-Ich gleichursprüngliche Ur- Intersubjektivität weist auf eine Zeitlichkeit, die auf die notwendige Endlichkeit der egologischen Zeit hindeutet und letztendlich als die generative Zeit zum Vorschein kommt.

Zudem ist hervorzuheben, dass Husserl doch nicht derart naturalistisch verblendet ist, dass er die Objektivierung des transzendentalen Ich als der Mensch mit der Objektivität der physikalischen Dinge gleichstellt – was der implizierte Vorwurf gegen seinen Weltzeitbegriff als universale Raumzeitlichkeit ist. Während das Verhältnis des zeitlichen Seins des transzendentalen Subjekts und der von ihm konstituierten Zeit von Seiten des Subjekts als das Fundierungs- und Konstitutionsverhältnis gesehen wird, kann die Zugehörigkeit des Subjekts zu der Welt und seine Stelle in der Zeit der Welt nicht als einfaches Einordnen einer neutralen sinn- und wirkungslosen Zeitstrecke in der neutralen Raumzeitlichkeit betrachtet werden. Das Objektsein des transzendentalen Subjekts hat einen Überschuss an Sinn und Bedeutung im Vergleich mit dem Objektsein der andersartigen Objekte. Selbst in der Naturzeit hat der Mensch eine anderwärtige Zeitstelle als die Zeitstelle der Naturobjekte: „Die Individualität des Ich ist nicht in sich raumzeitlich ‚individuiert', eben als verharrende Einheit ihm eigenwesentlicher, raumzeitlicher Veränderungen."[101] Und, wie Husserl es ausdrücklich betont, „natürlich gehört es zum Erfahrungssinn Mensch, dass er speziell in Hinsicht auf sein menschliches Sein gegenüber dem bloßen Körper-Sein angesehen werden kann".[102]

---

[100] Hua I, S. 108.
[101] Mat VIII, S. 380.
[102] Mat VIII, S. 382.

Die Tatsache, dass die Ich-Ontifikation als ein Außending weiterhin dem Ich zu einem Leibkörper macht (s. Kap. V.), unterscheidet den Menschen in seiner Objektivation von allen anderswertigen Objekten und Außendingen.

Die Stelle des Menschenlebens in der intersubjektiv konstituierten Weltzeit ist weder gleich der Zeitstelle des Lebens des primordialen Ich in der primordial-naturhistorisch weiterreichende Zeit noch ist sie gleich der Zeitstelle der Naturvorgänge in der Naturzeit. Die Selbstreflexion des zeitlichen Subjekts stößt es rück- und vorwärts auf die Momente, die ihm selbst unzugänglich sind. Der Anfang und das Ende dieser Zeitstrecke als Geburt und Tod sind egologisch *unverfügbar* und können nur intersubjektiv konstituiert werden. Diese unverfügbaren Momente haben stets einen zweiseitigen Sinn. So hat z. B. die Geburt einmal „den biophysisch generativen [Sinn] der biophysischen Geburt“[103], also „den innerseitigen“[104], aber auch den „psychophysischen Sinn“.[105]

Die Zeitlichkeit des Subjekts als ein Leben zwischen Geburt und Tod ordnet sich nicht als eine neutrale Zeitstrecke in der Raumzeitlichkeit ein, sondern bei der Objektivierung des transzendentalen Ich wird die ganze physikalische raumzeitliche Welt zu einer anderen. Wenn der erste Mensch, d. h. das Andere, in meine Erfahrung tritt,

> „fängt ein Neues an, und von da kommen wir sofort auf die Erfahrungswelt im neuen Sinne unserer Welt, unserer als Menschenwelt, aber als mitmenschlicher der Erfahrung. Dann wird alsbald der Raum zum menschlichen Territorium, zum Wohnplatz etc., und wir betreten den Boden der Geschichte.“[106]

Die Begründung der Zeitlichkeit des Subjekts durch seinen Anteil am formalen Apriori der Welt ist mit dem Gedanken unvereinbar, der die Geschichtlichkeit der Welt auf Grund der inneren Geschichtlichkeit des Subjekts auslegt. Dieser Gedanke ist in einer Fußnote in der *Krisis* zu lesen: „Die Welt ist geschichtlich nur durch die innere Geschichtlichkeit jedes einzelnen und als einzelne in ihrer inneren Geschichtlichkeit mit der anderer vergemeinschafteten Personen.“[107] Die spät explizierte Tatsache, „dass das konstituierende Leben der transzendentalen Subjektivität in ihm selbst geschichtlich ist“,[108] deutete darauf hin, dass die Zeitlichkeit des transzendentalen Subjekts keine nachträgliche Zeitlichkeit durch Sich-Befinden in der objektiven Zeit ist. Mit der Verkehrtheit der Idee des zeit- und weltlosen transzendentalen Subjekts hat sich das Kapitel V bereits auseinandergesetzt.

---

103 Mat VIII, S. 166.
104 Mat VIII, S. 166.
105 Mat VIII, S. 166.
106 Mat VIII, S. 153.
107 Hua VI, S. 381, Fußnote.
108 Fink (1976), S. 167.

Hier ist nur zu bemerken, dass von der Seite der Welt, und insofern sie „kein ein für alle Mal fertiges, starres Gebilde“[109] der transzendentalen Subjektivität ist, „eine gewisse Relativität ihres zeitlichen Seins in sich“[110] zu bemerken ist, die eine andere Auffassung von der Zeit der Welt als bloß die Form der neutralen Jetztfolge beansprucht. Die Welt hat die Weltgegenwart, die Weltvergangenheit und die Weltzukunft.

Dass die Modi der Weltzeit bloß egologisch nicht konstituiert werden können und wesentlich auf die Mitkonstituierenden hindeuten, zeigt das Hauptcharakteristikum der Weltzeit bei Husserl, d. h. ihre intersubjektive Konstitution:

> „Die Weltgegenwart ist Erwerb der transzendental-intersubjektiven Leistung, und sie ist Erwerb der transzendental-intersubjektiv leistend-fungierenden Vergangenheiten.“[111]

Die perspektivische Gegebenheit der Weltgegenwart in Form des Wahrnehmungsfeldes deutet nicht nur auf meine Möglichkeiten für die Wahrnehmung der anderen Seite, sondern in gewisser Hinsicht auch auf meine Grenze, meine Endlichkeit. „Der Horizont hat die Bedeutung möglicher, vom Ich her vermöglicher Erfahrung, aber damit reicht das Ich nicht weit in seiner Endlichkeit“[112], so heißt es nun in den 1930er-Jahren. Somit tritt die Notwendigkeit des Anderen in den Mittelpunkt. Die Horizonthaftigkeit der Wahrnehmung, die eine intersubjektive, grundlegende Struktur erfordert,[113] rückt die Weltgegenwart als unsere gemeinsame Gegenwart in den Vordergrund, die nicht nur die intersubjektive, sondern vielmehr die menschliche Dimension Husserls transzendentaler Zeitauffassung zu Tage bringt. Es wird deutlich,

> „dass die transzendentale Konstitution der Weltgegenwart notwendig in sich birgt die transzendentale Konstitution der Selbstverweltlichung jedes transzendentalen Einzelsubjekts (der konkreten Monade) als weltlich gegenwärtig, und dass die Koexistenz aller Mitmenschen in meiner Gegenwart Index ist für die transzendentale Koexistenz der entsprechenden Monaden in einer transzendentalen Gegenwart; und dass nur vermöge der Vermenschlichung dieses Zugleich-miteinander-Sein möglich ist“.[114]

Dasselbe gilt für die Weltvergangenheit, die auf die transzendentalen Generationen hindeutet. Die transzendentalen Generationen sind die Erweiterungsmöglichkeiten des transzendentalen Subjekts in seiner Einsamkeit für die Konstitution der Weltvergangenheit und der Weltzukunft.

Husserl stellt fest, dass die Transzendenz der Welt in Verbindung mit *unserer wesentlichen Endlichkeit* auszulegen ist. Auch wenn Husserl zufolge die trans-

---

109 Mat VIII, S. 390.
110 Mat VIII, S. 390.
111 Mat VIII, S. 391.
112 Mat VIII, S. 392.
113 Vgl. Rodemeyer (2006), S. 47-71.
114 Mat VIII, S. 392.

zendentale Intersubjektivität in ihrer Fortsetzung in Form der Generativität unsterblich, d. h. unendlich, ist, deutet selbst die Generativität auf eine Unverfügbarkeit, Unzugänglichkeit hinsichtlich des intersubjektiven Zeitverhältnisses, die mit der Hauptstruktur der Zeit der Geschichte übereinstimmt,[115] dass das Unverfügbare rück- und vorwärts die transzendentalen Generationen beansprucht, die durch die Spuren und die Ausdrücke die Abwesenden und Unverfügbaren in einer geschichtlichen Zeit rekonstruiert.

Es ist bereits erwähnt, dass Husserl eine naturhistorische Konstitution durch die induktive Erweiterung der Erfahrung sogar im Primordium nicht ausschließt (s. Kap. VII, § 3) und dass er behauptet, dass „schon das primordiale Ego [...] so etwas wie Geologie und Paläontologie treiben [könnte]".[116] Die Tatsache, dass die naturhistorisch-konstituierte Zeit im Primordium auf Grund der Kausalität, dank des induktiven Stils der Natur und bloß für die Typischen konstituiert wird, ist das, woran sich die Zeit der Geschichte, deren Akteure die Motivation[117] und die Autonomie der Individuen sind, von der primordial naturhistorisch konstituierten Zeit abhebt.

Somit ergibt sich eine „[r]ohe Andeutung des Weges um die Seinssinn-Konstitution der geschichtlichen Welt und der geschichtlichen Menschheit" aus Husserls späten Überlegungen, die auch den Weg zur Phänomenologie der Zeit der Geschichte, d. h. der historischen Zeit, zu bahnen vermögen.[118] Mit einem langen Zitat aus einem von 1933 stammenden Manuskript, das die Lebenswelt als historische Welt betrachtet und diese rohe Andeutung anbietet, schließt diese Arbeit ihren Versuch, Husserls Zeitverständnis im Kontext seines transzendentalen Idealismus darzustellen und seine erst in der späten Denkphase Husserls artikulierte geschichtliche Konkretion des Ich und der Welt hervorzuheben:

> „So ist menschliche Umwelt ein vielfältig fundiertes Ineinander von Sinnbeständen, die nur durch Ausdruck und das Ausdrucksverstehen als eine sehr vermittelte Erfahrungsart da sind und ihre Weise haben im Fortgang dieser Ausdruckserfahrung sich zu stützen, zu bewähren oder auch zu entwähren als falsche Auffassungen. So ist die

---

115 Zu der Zeit der Geschichte und ihrer Struktur ist besonders auf den Beitrag von Kurt Reiner Meist, *Die Zeit der Geschichte. Probleme in Husserls transzendentaler Begründung einer Theorie der Geschichte*, hinzuweisen, der für dieses Kapitel der vorliegenden Arbeit als genereller Leitfaden gedient hat. Vgl. Meist (1983).

116 Mat VIII, S. 161.

117 Zum Thema Motivation und ihrer Differenzierung von der Kausalität vgl. Rang, B.: Kausalität und Motivation: Untersuchungen zum Verhältnis von Perspektivität und Objektivität in der Phänomenologie Edmund Husserls, Den Haag: Martinus Nijhoff, 1973.

118 Elisabeth Ströker sieht die Lage anders und stellt fest, dass Husserl keinen Zugang zur historischen Zeit fand, „ihn nicht einmal suchte und stattdessen von jenem inneren Zeitbewusstsein aus in verschiedenen Objektivierungsschritten nur den Weg zur objektiven physikalischen Zeit als temporaler Form des Naturzusammenhangs wies". Ströker (1983), S. 128-129.

Umwelt des Menschen durchaus Umwelt durch Ausdruck und nicht nur durch den allgemeinsten leiblichen Ausdruck, der überhaupt es macht, dass Menschen füreinander als Ich- Subjekte da sind, also in einer leeren Unbestimmtheit ihrer Personalität, sondern durch Ausdrucksgebilde, die ein bleibendes Dasein in der Umwelt haben. Eben dieses bleibende Sein ist es, das im Kommen und Gehen der Generationen ein Verharren bezeichnet, das jede neue Generation noch verstehen kann und verstehen muss als Ausdruck für das Dasein vergangener Generationen, die in derselben Welt, und zwar in diesem selben Territorium gelebt und gelitten, gehandelt, sich ihre jeweilige gegenwärtige Ausdrucksumwelt geschaffen haben, die nun mindestens in einigen Beständen traditional und in verständlicher Abwandlung (Vergilbung, Verwitterung, Ruine) noch jetzt da ist und jetzt in dieser Sinnabwandlung Bestand der jetzigen Umwelt ist.

Das ist also im Rohen Andeutung des Weges, um die Seinssinn-Konstitution der geschichtlichen Welt und der geschichtlichen Menschheit zu verstehen, die als geschichtliche nur konkret bestimmte und in geschichtlicher Zeitlichkeit seiende ist als die ihrer vergangenen umweltlichen Gegenwart. Diese aber ist ihrerseits in traditionalen Abwandlungen in der gegenwärtigen als Bekundung da, als Ausdruck, der nicht nur Gegenwart, sondern eben Vergangenheit – menschliche Vergangenheit, die einer vergangenen Lebensumwelt (Kulturwelt), ist. Von der historischen Vergangenheit her hat die historische Zukunft ihren Sinn, wie überhaupt Vergangenheit der ständige Boden ist für den Vorwurf, für die Vorerwartung, Vorzeichnung einer Zukunft.“[119]

[119] Hua XXXIX, S. 347-348.

Literaturverzeichnis

Husserls Schriften

Husserliana

Edmund Husserl. Gesammelte Werke (Husserliana). Aufgrund des Nachlasses veröffentlicht unter Leitung des Husserl-Archivs Leuven, Den Haag u. a., 1950 ff.

I: *Cartesianische Meditationen und Pariser Vorträge*, Hg. Strasser, S., 1950.

II: *Die Idee der Phänomenologie. Fünf Vorlesungen*, Hg. Biemel, W., 1973.

III/1: *Ideen zu einer reinen Phänomenologie und phänomenologischen Philosophie. Erstes Buch: Allgemeine Einführung in die reine Phänomenologie*, Hg. Schuhmann, K., 1976.

IV: *Ideen zu einer reinen Phänomenologie und phänomenologischen Philosophie. Zweites Buch: Phänomenologische Untersuchungen zur Konstitution*, Hg. Biemel, M., 1952.

VI: *Die Krisis der europäischen Wissenschaften und die transzendentale Phänomenologie. Eine Einleitung in die phänomenologische Philosophie*, Hg. Biemel, W., 1954.

VII: *Erste Philosophie (1923/24). Erster Teil: Kritische Ideengeschichte*, Hg. Boehm, R., 1956.

VIII: *Erste Philosophie (1923/24). Zweiter Teil: Theorie der phänomenologischen Reduktion*, Hg. Boehm, R., 1956.

IX: *Phänomenologische Psychologie. Vorlesungen, Sommersemester 1925*, Hg. Biemel, W., 1962.

X: *Zur Phänomenologie des inneren Zeitbewusstseins (1893–1917)*, Hg. Boehm, R., 1966.

XI: *Analysen zur passiven Synthesis. Aus Vorlesungs- und Forschungsmanuskripten (1918–1926)*, Hg. Fleischer, M., 1966.

XIII: *Zur Phänomenologie der Intersubjektivität. Texte aus dem Nachlass. Erster Teil: 1905–1920*, Hg. Kern, I., 1973.

XIV: *Zur Phänomenologie der Intersubjektivität. Texte aus dem Nachlass. Zweiter Teil: 1921–1928*, Hg. Kern, I., 1973.

XV: *Zur Phänomenologie der Intersubjektivität. Texte aus dem Nachlass. Dritter Teil: 1929–1935*, Hg. Kern, I., 1973.

XVI: *Ding und Raum. Vorlesungen 1907*, Hg. Claesges, U., 1973.

XVII: *Formale und transzendentale Logik. Versuch einer Kritik der logischen Vernunft. Mit ergänzenden Texten*, Hg. Janssen, P., 1974.

XVIII: *Logische Untersuchungen. Erster Band: Prolegomena zur reinen Logik*, Hg. Holenstein, E., 1975.

XIX/1: *Logische Untersuchungen. Zweiter Band: Untersuchungen zur Phänomenologie und Theorie der Erkenntnis, Erster Teil*, Hg. Panzer, U., 1984.

XIX/2: *Logische Untersuchungen. Zweiter Band: Untersuchungen zur Phänomenologie und Theorie der Erkenntnis, Zweiter Teil*, Hg. Panzer, U., 1984.

XX/1: *Logische Untersuchungen. Ergänzungsband, Erster Teil: Entwürfe zur Umarbeitung der VI. Untersuchung und zur Vorrede für die Neuauflage der Logischen Untersuchungen (Sommer 1913)*, Hg. Melle, U., 2002.

XX/2: *Logische Untersuchungen. Ergänzungsband. Zweiter Teil. Texte für die Neufassung der VI. Untersuchung. Zur Phänomenologie des Ausdrucks und der Erkenntnis (1893/4–1921)*, Hg. Melle, U., 2005.

XXIII: *Phantasie, Bildbewusstsein, Erinnerung. Zur Phänomenologie der anschaulichen Vergegenwärtigungen. Texte aus dem Nachlass (1898–1925)*, Hg. Marbach, E., 1980.

XXIV: *Einleitung in die Logik und Erkenntnistheorie. Vorlesungen 1906/07*, Hg. Melle, U., 1984.

XXV: *Aufsätze und Vorträge (1911–1921)*, Hgg. Nenon, T. & Sepp, H. R., 1987.

XXVII: *Aufsätze und Vorträge 1922–1937*, Hgg. Nenon, T. & Sepp, H. R., 1989.

XXIX: *Die Krisis der europäischen Wissenschaften und die transzendentale Phänomenologie, Ergänzungsband. Texte aus dem Nachlass 1934–1937*, Hg. Smid, R. N., 1993.

XXXII: *Natur und Geist. Vorlesungen 1927*, Hg. Weiler, M., 2001.

XXXIII: *Die Bernauer Manuskripte über das Zeitbewusstsein (1917–18)*, Hgg. Bernet, R. & Lohmar, D., 2001.

XXXIV: *Zur phänomenologischen Reduktion. Texte aus dem Nachlass (1926–1935)*, Hg. Luft, S., 2002.

XXXV: *Einleitung in die Philosophie. Vorlesungen 1922/23*, Hg. Goossens, B., 2002.

XXXVI: *Transzendentaler Idealismus. Texte aus dem Nachlass (1908–1921)*, Hgg. Rollinger, R. & Sowa, R., 2003.

XXXIX: *Die Lebenswelt. Auslegungen der vorgegebenen Welt und ihrer Konstitution. Texte aus dem Nachlass (1916–1937)*, Hg. Sowa, R., 2008.

XLI: *Zur Lehre vom Wesen und zur Methode der eidetischen Variation. Texte aus dem Nachlass (1891–1935)*, Hg. Fonfara, D., 2012.

XLII: *Grenzprobleme der Phänomenologie. Analysen des Unbewusstseins und der Instinkte. Metaphysik. Späte Ethik. Texte aus dem Nachlass (1908–1937)*, Hgg. Sowa, R. & Vongher, T., 2014.

Husserliana: Materialien

Mat. VII: *Einführung in die Phänomenologie der Erkenntnis, Vorlesung 1909*, Hg. Schuhmann, E., 2005.

Mat. VIII: *Späte Texte über Zeitkonstitution (1929–1934). Die C-Manuskripte*, Hg. Lohmar, D., 2006.

Andernorts publizierte Texte von Husserl

Husserl, E.: *Erfahrung und Urteil. Untersuchung zur Genealogie der Logik*, 7. Aufl., Hamburg: Meiner, 1999.

Weitere verwendete Literatur

Aguirre, A.: *Genetische Phänomenologie und Reduktion*, Den Haag: Martinus Nijhoff, 1970.

Aristoteles, *Physik. Vorlesung über die Natur*, griechisch-deutsch, Band 1: Buch I–IV. Hamburg: Meiner, 1986.

Augustinus, *Bekenntnisse, Buch XI*, in: Flasch, K.: Was ist Zeit? Augustinus von Hippo, Das XI. Buch der Confessiones. Historisch-Philosophische Studie. Text. Übersetzung. Kommentar, 2. Aufl., Frankfurt am Main: Klostermann, 2004. S. 232–279.

Bermes, C.: Welt als Thema der Philosophie. Vom metaphysischen zum natürlichen Weltbegriff, Hamburg: Meiner, 2004.

Bernet, R.: Die ungegenwärtige Gegenwart. Anwesenheit und Abwesenheit in Husserls Analyse des Zeitbewusstseins, in: Phänomenologische Forschungen 14, 1983. S. 16-57.

Bernet, R.: *Einleitung*, in: Texte zur Phänomenologie des inneren Zeitbewusstseins: (1893–1917), Hamburg: Meiner, 1985. S. XI-LXVII.

Bernet, R.: Die Frage nach dem Ursprung der Zeit bei Husserl und Heidegger, in: Heidegger Studies 3/4, 1987/88. S. 89-104.

Bernet, R.: *Husserl's Concept of the World*, in: Crises in Continental Philosophy, Hgg. Dallery, A. B. u. a., Albaby: Suny Press, 1990. S. 3-21.

Sorgestruktur Bernet, R. & Lohmar, D.: *Einleitung der Herausgeber,* in: Husserl, E.: Die Bernauer Manuskripte über das Zeitbewusstsein (1917–1918), Dordrecht: Kluwer Academic Publishers, 2001. S. XVII-LI.

Bernet, R.: Wirkliche Zeit und Phantasiezeit. Zu Husserls Begriff der zeitlichen Individuation, in: Phänomenologische Forschungen 9, 2004. S. 37-56.

Bernet, R.: *Husserl's New Phenomenology of Time Consciousness in the Bernau Manuscripts*, in: On Time. New Contributions to the Husserlian Phenomenology of Time. Hgg. Lohmar, D. & Yamaguchi, I., Dordrecht u. a.: Springer, 2010. S. 1-19.

Bernet, R.: *Phantasieren und Phantasma bei Husserl und Freud,* in: Founding Psychoanalysis Phenomenologically, Hgg. Lohmar, D. & Brudzińska, J., Dordrecht u. a.: Springer. 2012. S. 1-21.

Blumenberg, H.: *Lebenszeit und Weltzeit,* 5. Aufl., Frankfurt am Main: Suhrkamp, 2001.

Boehm, R.: *Einleitung des Herausgebers*, in: Husserl, E.: Zur Phänomenologie des inneren Zeitbewusstseins (1893–1917), Den Haag: Martinus Nijhoff, 1966. S. XIII-XLIII.

Boehm, R.: Vom Gesichtspunkt der Phänomenologie. Husserl-Studien, Den Haag: Martinus Nijhoff, 1968.

Brand, G.: *Welt, Ich und Zeit. Nach unveröffentlichten Manuskripten Edmund Husserls*, Den Haag: Martinus Nijhoff, 1955.

Breeur, R.: Randbemerkungen Husserls zu Heideggers Sein und Zeit und Kant und das Problem der Metaphysik, in: Husserl Studies 11, 1994. S. 3-63.

Breyer, T.: *Unsichtbare Grenzen. Zur Phänomenologie der Normalität, Liminalität und Anomalität*, in: Geist – Person – Gemeinschaft. Freiburger Beiträge zur Aktualität Husserls, Hgg. Merz, P. u. a., Würzburg: Ergon, 2010. S. 109-127.

Brough, J.: The Emergence of an Absolute Consciousness in Husserl's Early Writings on Time-Consciousness, in: Man and World 5/3, 1972. S. 298-326.

Brough, J.: *Husserl's Phenomenology of Time-Consciousness,* in: Husserl's *Phenomenology. A Textbook*, Hgg. Mohanty, J. N. & McKenna, W. R., Lanham: University Press of America, 1989. S. 249-289.

Brough, J.: *Notes on the Absolute Time-Constituting Flow of Consciousness*, in: On Time. New Contributions to the Husserlian Phenomenology of Time. Hgg. Lohmar, D. & Yamaguchi, I., Dordrecht u. a.: Springer, 2010. S. 21-49.

Brough, J.: *The Most Difficult of all Phenomenological Problems*, in: Husserl Studies 27/1, 2011. S. 27-40.

Carr, D.: The Paradox of Subjectivity. The Self in the Transcendental Tradition, New York: Oxford University Press, 1999.

Claesges, U.: *Zweideutigkeiten in Husserls Lebenswelt-Begriff,* in: Perspektiven transzendentalphänomenologischer Forschung, Hgg. Claesges, U. & Held, K., Den Haag: Martinus Nijhoff, 1972. S. 85-101.

Claesges, U.: Zeit und kinästhetisches Bewusstsein. Bemerkungen zu einer These Ludwig Landgrebes, in: Phänomenologische Forschungen 14, 1983. S. 138-151.

De Palma, V.: Die Fakta leiten alle Eidetik. Zu Husserls Begriff des materialen Apriori, in: Husserl Studies 30/3, 2014. S. 195-223.

Derrida, J.: Die Stimme und das Phänomen. Ein Essay über das Problem des Zeichens in der Philosophie Husserls, 3. Aufl., Frankfurt am Main: Suhrkamp, 2003.

Descartes, R.: Meditationes de prima philosophia / Meditationen über die Grundlagen der Philosophie, lateinisch-deutsch, Hamburg: Meiner, 2008.

De Warren, N.: *Husserl and the Promise of Time. Subjectivity in Transcendental Phenomenology*, Cambridge: Cambridge University Press, 2009.

Eigler, G.: Metaphysische Voraussetzungen in Husserls Zeitanalysen, Meisenheim am Glan: Anton Hain, 1961.

Figal, G.: *Martin Heidegger. Phänomenologie der Freiheit,* 3. Aufl., Weinheim: Beltz, Athenäum, 2000.

Fink, E.: *Die phänomenologische Philosophie Edmund Husserls in der gegenwärtigen Kritik,* in: Kant-Studien 38, 1933. S. 319-383.

Fink, E.: *Was will die Phänomenologie Edmund Husserls?*, in: Studien zur Phänomenologie 1930–1939, Den Haag: Martinus Nijhoff, 1966. S. 157-178.

Fink, E.: Nähe und Distanz. Phänomenologische Vorträge und Aufsätze, Freiburg und

München: Karl Alber, 1976.

Fink, E.: *Welt und Endlichkeit*, Hg. Schwarz, F. A., Würzburg: Königshausen u. Neumann, 1990.

Fink, E. & Bruzina, R.: *Phänomenologische Werkstatt*, Freiburg: Karl Alber, 2006.

Fonfara, D.: *Einleitung des Herausgebers*, in: Husserl, E.: Zur Lehre vom Wesen und zur Methode der eidetischen Variation. Texte aus dem Nachlass (1891–1935), Dordrecht u. a.: Springer, 2012. S. XVII-XLV.

Gadamer, H. G.: Wahrheit und Methode. Grundzüge einer philosophischen Hermeneutik, 7. Aufl., Tübingen: Mohr Siebeck, 2010.

Gander, H. H.: *Existenzialontologie und Geschichtlichkeit*, in: Martin Heidegger. Sein und Zeit, Hg. Rentsch, T., Berlin: Akademie, 2001. S. 229-251 (= Klassiker auslegen. Band: 25).

Heidegger, M.: *Sein und Zeit*, 16. Aufl., Tübingen: Max Niemeyer, 1986.

Heidegger, M.: *Die Grundprobleme der Phänomenologie*. Hg. Herrmann, F. W. v., 3. Aufl., Frankfurt am Main: Vittorio Klostermann, 1997 (= Gesamtausgabe. II. Abteilung: Vorlesungen 1919–1944. Band: 24).

Held, K.: *Lebendige Gegenwart. Die Frage nach der Seinsweise des transzendentalen Ich bei Edmund Husserl, entwickelt am Leitfaden der Zeitproblematik*, Den Haag: Martinus Nijhoff, 1966.

Held, K.: *Phänomenologie der „eigentlichen“ Zeit bei Husserl und Heidegger*, in: Internationales Jahrbuch für Hermeneutik 4, Tübingen: Mohr Siebeck, 2005. S. 251-273.

Herrmann, F. W. v.: *Der Zeitbegriff Heideggers*, in: Mesotes. Supplementband. Martin Heidegger, 1991. S. 22-34.

Herrmann, F. W. v.: Zeitlichkeit des Daseins und Zeit des Seins. Grundsätzliches zur Interpretation von Heideggers Zeit-Analysen, in: Philosophische Perspektiven 4, 1972. S. 198-210.

Holenstein, E., Phänomenologie der Assoziation. Zu Struktur und Funktion eines Grundprinzips der passiven Genesis bei E. Husserl, Den Haag: Martinus Nijhof, 1972.

Janssen, P.: Geschichte und Lebenswelt. Ein Beitrag zur Diskussion von Husserls Spätwerk, Den Haag: Martinus Nijhoff, 1970.

Kant, I.: *Kritik der reinen Vernunft*, 4. Aufl., Frankfurt am Main: Suhrkamp, 2004.

Kern, I.: *Husserl und Kant. Eine Untersuchung über Husserls Verhältnis zu Kant und zum Neukantianismus*, Den Haag: Martinus Nijhoff, 1964.

Kortooms, T.: Phenomenology of Time. Edmund Husserl's Analysis of Time-Consciousness, Dordrecht u. a.: Kluwer Academic Publishers, 2002.

Landgrebe, L.: Der Weg der Phänomenologie. Das Problem einer ursprünglichen Erfahrung, München: Gütersloher Verlagshaus Gerd Mohn, 1963.

Landgrebe, L.: *Die Phänomenologie als transzendentale Theorie der Geschichte*, in: Phänomenologische Forschungen 3, 1976. S. 17-47.

Landgrebe, L.: *Lebenswelt und Geschichtlichkeit des menschlichen Daseins*, in: Phänomenologie und Marxismus, Band 2: Praktische Philosophie, Hg. Waldenfels, B. u. a., Frankfurt am Main: Suhrkamp, 1977. S. 13-58.

Landgrebe, L.: Faktizität und Individuation. Studien zu Grundfragen der Phänomenologie, Hamburg: Meiner, 1982.

Lembeck, K. H.: Gegenstand Geschichte. Geschichtswissenschaftstheorie in Husserls Phänomenologie, Dordrecht u. a.: Kluwer Academic, 1988.

Lévinas, E.: *Die Zeit und der Andere*, Hamburg: Meiner, 2003.

Locke, J.: *Versuch über den menschlichen Verstand.* In vier Büchern, Hamburg: Meiner, 2006.

Lohmar, D.: *Einleitung des Herausgebers*, in: Husserl, E.: Späte Texte über Zeitkonstitution (1929–1934). Die C-Manuskripte, Dordrecht: Springer, 2006, S. XIII-XX.

Lohmar, D.: Synthesis in Husserls Phänomenologie. Das grundlegende Modell von Auffassung und aufgefasstem Inhalt in Wahrnehmung, Erkennen und Zeitkonstitution, in: Metaphysik als Wissenschaft. Festschrift für Klaus Düsing zum 65. Geburtstag, Hg. Fonfara, D., Freiburg & München: Karl Alber, 2006. S. 387-407.

Lohmar, D.: *On the Constitution of the Time of the World. The Emergence of Objective Time on the Ground of Subjective Time*, in: On Time. New Contributions to the Husserlian Phenomenology of Time. Hgg. Lohmar, D. & Yamaguchi, I., Dordrecht u. a.: Springer, 2010. S. 115-136.

Luft, S.: Phänomenologie der Phänomenologie. Systematik und Methodologie der Phänomenologie in der Auseinandersetzung zwischen Husserl und Fink, Dordrecht u. a.: Kluwer Academic Publishers, 2002.

Luft, S.: Faktizität und Geschichtlichkeit als Konstituentien der Lebenswelt in Husserls Spätphilosophie, in: Phänomenologische Forschungen, 2005. S. 13-40.

Luft, S., *Phänomenologische und Mundane Reduktion*, in: Die Sichtbarkeit des Unsichtbaren, Hgg. Bernet, R. & Kapust, A., Paderborn: Wilhelm Fink, 2009. S. 57-72.

Luft, S., *Husserl's Method of Reduction*, in: The Routledge Companion to Phenomenology, Hgg. Luft, S. & Overgaard, S., Abingdon: Routledge, 2014. S. 243-253.

Mann, T.: *Der Zauberberg*, Frankfurt am Main: Fischer, 2011.

Marbach, E.: Das Problem des Ich in der Phänomenologie Husserls, Den Haag: Martinus Nijhoff, 1974.

McTaggart, J. E.: *The Unreality of Time*, in: Mind. A Quarterly Review of Psychology and Philosophy XVII, 1908. S. 457-474.

Meist, K. R.: Monadologische Intersubjektivität. Zum Konstitutionsproblem von Welt und Geschichte bei Husserl, in: Zeitschrift für philosophische Forschung 34, 1980. S. 561-589.

Meist, K. R.: Die Zeit der Geschichte. Probleme in Husserls transzendentaler Begründung einer Theorie der Geschichte, in: Zeitschrift für philosophische Forschung 14, 1983. S. 58-110.

Mensch, J.: *Retention and Schema*, in: On Time. New Contributions to the Husserlian Phenomenology of Time, Hgg. Lohmar, D. & Yamaguchi, I., Dordrecht u. a.: Springer, 2010. S. 153-168.

Merleau-Ponty, M.: *Phénoménologie de la perception*, Paris: Gallimard, 2003/dt.: *Phänomenologie der Wahrnehmung*, Übers. Boehm, B., Berlin: W. de Gruyter, 1974.

Merleau-Ponty, M.: *Signes*, Paris: Gallimard, impr. 1960/dt.: *Zeichen*, Übers. Schmitz, B. u. a., Hamburg: Meiner, 2013.

Micali, S.: Überschüsse der Erfahrung. Grenzdimensionen des Ich nach Husserl, Dordrecht: Springer, 2008.

Rang, B.: Kausalität und Motivation. Untersuchungen zum Verhältnis von Perspektivität und Objektivität in der Phänomenologie Edmund Husserls, Den Haag: Martinus Nijhoff, 1973.

Ricoeur, P.: Temps et récit. Tome I: L'intrigue et le récit historique, Paris: Éditions du Seuil, 1983/dt.: Zeit und Erzählung. Band 1: Zeit und historische Erzählung, Übers. Rochlitz, R., München: Wilhelm Fink, 1988.

Rapic, S.: *Husserls Untersuchungen zur Selbstzeitigung der Subjektivität auf dem Hintergrund der Zeittheorien Kants und Hegels*, in: Husserl und die klassische deutsche Philosophie, Hgg. Fabbianelli, F. & Luft, S., Dordrecht u. a.: Springer, 2014. S. 149-160.

Rodemeyer, L.: Intersubjective Temporality. It's About Time, Dordrecht: Springer, 2006.

Rollinger, R. & Sowa, R.: *Einleitung*, in: Transzendentaler Idealismus. Texte aus dem Nachlass (1908–1921), Dordrecht u. a.: Kluwer Academic Publishers, 2003. S. IX-XXXVII.

Römer, I.: *Das Zeitdenken bei Husserl, Heidegger und Ricoeur*, Dordrecht u. a.: Springer, 2010.

Rumi, Dsch.: *Traumbild des Herzens. Hundert Vierzeiler.* Ausgew. aus dem Pers. Übers. Bürgel, J. C., Zürich: Manesse Verlag, 1992.

Sakakibara, T.: Das Problem des Ich und der Ursprung der genetischen Phänomenologie bei Husserl, in: Husserl Studies 14, 1997. S. 21-39.

Schapp, W.: In Geschichten verstrickt. Zum Sein von Mensch und Ding, Wiesbaden: B. Heyman, 1976.

Schnell. A.: Das Problem der Zeit bei Husserl. Eine Untersuchung über die Husserlschen Zeitdiagramme, in: Husserl Studies 18/ 2, 2002. S. 89-122.

Schuhmann, K.: *Einleitung des Herausgebers*, in: Husserl, E.: Ideen zu einer reinen Phänomenologie und phänomenologischen Philosophie. Erstes Buch: Allgemeine Einführung in die reine Phänomenologie, 1. Halbband, Den Haag: Martinus Nijhoff, 1976. S. XV-LVII.

Schuhmann, K.: Die Fundamentalbetrachtung der Phänomenologie. Zum Weltproblem in der Philosophie Edmund Husserls, Den Haag: Martinus Nijhoff, 1971.

Smith, B.: *Ontologische Aspekte der Husserlschen Phänomenologie*, in: Husserl Studies, 3, 1986. S. 115-130.

Sokolowski, R.: *The Logic of Parts and Wholes in Husserl's Investigations*, in: Philosophy and Phenomenological Research 28, 1968. S. 537-553.

Sokolowski, R.: *Husserlian Meditations. How Words Present Things*, Evanston: Northwestern University Press, 1974.

Sowa, R.: *Einleitung des Herausgebers*, in: Husserl, E.: Die Lebenswelt. Auslegungen der vorgegebenen Welt und ihrer Konstitution. Texte aus dem Nachlass (1916–1937), Dordrecht: Springer, 2008, S. XXV-LXXXI.

Staiti, A.: Geistigkeit, Leben und geschichtliche Welt in der Transzendentalphänomenologie Husserls, Würzburg: Ergon, 2010.

Strasser, S.: *Der Begriff der Welt in der phänomenologischen Philosophie*, in: Phänomenologische Forschungen 3, 1976. S. 151-179.

Ströker, E.: Zeit und Geschichte in Husserls Phänomenologie. Zur Frage ihres Zusammenhangs, in: Phänomenologische Forschungen 14, 1983. S. 111-137.

Ströker, E.: Geschichte und ihre Zeit. Erörterung einer offenen philosophischen Frage, in: Perspektiven der Philosophie 11, 1985. S. 269-297.

Summa, M.: *Ein sinnloses Gewühl? Die Hypothese des Chaos und ihre Implikationen bei Kant und Husserl*, in: Ästhetisches Wissen, Hgg. Asmuth, C. & Remmers, P., Berlin: W. de Gruyter, 2015. S. 189-210.

Taguchi, S.: Das Problem des „Ur-Ich" bei Edmund Husserl. Die Frage nach der selbstverständlichen „Nähe" des Selbst, Dordrecht: Springer, 2006.

Tengelyi, L.: *Der methodologische Transzendentalismus der Phänomenologie*, in: Philosophy, Phenomenology, Sciences, Hgg. Ierna, C. u. a., Dordrecht u. a.: Springer, 2010. S. 135-153.

Tengelyi, L.: Welt und Unendlichkeit. Zum Problem phänomenologischer Metaphysik, Freiburg & München: Karl Alber, 2014.

Tugendhat, E.: *Der Wahrheitsbegriff bei Husserl und Heidegger,* 2. Aufl., Berlin: W. de Gruyter, 1970.

Waldenfels, B.: Ortsverschiebungen, Zeitverschiebungen. Modi leibhaftiger Erfahrung, Frankfurt am Main: Suhrkamp, 2009.

Zahavi, D.: *The Self-Pluralisation of the Primal Life. A Problem in Fink's Husserl-Interpretation,* in: Recherches Husserliennes 2, 1994. S. 3-18.

Zahavi, D.: Husserl und die transzendentale Intersubjektivität. Eine Auseinandersetzung mit der Sprachpragmatik, Dordrecht u. a.: Kluwer Academic Publishers, 1996.

Zahavi, D.: *Self-awareness and Alterity. A Phenomenological Investigation*, Evanston: Northwestern University Press, 1999.

Zahavi, D.: *Time and Consciousness in the Bernau Manuscripts,* in: Husserl Studies 20/2, 2004. S. 99-118.

Zahavi, D.: Subjectivity and Selfhood Investigating the First-Person Perspective, Cambridge. Massachusetts: The MIT Press, 2005.

Zahavi, D.: Internalism, Externalism, and Transcendental Idealism, in: Synthese 160/3, 2008. S. 355-374.

Zahavi, D.: *Inner (Time-)Consciousness,* in: On Time. New Contributions to the Husserlian Phenomenology of Time, Hgg. Lohmar, D. & Yamaguchi, I., Dordrecht u. a.: Springer, 2010. S. 319-339.

Zahavi, D.: Objects and Levels. Reflections on the Relation Between Time-Consciousness and Self-Consciousness, in: Husserl Studies 27, 2011. S. 13-25.